张琪玉情报语言学思想研讨会论文集

南京政治学院军事信息管理系　编

國家圖書館出版社
National Library of China Publishing House

图书在版编目(CIP)数据

张琪玉情报语言学思想研讨会论文集/南京政治学院军事信息管理系编. --北京:国家图书馆出版社,2016.6
ISBN 978-7-5013-5816-8

Ⅰ.①张… Ⅱ.①南… Ⅲ.①情报语言-语言学-文集 Ⅳ.①H087-53

中国版本图书馆CIP数据核字(2016)第099189号

书　　名 张琪玉情报语言学思想研讨会论文集
著　　者 南京政治学院军事信息管理系　编
责任编辑 金丽萍　唐澈

出　　版 国家图书馆出版社(100034　北京市西城区文津街7号)
(原书目文献出版社　北京图书馆出版社)
发　　行 010-66114536　66126153　66151313　66175620
66121706(传真),66126156(门市部)
E-mail nlcpress@nlc.cn(邮购)
Website www.nlcpress.com ——→投稿中心
经　　销 新华书店
印　　装 北京鲁汇荣彩印刷有限公司
版　　次 2016年6月第1版　2016年6月第1次印刷

开　　本 787毫米×1092毫米　1/16
印　　张 13
字　　数 220千字

书　　号 ISBN 978-7-5013-5816-8
定　　价 80.00元

前　言

张琪玉教授是我国当代著名的图书馆学家、情报学家，情报语言学的创始人与奠基者。1954年于北京大学图书馆学系毕业后，张琪玉教授长期从事图书馆实践与图书馆学情报学教学科研工作，著作等身，硕果累累，桃李满天下。张琪玉教授几十年来潜心学术研究，其情报语言学思想具有强烈的中国特色，许多学术观点都具有鲜明的原创性，为我国图书馆学情报学的进步做出了独特的贡献，对于网络时代知识组织的发展也极具重要指导意义。

2014年6月，解放军南京政治学院主办、南京政治学院军事信息管理系承办了“张琪玉情报语言学思想研讨会”。来自海内外的著名学者、军内外图书情报机构的领导、高等院校专家教授、张琪玉教授的学生等共计50多位来宾，以及南京政治学院领导、南京政治学院上海校区领导和军事信息管理系师生出席了会议。会议采用以文赴会的方式征集研讨会论文，讨论了张琪玉教授在情报语言学学科领域的突出贡献、张琪玉教授学术思想和研究方法的深远影响、张琪玉教授学术研究的风格品质、情报语言学在各行业领域中的应用实践、情报检索语言未来发展方向的思考等主题。与会的专家学者也纷纷畅谈感想，表达了对张琪玉教授为中国图书情报事业奉献毕生精力的崇高品格和严谨求实治学态度的景仰和尊敬，阐述了对张琪玉情报语言学思想的理解和认识，并一致建议会议承办单位将这次研讨会收到的论文、因故未能参会学者的书面发言文稿以及专家讨论综述等汇编成册，公开出版。

为了比较全面地反映这次研讨会的成果，传承张琪玉教授学术思想，弘扬张琪玉教授治学精神，进一步推动我国情报语言学的发展、推进南京政治学院的江苏省级重点学科——图书情报与档案管理一级学科，以及军队“2110工程”重点学科专业领域——军事信息学的建设，我们将会议收到的论文加上张琪玉教授的讲话稿——“我的情报语言学研究”，以及研讨会综述等各类文章合计28篇结集出版。

南京政治学院军事信息管理系

2015年8月20日

目　录

一

二

三

四

五

我的情报语言学研究

张琪玉(南京政治学院军事信息管理系)

摘　要:情报语言学是对各种情报检索语言以及自然语言在情报检索中的应用问题进行统一研究,以探索它们影响检索效率的共同规律和有效的改进途径。其研究的根本目的和核心问题是提高情报检索效率。本文由我国情报语言学奠基者张琪玉教授自述我国情报语言学的创建、研究方法、内容发展过程、学科体系完善、若干成果等。

关键词:张琪玉;情报语言学;情报检索语言;检索效率;中国

情报语言学是由我开拓的一个新的学科领域,至今不过35年的历史。相对于其渊源学科图书分类学来说,可以认为是一个学派——一个从检索效率的角度来研究各种文献检索方法的学派。赞同这个学派观点的同行甚多。它的出现对我国文献检索的理论和实践产生了积极的影响。

我自从在北京大学听刘国钧先生的图书分类课程开始,就喜欢上了这门知识,以后就一直保持着这一兴趣。20世纪60年代,情报事业兴起,我接触了一些情报学知识,特别是情报检索方面的知识。1978年全国科学大会后,武汉大学图书馆学系为了适应图书情报现代化的需要,决定增设一批新课程,我建议开设一门"情报检索语言"课程,并由我来主讲。我于1980年3月写成了《情报检索语言》一书,并于下半年为科技情报和图书馆学两个专业的学生开课。该书后经两次修改,于1983年6月被列入高等学校文科教材系列正式出版,继而开拓了"情报语言学"这个图书馆学和情报学的共同分支学科。从1979年至今几十年来,我一直心无旁骛、情有独钟地在情报语言学这一领域内耕耘不息,进行我的中国梦的历程。

开拓情报语言学的目的,是为了使情报检索语言研究所得知识能得以很好地积累和系统化,并使这门学科能有计划地继续发展。我的载于《中国情报学百科全书》中的"情报语言学"和"情报检索语言"这两个长词条,就是情报语言学研究所得知识的系统化的高度压缩。另外,下列几篇文章是我研究情报语言学所写的核心文章,可以认为是我主要的学术思想:①《论情报检索语言的研究、创制与普及》;②《我研究情报语言学的若干心得和收获——自述学术思想》;③《寻找更佳结合模式是情报检索语言创新的主流》;④《学科—事物概念组配型检索语言——关于情报检索语言的遐想与求索》;⑤《探索21世纪的情报检索语言》;⑥《对未来分类法的憧憬》。

情报语言学比之图书分类学范围更宽,包括了分类检索语言、主题检索语言、自然语言在情报检索中的应用问题、网络信息检索工具、索引学及其他相关知识。我把有悠久历史的图书分类法和其他文献检索方法称之为情报检索语言,是认为它们都是用于情报检索的语言工具,它们的职能是满足检索者多样性的而且有高度针对性的检索要求。情报语言学是对分类检索语言、主题检索语言和其他情报检索语言以及自然语言在情报检索中的应用问题进行统一研究,以探索它们影响检索效率的共同规律和有效的改进途径。情报语言学研究的根本目的和核心问题,是提高情报检索效率。

检索效率的大大提高,将使人类知识资源得到更充分的开发利用,帮助检索者大大提高检得(检全又检准)有针对性的文献的可能,从而促进我国科技进步和社会发展,其重大意义就在于此。

情报检索语言是影响情报检索效率的主要因素,在情报检索语言编制过程、文献标引过程、情报检索过程三个阶段对检索效率都会产生影响。情报检索效率可以说是有关的情报在这三个阶段中不断打折扣不断丢失以后的剩余部分。情报检索语言的编制质量,对于检索效率的影响是先期性的不可逆转的,因而最多最大。

我总结出情报检索语言作为文献情报检索系统的主要部分在其中起着语言保证作用,它有四项基本功能,即:①对文献的情报内容及某些外部特征加以标引;②对内容相同及相关的情报加以集中或揭示其相关性;③对大量情报加以系统化或组织化;④便于将标引用语和检索用语进行相符性比较。在“情报检索语言”这一词条中,我归纳出了实现这四项基本功能的许多方法。

我在研究时,避开了图书分类法基本理论即所谓“三性”原则从1953年至20世纪80年代长达几十年的不休争论,而独辟蹊径。我认为,文献分类法与意识形态无关,它是检索系统的语言工具,它的编制和改进是技术问题,所以它的研究不适合使用社会科学理论。我在研究中创造了结构功能分析法及其各种衍生方法,包括历史演进研究法、比较研究法、调查整理法、归纳法和演绎法、原理或方法的移植法、理想语言设计法、现用语言改进法、数学方法和统计方法、实验方法、计算机方法等的一系列研究方法,这些方法适合情报检索语言这类对象的实际情况,因而获得了许多研究成果。

我认为,各种情报检索语言的检索效率是一种检索功能,它是由其结构产生的。情报检索语言的结构包括微观结构和宏观结构两个层次。微观结构是构成情报检索语言的元素,是产生某种检索功能的基础。若干微观结构的有机结合成为宏观结构,即结构模式,决定着某种情报检索语言检索效率的整体水平。

我认为检索效率的研究有两个目的,一是提高现有各种情报检索语言的检索效率,二是设计出一种(也许不止一种)检索功能特别多、检索效率特别高的理想情报检索语言的结构模式。

要提高检索效率,就首先必须弄清各种微观结构的性能和适用范围,才能进行合理使用,以构成优秀的结构模式。成年累月,我分析研究了几乎所有情报检索语言微观结构及其在索引和数据库等方面的应用效果,分析了现有各种情报检索语言的功能和局限,在分析研究中若得到一点收获,我就写出来,结果写出了大量文章,来说明应怎样改进它们。并在此基础上,设计出了一种理想情报检索语言的结构模式——学科—事物概念组配型检索语言。

我认为,构成各种微观结构的方法都很重要。那些方法包括:概念的分析与综合、概念的划分与概括、概念组配、概念因素轮排(语词词素轮排、分类号轮排)、概念或标识的对应转换、交替法、优惠类、语词规范、入口词、参照系统、注释方法、聚类方法、概念代码、数据库技术、术语规则等。

我使用理想语言设计法,首先设定若干目标,然后寻找各种适合的微观结构(元素)与其匹配。我正是在寻找各种微观结构巧妙结合的基础上,设计出了一种理想情报检索语言的结构模式——学科—事物概念组配型检索语言。这种检索语言能达到以下功能:①学科聚类系统与事物聚类系统的结合;②先组式语言与后组式语言的结合,体系分类法与组配分类法的结合;③人工语言与自然语言的结合;④号码标识与语词标识的结合,系统序列与字顺序列的结合;⑤不变概念代码与可变概念体系的结合。因此,它的功能很多,可以适应各种各样的检索要求,检索效率会很高。

目前,这种情报检索语言理想模式的完全实现还有许多工作要做,如编表、编制程序以及人员培训等,还有待用实体来加以证明这种模式的优越性。但可以说,提高检索效率的路径已经找到,那就是使各种微观结构进行巧妙结合,实现优缺点互补。我的探索之路是走对了。

我最近还遐想,如果用这种检索语言进行集中标引,再与网络服务结合,就可充分发挥它的优越性,普遍提高检索效率。

对于自然语言在情报检索中的应用问题,我进行过不少研究。我认为,自然语言检索固然有不少优点,但单纯的自然语言自动化检索是绝对达不到理想检索效率的。自然语言要么与人工语言并用,要么吸取若干人工语言的成分,要么辅以人工语言的方法,而其最终的发展趋势则是两者的融合,即自然语言的人工语言化,人工语言的自然语言化。学科—事物概念组配型检索语言包含了两者融合的要求。对于检索者来说,使用这种语言时,他的检索提问不必考虑用的是人工语言还是自然语言,而在检索系统内部,则是由严密的人工语言控制的。

以上就是我开拓情报语言学研究的过程要点。目前,提高检索效率的梦想像"十三的月亮"那样将圆而尚未圆,期望对此课题有兴趣的学术知音把这项研究继续推向前进,达到完全成功。

张琪玉情报语言学著作及论文选目:

情报检索语言.武汉大学出版社,1983

情报语言学基础.武汉大学出版社,1987

论情报检索语言的研究、创制与普及.图书情报知识,1983(4)

情报语言学.见:中国情报学百科全书.中国大百科全书出版社,2010

情报检索语言.见:中国情报学百科全书.中国大百科全书出版社,2010

我研究情报语言学的若干心得和收获——自述学术思想.图书情报工作,2009(20)

寻找更佳结合模式是情报检索语言创新的主流.图书馆杂志,2005(2)

学科—事物概念组配型检索语言——关于情报检索语言的遐想与求索.图书馆杂志,1997(2)

探索21世纪的情报检索语言.北京大学学报:信息管理系建系五十周年专刊,1997

对未来分类法的憧憬.图书馆理论与实践,2003(1)

情报检索中的语言保证问题.情报理论与实践,1995(1)

检索效率及其影响因素.情报理论与实践,1995(2)

情报检索语言方法综述.图书情报知识,1984(1)

情报检索语言原理的一致和方法的差异.图书馆建设,1994(1)

情报检索语言中聚类的原理和方法.北京图书馆馆刊,1997(1)

情报检索语言语法体系初探.图书馆理论与实践,1986(3)

组配及其演变.情报理论与实践,1996(1)

情报检索语言的国家特点、时代特点和自然语言特点.图书馆理论与实践,1989(4)

情报检索语言的易用性问题. 云南图书馆,1990(4)

分类法主题法一体化自动标引系统的基本原理和方法. 图书馆论坛,1995(6)

术语学对情报语言学的重要性. 图书馆理论与实践,2003(1)

文献主题的构成因素及层次. 图书情报知识,1985(1)

文献标引. 情报理论与实践,1996(2)

文献标引是需要智慧的近乎艺术创造的处理过程. 图书馆杂志,2004(3)

文献的可标引内容. 中国索引,2004(1)

情报检索全过程中概念与标识的对应转换. 图书与情报,2002(2)

情报检索语言的发展趋势. 图书馆杂志,1996(4)

体系分类法的准则和惯例. 晋图学刊,1992(4),1993(1)

体系分类法中"集中与分散"的矛盾. 图书馆杂志,1982(1)

分类标记原理与方法概述. 图书馆,1993(1)

情报检索语言中语词标识的功能与局限——关于主题法性能的几点分析. 湖北高校图书馆,1985(1)

主题标引的原理和方法. 图书馆学刊,1996(1)(2)

论自由标引. 图书馆学刊,1995(5)

自然语言在情报检索中的应用. 情报理论与实践,1996(3)

关于自然语言检索问题. 图书馆论坛,2004(6)

自然语言检索中各种因素对检索效率的影响. 情报理论与实践,1997(5)

人—机结合的题内关键词索引可回避汉语分词难题. 图书馆杂志,1993(4)

自然语言与人工语言的对应转换——情报检索语言走向自动化之路. 中国图书馆学报,1996(1)

积极为自然语言与情报检索语言的结合创造条件——建议大量编制自然语言词表. 图书馆杂志,1999(9)(10)

论后控制词表. 图书情报工作,1994(1)

概念分面组配型自动分类系统. 图书馆学刊,2002(6)

关于我国网络信息检索工具开发与改进的思考. 2000 年理论学术年刊,2000

网络信息检索工具增强关键词检索功能的措施. 见:张琪玉. 网络信息检索工具发展的方向与提高竞争力的途径. 深圳巨灵信息技术研究所刊印,2001

因特网大众分类法若干问题的探讨. 图书馆论坛,2005(6)

网络信息检索用语言的发展趋势. 图书馆杂志,2001(3)

关于索引学研究和索引工作开展的设想和建议. 江苏图书馆学报,1993(1)

索引的两大基本类型. 中国索引,2006(3)

论索引项. 图书馆杂志,1994(5)

工具书功能索引——关于编制"工具书之工具书"的设想. 图书馆杂志,1992(1)

现代的索引就是数据库. 图书馆杂志,2001(12)

推广文献索引计算机编制法是促进我国索引事业发展的一项重要措施. 图书与情报,1996(1)

在武汉大学开创情报语言学教学和研究的回忆//. 马费成. 世代相传的智慧与服务精神——文华图专八十周年纪念文集. 北京图书馆出版社(今国家图书馆出版社),2001

学界的楷模:张琪玉教授

吴建中(上海图书馆)

张琪玉教授不仅是图书馆界的榜样,也是学术界的楷模。

张教授学问精深。张教授著作等身,写了大量高质量的专业作品。在情报语言学领域,张教授是当之无愧的领军人物。张教授治学严谨,往往对于高产作者来说,失误或问题是难免的,但张教授始终严格要求自己,认真对待每一本著作、每一篇论文、每一次演讲,这是很值得我们每一位专业人员、每一位教职人员学习的。1996 年为了出版《21 世纪图书馆展望》,我采访了张教授,请教有关情报语言学发展趋势的问题,张教授不仅认真准备,而且提供了大量背景资料供我参考。我与张教授接触不多,但每一次都能从他身上学到很多知识。

张教授思想前卫。《21 世纪图书馆展望》采访的 14 位图书馆学情报学专家都是国际知名人物。一开始我有点担心,因为一方面我对情报语言学了解不深,另一方面我对当时国内情报语言学界能否代表国际水平心里没底,但张教授的学问功底和思维定力让我信心倍增,从张教授身上我看到了学问大家所具有的坚定和自信。我记得当时有一个问题是:"我们能不能说在未来文献数据库中,自然语言的使用将占统治地位呢?"张教授毫不犹豫地回答道:"我认为有些结论有点言过其实。还有些文章往往只是引用那些研究结论,而并没有亲自去检验过那些结论的可靠性。对自然语言的研究无疑是一个正确的方向,这里我绝没有意思去否定这个方向。相反,我觉得我国对自然语言的研究很不够,与国外有不小差距,应加强这方面的研究……我认为,自然语言有优点,也有缺点。单纯使用自然语言是取其长(如时差短,对处理人员要求不高,特别是成本低),而在某些方面则容忍其短,放弃某些质量要求。自然语言要全面胜过人工语言是不可能的,除非它引进许多情报检索语言的原理和方法,而不是单纯的自然语言。自然语言缺少控制,而对于高要求的检索来说,控制是绝对必要的(如果无控制更好,全世界的情报检索早已全面自然语言化了)。"南京大学倪波教授对张教授的回答有一句精彩的评语,他说,"人工语言的诞生,绝不是也不可能是以替代自然语言的身份出现的",并称赞说"张琪玉教授在情报检索语言研究领域内有着不可磨灭的贡献"。我感到即使在 20 年后的今天,张教授的回答不仅没有过时,而且仍具有深远的意义。

张教授低调谦逊。张教授是学习型的专家,从大量著述中我们可以看到张教授深厚的学术功底,这一切与他对新知识、新思想的追求和学习分不开。我曾经与 OCLC 研究院组织过"元数据与知识管理"研讨班,张教授当时还问了我很多有关元数据的问题。我对元数据了解不多,但为了回答张教授的提问,我问了很多专家,也看了很多资料。张教授的好学和谦虚在图书情报界有口皆碑,他这种对学问一丝不苟、对朋友满腔热情、对自己严格要求的精神值得发扬光大。

发扬张琪玉先生的三种学术精神

王世伟(上海社会科学院信息研究所)

有幸参加“张琪玉情报语言学思想研讨会”,十分荣幸。由于本人对情报语言学没有专门研究,故想就如何发扬张琪玉教授的三种学术精神谈一点粗浅的体会。

一、发扬“专一聚焦”的学术精神

张教授自1954年大学毕业后,在60年的图书情报领域的学习、工作、教学和研究生涯中,始终围绕情报语言学的学科不断学习、不断思考、不断耕耘、不断创新,日就月将,数十年如一日,将个人兴趣与学术研究紧密结合起来,将情报语言学与教书育人紧密结合起来,将创新学科建设与国家经济、社会、科技、文化的发展紧密结合起来,不管外界风吹浪打,始终在情报语言学的学术园地中闲庭信步,专注聚焦,耕耘不止,在研究中不断积累,在跟踪中进一步聚焦。数十年中,著作、论文等各类研究成果呈等身比肩之巨,令人叹服。而这种专一聚焦的学术精神,正是当下所十分缺乏,需要加以发扬的。

二、发扬“创新求索”的学术精神

张教授在数十年的学术生涯中,创新求索是其座右铭。无论是开拓情报语言学的新学科领域,还是文献分类方法和标准的思考讨论,无论是振兴索引学研究的创新构想和实践,还是对未来分类法的遐想、求索与憧憬,张教授始终活跃在学科研究的前沿,与时俱进地致力于学术理论的创新、研究方法的创新、研究内容的创新。其特别可贵之处在于张教授不断挑战自我的精神。在经历了二十多年的文化机关、图书馆事业单位的工作之后,张教授从文化管理和实践工作转换到理论研究和教书育人的新岗位。在临近花甲之年再次挑战自我,从武汉调至上海,在不同的岗位中不断播种、开花、结果,均取得了令人赞叹的工作和研究业绩。这种创新求索、挑战自我的奋发有为的学术精神和工作态度,是我们业界学习的榜样。

三、发扬“认真严谨”的学术精神

张教授在数十年中所做出的重大的学术贡献,是与他认真严谨的学术精神分不开的。张教授无论做什么事,都认真仔细,一丝不苟。在学术研究中,张教授善于发现问题并深入思考,对论述的对象、分析的方法,采用的案例、引用的资料都一一认真考证。张教授书房中的书架都整理排列得井然有序,他所编的自己的著作目录,也分类清晰、序次有度。在与人交往的过程中,无论是信札还是题签,一字一句、一笔一画,都认真严谨,见其字如见其人,不禁使人从内心油然升起深深的敬意。这与现在一些学者和研究生的论文著述中时现错讹、不符规范的现象形成了鲜明的对照。

在研讨张教授情报语言学的时候,发扬张教授专一聚焦、创新求索、认真严谨的学术精神,对于推进图书馆学情报学的研究和教学,对于学术研究和教学工作中弘扬科学的学术精神和科学的学术方法,都显得十分重要。故简述个人心得于上,以求教于张教授和各位同人。

张琪玉教授八十五寿诞贺信

尊敬的张琪玉教授：

在喜迎您八十五寿诞之际，我谨向您致以衷心的祝贺和崇高的敬意。我有幸与您相识三十多年，您是我十分敬重的老师，我敬佩您的学术成就、学术思想与人格魅力。您是情报语言学的奠基者、开拓者，您培养了一大批情报语言学人才。您那充满真知灼见的著作与卓尔不群、独树一帜的学术思想是图书馆学、情报学领域里的瑰宝，您为图书馆学、情报学的发展做出了卓越贡献。

您有着学者、仁者、长者的人格魅力。我敬佩您的事业心与学术责任感。您钟情情报语言学，潜心研究，达到“衣带渐宽终不悔，为伊消得人憔悴”的境地。我敬佩您的独立人格。您在学术生涯中坚持独立精神、求索精神、创新精神。您以睿智的目光发现问题，洞察问题，创造性地解决问题。您不受国内外某些流行观点的影响，独立思考，独辟蹊径，严谨治学，以自己的研究成果构建与发展具有中国特色的情报语言学理论体系。我敬佩您的立身处世之道。您淡泊名利，视学术为生命。您为人师表，提携后学。您与学术界息息相通，乐于与同行、同事、学生进行学术交流。您为人谦和正直，待人诚挚，平易近人，慈眉善目，儒雅大方，很有亲和力。您铭记对自己有过帮助的人和工作单位，重情感恩。

您的学术成就、学术思想与人格魅力交相辉映，是我国图书情报界一笔宝贵的精神财富，很值得我们学习与研究。

我诚挚地祝您寿诞快乐，身体健康，幸福长寿！并祝您的夫人乔润华老师健康、快乐、长寿！

此致

敬礼！

武汉大学信息管理学院教授　俞君立

2014 年 6 月 2 日

超越时空的思想智慧和理念
——有感于张琪玉教授创建情报语言学学科领域之巨大意义

曾　蕾(美国肯特州立大学图书情报学院)

摘　要:从为武汉大学77级讲授"情报检索语言"课程到《情报检索语言》和《情报语言学基础》巨著的出版,张琪玉教授一直是情报语言学的领路人。本文通过对主要相关英文著作和英美国家及国际标准的发表时间与内容的观察来讨论张琪玉教授开拓情报检索语言研究领域的意义和对情报语言学学科建设的贡献。事实证明,张琪玉教授的思想智慧和理念是超越时空的,是走在世界前列的。他的研究方法和他的脚踏实地、结合国情、将理论直接应用于实践的研究作风也影响了整整一代情报语言学研究者,而他的对知识的执着追求和对学生的精心培养又使得他的学生们受益最深。

关键词:张琪玉;知识组织系统结构与功能;国际标准ISO 25964;美国标准Z39.19;W3C标准SKOS

本文截稿之时,正值国际知识组织协会(ISKO)2014年国际会议召开之际,前来波兰参加会议的有来自世界各地检索语言学研究领域和教学的专家学者,其中包括索戈尔教授。当年我在武汉大学做硕士论文时,曾经系统地学习过他的著作《标引语言与叙词表》(1974)[1],与张琪玉教授一起深入讨论过他的作品。可以说他的作品是与兰卡斯特教授的《词汇控制与情报检索》(1972,1982杨劲夫等译第一版,1986第二版)[2]一样对我的学习和研究有重要意义的参考文献。这次又与索戈尔教授同台发言,心情依旧很不平静。而就在一年以前,洪漪师妹与我在ISKO伦敦会议上报告了根据她的一项大型研究所做的一部分有关检索语言应用于医学信息学的研究成果,该专场之主持人是吉尔克利斯特,其与艾奇逊合作的《叙词表编制实用手册》(1984侯汉清、黄刚译第一版,2000第四版、2004重印)[3]仍然是这一领域的权威手册,吉尔克利斯特和我也分别作为英国和美国的代表共同在国际标准组织ISO TC 46/SC 9的一个工作组为编制《ISO 25964——叙词表以及与其他词汇的兼容》(2011,2013)[4-5]合作了好几年……每每与世界级大师们"平起平坐",一起发言、讨论、写作,每每发现我等也出现在情报检索语言权威"专列"上,我总是会首先想到我们的导师张琪玉教授。如果不是他开拓情报检索语言这个研究领域、建立情报语言学学科,并将我们一步步带进这个领域的核心地段,如果不是他指导我们用各种科学方法去研讨检索语言理论并将之应用于实践之中,我们不可能具备这样的基础和能力。

张琪玉教授《情报语言学基础》一书(1997增订二版)[6]是其创建的情报语言学学科领域的最集中的代表作,其深度、广度至今仍然是世界水平,这是可以以时空为背景来看的。前面提到的兰卡斯特的《词汇控制与情报检索》、索戈尔的《标引语言与叙词表》、艾奇逊与吉尔克利斯特的《叙词表编制实用手册》都是迄今为止屈指可数的在情报语言学领域高度概括不同检索语言的微观结构和功能并将之融合为一体进行研究的权威专著。另外一本集中理论方法的参考资料作品是《主题分析理论:资源汇集》(1985)[7],由陈麦、瑞琪芒德、司凡诺尼斯编辑,该书将各名家的精髓篇章汇编成册,在每篇前加以简单注解。在此之后,跨越不同检索语言结构的主要专著有艾亚的《分类结构:概念,关系,与展示》(1995)[8]和司凡诺尼斯的《信息组织的智力基础》(2000)[9]。从本人的学习心得来讲,这些著作都达到了很高的水平,影响很大,但是还没有哪个像《情报语言学基础》这样能涵盖古今中外、跨越理论与实际、全面且综合性地阐述和展开作为一门学科的情报语言学的内容(图1)。张老师在1980年就完成《情报检索语言》初稿,在武大为学生们有系统地授课,1982年年底提交全书手稿。1983年该书正式出版后随即产生轰动效应,"情报检索语言"作为一个全新的研究领域从此国内形成相当局面。张老师又在1983年到1997年中继续完善这一领域的各种内容,并正式推出"情报语言学"[10-11],不仅是国内首创,而且走在世界前列。

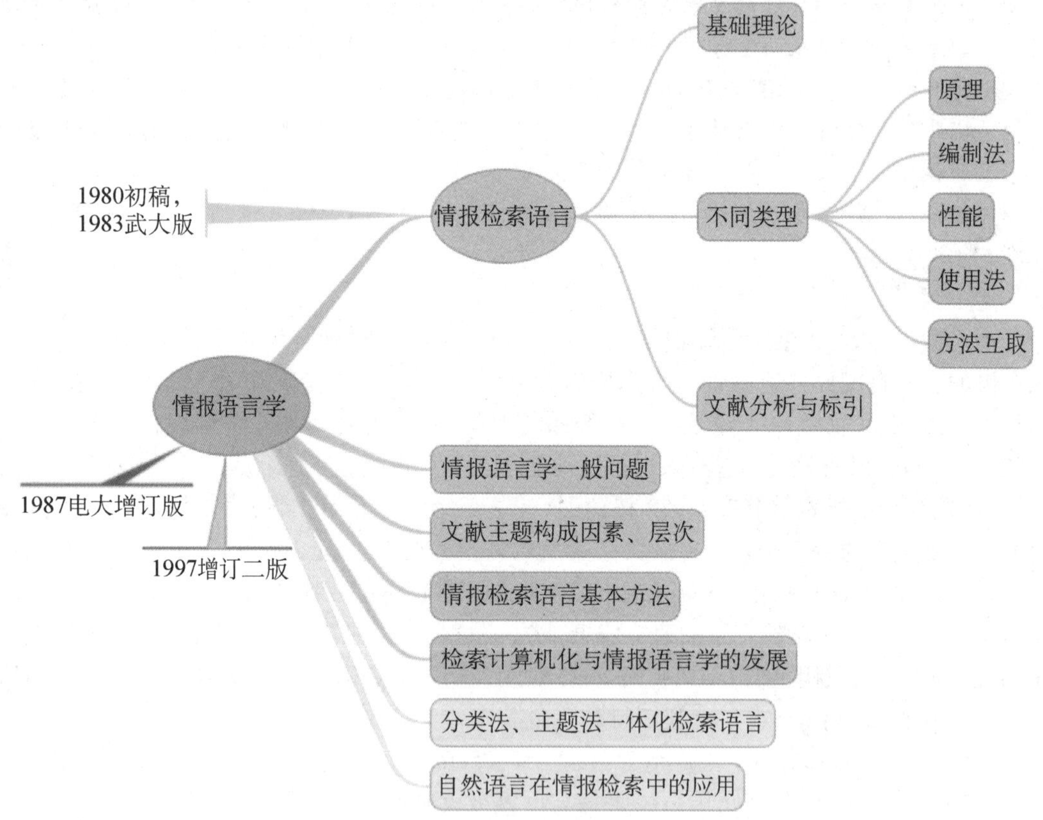

图1　从《情报检索语言》到《情报语言学基础》

20世纪末,随着万维网的逐渐扩大,社会对整个信息工作的需求产生巨大变化,特别是网络服务所需的各类知识组织结构的兼容及其用电子词表和其他新媒体发布等需求剧增,因此美国信息标准组织NISO在21世纪即将到来之际于1999年11月4—5日召集了美国标引与检索及词表类表方面的研究和实践者举行了两天"电子叙词表工作会议",讨论修订美国国家标准《ANSI/NISO Z39.19—1993单语种叙词表建造、格式、与管理指南》的问题。本人有幸从头到尾参与了这个会议及后面的标准编制全过程。该标准自1974年以来一直限于叙词表范围，这次经过突破性的讨论和决定以及接下来好几年的工作小组的努力，终于迈出这个框架，重新起草，跨越各种受控语言，2005年正式通过并发布了新的美国国家标准，改名为《ANSI/NISO Z39.19—2005 单语种受控语言建造、格式、与管理指南》[12]。从1993的“单语种叙词表”改为2005的“单语种受控语言”虽然只是Z39.19文献名中一个名词的改变，但在情报检索语言相关的领域这是一个重大的突破。继1999年工作会议之后，除了美国国标NISO Z39.19—2005之外，很快还出现了英国国标BS 8723(2005—2008，分五个部分)[13]、国际标准组织的《ISO 25964——叙词表以及与其他词汇的兼容性》(2011—2013，分两大部分)[14-15]、万维网联盟W3C组织推荐标准“SKOS简单知识组织系统”(SKOS = Simple Knowledge Organization System，2005—2009由核心到完善并扩充)[16-18](见图2)[19]。这些21世纪新型标准的特点都是在内容上以叙词表为基础展开，容纳各种语言的结构，特别是纳入分类结构和自然语言为基础的结构。与之相应的知识组织系统方面的会议论文和专著也越来越多。从时间和内容上看，这些发展都再次证明张琪玉教授的高瞻远瞩以及其深厚的知识底蕴和创新的精神。

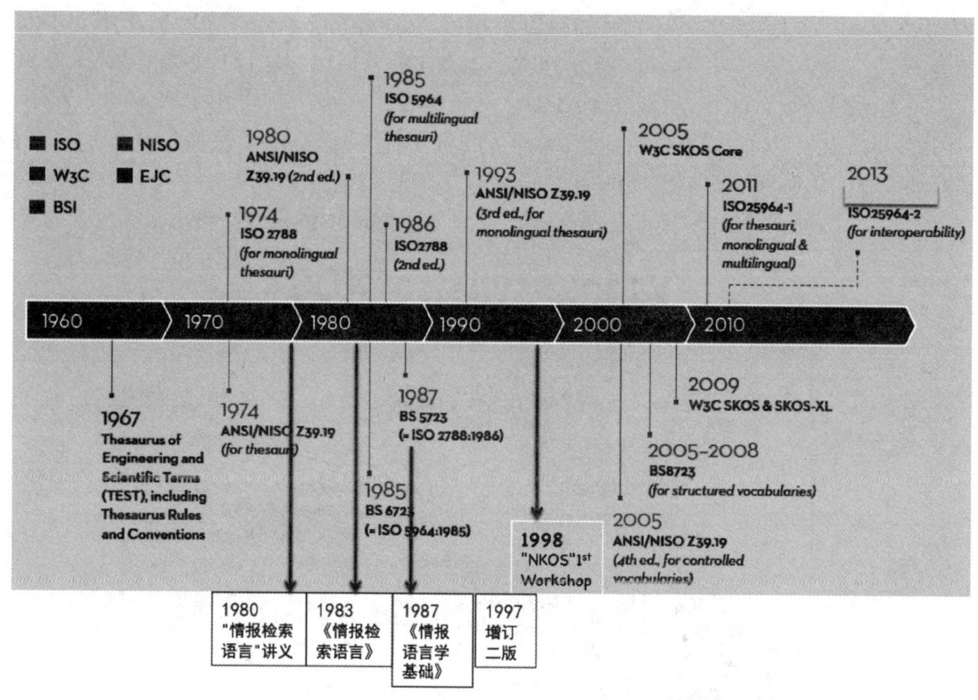

图2　叙词表及受控词汇有关英文标准 & 张琪玉情报语言学著作发布出版时间表

注：根据 Dextre Clarke and Zeng. from ISO 2788 to ISO 25964. *information Standards Quarterly* 2012 24(1)修改

不过，大家可能都注意到，虽然内容上跨检索语言的国家和国际标准在21世纪初纷纷破土而出，国外始终没有像中国这样系统建立起一个情报语言学学科。在这里要用到一个与情报语言学比较接近的一个概念：“知识组织系统”(Knowledge Organization Systems/Structures/Services，KOS)。这个词的诞生可以追溯到“网络化的知识组织系统(NKOS)”[20]的第一次工作会议(NKOS Workshop)。NKOS只是一帮知识组织系统相关的研究和实践人员的社团，1997年在美国ACM第二届数字图书馆国际会议上首次召开了NKOS工作会议，从此“KOS”成为各类检索语言或知识组织结构的统称且被广泛采用。自1998年以来在美国和欧洲历年有 NKOS 工作会议召开,会议内容集中代表了这方面的研究和实践精华。“知识组织系统”可以说等同于情报语言学里所指的各种宏结构,但不刻意指定与情报检索的关系,而是强调 KOS 对知识的组织和呈现的作用。KOS 除了应用于检索和浏览之外,还被应用于各种信息传递环境和语义技术服务。KOS 概念的广泛采用可以从各种会议录、期刊、研究报告中观测到,但最显著的是 W3C 的“SKOS 简单知识组织系统”[21]推荐标准对这一概念和术语的采用。SKOS 是将各类 KOS 发布成关联数据的标准用语。

NKOS 团体早期的活动包括对知识组织系统的宏观结构的分类,这就是我们的“KOS 分类表”[22]。另一方面,在 Z39. 19—2005 中,对规范词汇的结构是以微观结构的功能为核心来展开的。本人在 2002 年将 KOS 分类表按照结构与功能的强弱关系呈现在一张图中,用于教学,之后又根据 Z39. 19—2005 的主要功能要求做了补充,形成修改后的 KOS 分类图示(图 3)。虽然这张图所罗列的功能不同于张琪玉老师提出的四项针对检索系统的功能,总的框架和方法却正是张琪玉老师总结的“结构与功能”的方法。在他的论著中除了理论以外还有方法论,对情报检索语言的研究方法有系统的总结,其中他强调的结构与功能的方法是我一直用来研究和教学的主线。“结构”是针对检索语言内部,目的在于揭示作为统一体的检索语言的特征以及内在规律。“功能”方法则面向外部,将词表、类表当作黑箱,从其外界环境(例如不同检索要求、检索设备、检索方式)的作用来研究其性能。现在这个图已被广泛采用于教学和研究中,为此我特别要感谢张琪玉老师在学生们的思想中种下的种子,让我们有能力去进行这样的高度概括、横向和纵向以及相应关系的探索。事实也证明张琪玉老师对情报语言学是作为一个学科来建立,而不是仅限于一个研究对象的,因此他的学术思想具有高度的全面性、系统性和理论性。

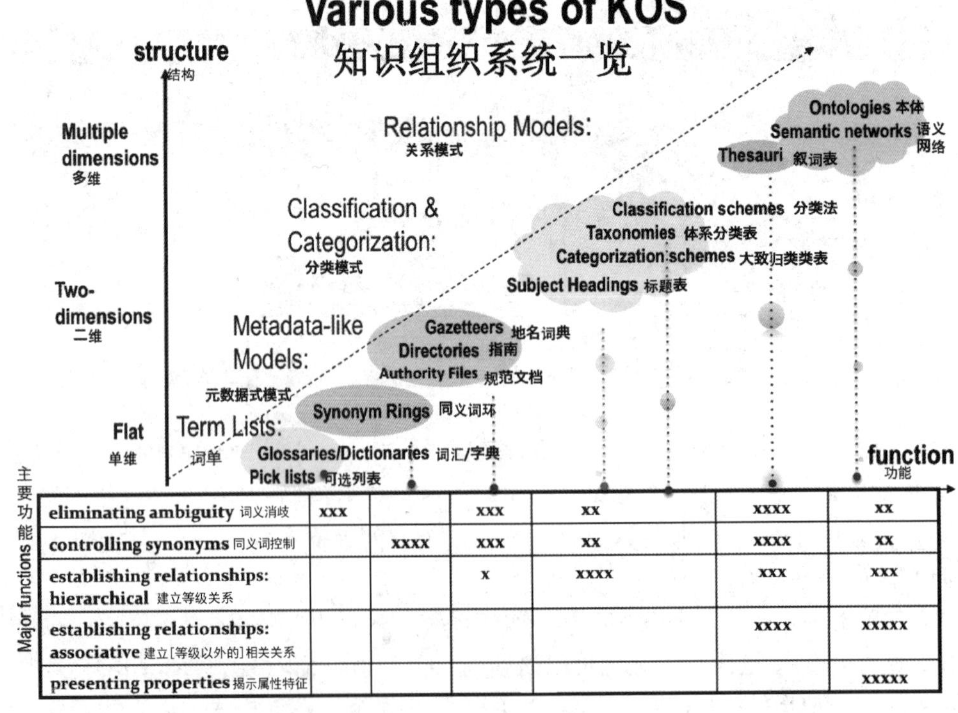

eliminating ambiguity 词义消歧	xxx		xxx	xx	xxxx	xx
controlling synonyms 同义词控制		xxxx	xxx	xx	xxxx	xx
establishing relationships: hierarchical 建立等级关系			x	xxxx	xxx	xxx
establishing relationships: associative 建立[等级以外的]相关关系					xxxx	xxxxx
presenting properties 揭示属性特征						xxxxx

图 3　知识组织系统一览(基于结构与功能)

注:根据 Zeng M L. 2008. Knowledge Organization Systems 插图 1 修改[23]。

张琪玉教授不仅在理论研究和学术领域的开拓中独树一帜，他在实际应用方面也做了大量的研究和第一手的试验。从张琪玉教授的著作和研究论文中我们可以看到他特别注重汉语的特点和中国文化传统，不在没有检测和实验的状况下直接引进国外的理论与实际应用经验。比如他提出字顺检索系统不易纯按汉语拼音排列，在其他各位专家得出的经验和理论中总结出各种汉语自然语言检索的特殊问题及汉语分词技术。他在讲解分类体系时追溯到汉代刘歆《七略》的分类体系，在各种列类、排序、关系显示等方法的阐述中大量采用现代中国类表词表的实例，他还就《中图法》怎样增加组配成分、用《汉语主题词表》怎样编制不同的检索工具撰写专文，这种事例举不胜举，这正是他脚踏实地、结合国情、将理论直接应用于实践的研究作风的特点。

张老师在我的《联机环境中的情报检索语言》(1996)[24]一书的序言中曾经写道："曾蕾像我一样，看到了情报语言学研究的重要意义，看到了这一片新开垦的知识土地上的探之不尽的宝藏，包含着许多的吸引我们去探索发掘的课题，因此非常执着地在这个领域中进行探索。"事实正是这样，我的发自内心的感受也在该书卷首语中有所记载："自1980年在武汉大学选修'情报检索语言'课以来，情报语言学就像一块巨大的磁石吸引着我。当时只知道这是国内首次开设这门课，知道这是张琪玉教授多年研究成果的结晶。随着课程的深入，我不由得一次次惊叹这一片新开垦的知识土地上的探之不尽的宝藏。不论是作为检索语言基础的哲学、认知科学、语言学和知识分类的原理，还是那由千变万化的各种微观结构和成分所支持的检索语言的四项功能，以及检索语言在整个检索系统中作为知识组织的工具和提高检索效率的手段所起的作用……都包含着许多吸引我们去检索发掘的课题。之后我有幸成为张琪玉教授情报检索语言方向的第一个研究生，3年中深深受益于张琪玉教授的精心培养和教育，较系统而深入地触及情报检索语言学的各种问题。导师如站在高山之巅，对古今中外人类用于组织知识的工具一览无遗，并将长期以来分散存在的各检索方式与检索工具的理论与实践基础融会贯通，提炼出一整套情报语言学理论。他的思想和研究方法可以说影响了整整一代情报语言学研究者。而他的对知识的执着的追求和对学生的精心培养又使得他的学生们受益最深。我至今仍保留着我的第一篇发表作品的手稿，那上面几乎每一页每一段都有导师亲笔修改的工整的字迹。当年学到的知识和研究方法一直影响着我的教学与研究。"

本文只是从个人的感想来讨论张琪玉教授开拓情报检索语言研究领域的意义和对情报语言学学科建设的贡献，张老师的思想和学术著作是难以用任何文章来表达和总结的，他的学风和精神也是难以用文字来描述的，他的思想智慧和理念是超越时空的。我真诚地希望可以见到在这片新开拓的领域上对他的思想和方法的广泛应用，希望与大家一起在新的不断变更的环境下对这个领域继续开拓、共同建设。虽然情报语言学会永远处于完善的进程，我对其在整个科学领域和数字时代产生的影响和做出的贡献坚信不疑。

参考文献：

[1] Soergel D. Indexing Languages and Thesauri: Construction and Maintenance[M]. Los Angeles, California: Melville Publishing Company, 1974.

[2] Lancaster F W. Vocabulary Control for Information Retrieval[M]. 2nd ed. Arlington, Virginia: Information Resources Press, 1986.

[3] Aitchison J,Gilchrist A,Bawden D. Thesaurus Construction and Use:A Practical Manual. 4th ed. London:Fitzroy Dearborn,2000.

[4][14] ISO TC 46/SC 9. ISO 25964 - 1:2011 Information and Documentation—Thesauri and Interoperability with Other Vocabularies—Part 1:Thesauri for Information Retrieval[S],2011.

[5][15] ISO TC 46/SC 9. ISO 25964 - 2:2013 Information and Documentation—Thesauri and Interoperability with Other Vocabularies—Part 2. Interoperability with Other Vocabularies[S],2013.

[6] 张琪玉. 情报语言学基础[M]. 增订二版. 武汉:武汉大学出版社,1997.

[7] Chan L M,Richmond P A,Svenonius E. Theory of Subject Analysis:A Sourcebook[M]. Littleton,Colo. :Libraries Unlimited,1985.

[8] Iyer H. Classificatory Structures,Concepts,Relations and Representation[M]. Frankfurt/Main:INDEKS Verlag,1995.

[9] Svenonius E. The Intellectual Foundation of Information Organization[M]. Cambridge,Mass:MIT Press,2000.

[10] 张琪玉. 情报检索语言[M]. 武汉:武汉大学出版社,1983.

[11] 张琪玉. 情报语言学基础[M]. 武汉:武汉大学出版社,1987.

[12] NISO Z39. 19. ANSI/NISO Z39. 19—2005. Guidelines for the Construction,Format,and Management of Monolingual Controlled Vocabularies[M]. Bethesda:NISO Press,2005.

[13] BS 8723(2005 - 2008),Structured Vocabularies for Information Retrieval-Guide[S]. London:British Standards Institution,2005、2006、2007、2008.

[16][21] W3C. W3C Working Draft,SKOS Core Vocabulary Specification[EB/OL]. (2005 - 05 - 10)[2014 - 07 - 15]. http://www. w3. org/TR/2005/WD-swbp-skos-core-spec-20050510/.

[17] W3C. W3C Recommendation,SKOS Simple Knowledge Organization System Reference[EB/OL]. (2009 - 08 - 18)[2014 - 07 - 15]. http://www. w3. org/TR/skos-reference/.

[18] W3C. W3C Recommendation,SKOS eXtension for Labels(SKOS-XL)//SKOS Simple Knowledge Organization System Reference,Appendix B[EB/OL]. [2009 - 08 - 18][2014 - 07 - 15]. http://www. w3. org/TR/2009/REC-skos-reference-20090818/#xl.

[19] Clarke D S G. Zeng M L. From ISO 2788 to ISO 25964:the Evolution of Thesaurus Standards Towards Interoperability and Data Modeling[J/OL]. Information Standards Quarterly,2012 Winter 24(1):20—26[2014 - 07 - 15]. http://www. niso. org/publications/isq/2012/v24no1/clarke/.

[20] NKOS. Networked Knowledge Organization Systems/Services/Structures[EB/OL]. [2014 - 07 - 15]. http://nkos. slis. kent. edu/.

[22] NKOS. Taxonomy of Knowledge Organization Sources/Systems(1)[EB/OL]. (2000 - 07 - 07)(2000 - 07 - 31),[2014 - 07 - 15]. http://nkos. slis. kent. edu/KOS_taxonomy. htm.

[23] Zeng M L. Knowledge Organization Systems[J]. Knowledge Organization,2008,35(2 - 3).

[24] 曾蕾. 联机环境中的情报检索语言[M]. 北京:书目文献出版社(今国家图书馆出版社),1996.

论张琪玉先生超前的情报语言学思想*

侯汉清(南京农业大学信息科技学院)
薛春香(南京理工大学信息管理系)

摘　要:从张琪玉先生创立情报语言学学科的历史背景入手,剖析先生在情报检索语言的性质、情报检索语言与自然语言关系、文献标引工作自动化等方面超前的学术思想,论述先生超前的情报语言学思想和引领性的研究成果对我国图书馆学情报学学科的卓越贡献。

关键词:张琪玉;情报检索语言;情报语言学;学术思想

1954年张琪玉先生毕业于北京大学图书馆学系。60年来他先后在文化部社文局图书馆管理处、新疆维吾尔自治区图书馆、吉林市图书馆、武汉大学图书情报学院、空军政治学院(现南京政治学院上海校区)等单位工作过,将全部身心倾注于图书情报事业的实践、研究和教学,为我国图书馆学情报学的发展,尤其是情报语言学的发展做出了开拓性的贡献。他知识渊博、经验丰富、眼光独到、勇于创新,因而在图书情报领域的不少方面创造了一系列令人难以忘怀的记录,例如:

他最早(1955年)在国内专业杂志上介绍《苏联图书分类法草案》[1];

他最早(1956年)设计县图书馆馆舍的建筑标准;

他最早(20世纪50年代)为新疆维吾尔自治区图书馆存储图书馆设计专用的木制可移动书架;

他最早(1963年)系统研究列宁的图书馆学思想,编纂成《列宁与图书馆》大型文献目录[2];

他最早(1963年)关注图书馆书目工作自动化;[3]

他最早(1964年)向国内同行介绍美国刚刚问世的《科学引文索引》[4];

他最早(1980、1987年)撰写、出版情报语言学的专著《情报检索语言》和《情报语言学基础》。

下面专门讨论张琪玉先生超前的情报语言学思想和相关的具有前瞻性、引领性的研究成果。

一、情报检索语言的提出

检索语言这一术语在20世纪60—70年代中外情报学家的著作(包括译作)中曾经出现

* 本研究得到中央高校基本科研业务费专项资金(编号:30920130132005)资助。

过，但是系统地论述检索语言或情报语言学、并建立一个完整的学科体系，当属张琪玉先生的独特贡献。

长期以来，分类法、主题法、索引法研究在中外图书馆学、目录学中应当属于“显学”，研究学者之多及其出版的著作之多当属“名列前茅”。20世纪以来这方面的国内著名专家学者就有蒋元卿、姚明达、刘国钧、洪业、杜定友、皮高品、钱亚新、丁柯、陈长源等一批学者，编纂出版了几十部图书分类法。他们为图书分类法、标题表和各类索引的编制、相关理论方法的建立和完善都做出了自己的贡献。

20世纪60年代到70年代，随着图书情报事业的迅速发展，英美等国的专家，诸如英国伦敦分类法研究小组的米尔斯、布立斯、维克利、艾奇逊、奥斯丁，印度的阮冈纳赞，美国的鲁恩、谢拉、加菲尔德、兰开斯特等学者编纂、出版了一大批新的叙词表、标题表和分类表，同时他们也撰写、出版了一批相关的理论著作，大大推进了这一领域的研究和教学。

为什么张琪玉先生会在20世纪80年代创立一个情报检索语言或情报语言学学科呢？我们以为，除了学习、借鉴这些中外学者的成果以外，还有两个重要的历史背景。

其一，十一届三中全会以后，国内出现了全面拨乱反正的大好政治形势，《国际十进分类法》《杜威十进分类法》《苏联图书分类法》以及国内20世纪60年代编制出版的《大型图书馆分类法》等一大批分类法在这一时期都得到了重新评价和使用。这大大促进了国内分类法和主题词表的编纂和理论研究。

其二，“748”工程的启动。“748”工程是一场科技革命，即国家重点科技攻关项目“汉字信息处理系统工程”，其中包括中文编辑排版系统和中文情报检索系统两个子项目。后者又包括了《汉语主题词表》的研制。从1974年开始，以中国科技情报研究所和北京图书馆为代表的大型情报机构和图书馆聚集了一批国内的一流专家学者，合作攻关，终于在1975年正式出版了《中国图书馆图书分类法》，在1980年出版了卷帙浩繁的《汉语主题词表》。此后又陆续出版了几十种专业主题词表，出现了全国性的“分类法、词表编纂和研究热”。

张琪玉先生这一时期作为专家参加了两大成果——《中国图书馆图书分类法》和《中国分类主题词表》的编纂和出版。在这些科研活动中，张琪玉先生积累了大量的分类表和词表编纂的新经验、新方法，同时也遇到了科研活动中一系列需要回答的问题，诸如，分类法到底是什么性质和功能，为什么还要继续沿用封建时代或资本主义国家编制的大型分类法，分类法和主题法二者到底是什么关系，分类法的编制和使用是不是一定要坚持“三性原则”，等等。这些问题都需要从理论上得到完满的回答和解释。可以说，正是这些社会需求和技术进步、这些挑战和机遇，促成了20世纪80年代张琪玉先生情报语言学学术思想的问世和发展。

二、情报检索语言的性质

“长期以来，由于‘左’倾思潮的影响，往往用对旧分类法的批判来代替对新分类理论的研究，用对分类法思想体系方面问题的讨论来代替分类技术和方法的研究，诸如‘五大部类’、‘三性原则’、‘大类序列’等问题的讨论和分析几乎充斥了整个分类法理论研究的领域”[5]。

如何才能走出这样的“怪圈”，跳出分类法阶级性、思想性的桎梏。针对这种状况，张琪玉先生在20世纪70年代末解放思想、独辟蹊径，不仅把分类法、主题法综合在一起进行全面系统的研究，而且把它们看作是一种情报检索的语言工具。大家都承认，语言是没有阶级性的，因而阶级性就不再是分类法、主题法这些检索语言的基本属性，从而回避了分类法编制、评价的“三性原则”之争，把研究方向转到如何提高检索语言的检索效率上。张琪玉先生这一开拓性的研究对我国情报语言学的实践和研究起到了积极的导向作用。

1989年年底，张琪玉先生发表《情报检索语言的国家特点、时代特点和自然语言特点》[6]一文，独具慧眼地对检索语言的性质和特点进行了深入的研究。

首先，他分析了这些特点的表现形式和形成原因。这里所说的国家特点和时代特点，不同于一般所说的阶级性和思想性，通常表现为选词和列类的详略、排列次序的先后、术语的采用等，都要打上编者所处国家和时代的印记，都会突出本国本时代。“这些主要是由于客观的社会因素，而并非某些创制者的主观因素所致。有许多已经成为分类表和词表的惯例”。

其次，他指出，对带有国家痕迹和时代痕迹的中外分类法和词表的苛求，是违反历史唯物主义的。它们虽然很难适应本国当代标引文献的需要，但是它们仍具有一定的参考价值。

再次，他指出，体现国家特点并不是情报检索语言的主要要求，主要要求是它对文献标引和情报检索的适应性，能够保证较高的检索效率。

张琪玉先生这些对检索语言性质特点的精湛而全面的分析，对于广大图书情报工作者解放思想、拨乱反正，澄清一些错误观念，开拓情报检索语言研究的新方向、新领域，都产生了重要的引领作用。

三、情报检索语言与自然语言

检索语言与自然语言的关系一直是情报语言学领域的争论话题之 。张琪玉先生对两者之间的关系一直持辩证态度，不拘于人云亦云，科学地、发展地论证两者之间的关系，体现了其学术思想的超前性。

1. 辩证看待检索语言与自然语言的关系

图书情报界对自然语言有两种截然相反的看法，一种传统的看法认为自然语言词量大，缺乏词形、词义和词间关系的控制，因此根本不能代替经过严格词汇控制的受控语言，不能用于信息组织和信息检索。随着搜索引擎和网络检索的出现，又出现另外一种看法，即认为在网络环境中只能唯一地适用自然语言，受控的检索语言必将被淘汰。

实际上，检索语言和自然语言各有优缺点，在情报检索发展的不同阶段对于两者的认识和使用也不一样，因此，不能僵化地看待两者之间的关系。张琪玉先生针对检索环境的变化，一直动态地、前瞻性地探索检索语言和自然语言的关系与发展。

在20世纪80年代，人工检索盛行阶段，张琪玉先生撰文指出，“任何一种情报检索语言，都要借用某种自然语言作为检索词，或对分类号、代码进行释义”，“因此，自然语言特点成为情报检索语言的一种属性”[7]。到20世纪90年代，计算机开始在各个领域普及应用，张琪玉先生适时地提出在研究检索语言的同时,要关注自然语言检索的研究,他认为“在计算机检索越来越发展的条件下,自然语言具有不可阻挡的发展前途。特别是在互联网络的检索环境中,它将成为一种必然的优先选择”[8]。

在信息检索计算机化和网络化发展的新环境下,各种自然语言盛行论甚嚣尘上,“自然语言会取代情报检索语言”“人工语言不适用于网络环境”“自然语言检索是情报检索用语言发展的最高阶段”,张琪玉先生冷静客观地分析道“这种理解是似是而非的。没有任何控制的检索用语言是不可思议的”[9]。并且,张琪玉先生及时调整研究方向,抱病前往深圳驻点调查研究,重点关注网络信息检索的新形势和新特点,情报检索语言如何适应未来的新需要。在自然语言检索、自然语言与情报语言的结合、未来的情报检索语言模式、网络资源检索工具等方面进行探索。这些研究也推动了网络环境中文献标引工作的自动化和智能化进展。

2. 面向自然语言检索的“后控制”模式

早在1983年,张琪玉先生就提出在研究检索语言的同时要关注自然语言检索的研究。1993年,在对自然语言检索深入研究的基础上,借鉴国外情报学家兰开斯特[10]等人的成果,他提出“文献检索过程中,如果要达到较高的检索效率,控制是永远需要的”,并针对标引阶段和检索阶段的控制提出了四种文献检索系统模式,如下表所示[11]。其中,“标引不控制+检索控制”模式是一种后控制模式,属于自然语言检索。

这种后控制模式通过配备后控制词表能够有效提高自然语言的检索效率,克服自然语言检索中的漏检和误检。这种后控制的检索思想后来为搜索引擎所接受,目前搜索引擎的相关检索和检索提示实际上就是采纳了这种后控制思想。

表　文献检索系统控制模式

模　式	标引阶段	检索阶段
标引控制+检索控制	情报检索语言	情报检索语言
标引控制+检索不控制	情报检索语言	情报检索语言或自然语言
标引不控制+检索控制	自然语言	自然语言或后控制词表
标引不控制+检索不控制	自然语言	自然语言

对于后控制词表的设计和编制,张琪玉先生提出了一整套的意见和建议。这对应用于搜索引擎的同义词环这种新型知识组织系统的设计与构建具有重要的指导价值。

3. 检索语言与自然语言发展路向

计算机和网络环境下,信息检索的大众化使得自然语言检索成为主流趋向,自然语言检索必然还要继续向前发展,但“人工语言在检索中的控制作用是自然语言所无法代替的”,“自然语言检索系统并不排斥人工语言,高级的自然语言系统必然是与人工语言或其原理结合的”[12]。从现在搜索引擎智能化发展趋势来看,本体、知识库等概念界定严谨、概念关系控制更加严格规范的知识组织系统的构建与应用,体现了在面向普通用户的自然语言检索系统中,底层的、由计算机来实现的控制实际上更加显著。这与张琪玉先生很早就提出的“自然语言的前途还是要走向控制、规范”的观点不谋而合。

对于网络环境下两者的发展，张琪玉先生提出，“从两者的初步结合到完全融合，即情报检索语言的自然语言化、自然语言的情报检索语言化”。他还进一步分析，这种融合的实现方式包括：①两者并用；②人工语言增加自然语言成分或自然语言增加人工语言成分；③两者之间的对应转换。其中第三种方式的结合程度最为密切[13]。在情报检索计算机化发展的今日，情报检索语言必须走向自动化。张琪玉先生从概念或标识的自动转换技术入手[14]，充分利用入口词原理，建议大量编制自然语言词表来建立自然语言与情报检索语言的对应转换，从而实现情报检索语言的自然语言化、自动化；同此，在自然语言检索系统普及和快速发展的今日，情报检索语言将成为自然语言强有力的后控制手段，自然语言的情报检索语言化是自然语言实现规范控制之途。

四、文献标引自动化

张琪玉先生自20世纪70年代就开始研究检索语言，这期间信息组织与信息检索工作遭遇计算机技术的巨大冲击。在计算机应用尚未普及时，张琪玉先生已经敏锐地意识到计算机技术对检索语言的影响[15]，他认为“自动抽词标引和自动分类标引，以及情报检索语言创制和使用中其他方面的自动化难度极大，进展缓慢，长期未能突破，但这是决不可放弃的方向”[16]。因此，张琪玉先生身体力行，较早地展开文献自动主题标引和分类标引的理论和实践研究。高手如林的计算机学界在这方面已经取得了一些进展，在技术力量和软件开发能力方面，把我们图书情报界远远甩在后面。如何扬长避短，发挥我们的专业优势，张琪玉先生在这一领域带领我们走出了一条自己的路子。

1. 概念或标识自动转换技术

张琪玉先生提出概念或标识对应转换原理，认为事物概念、自然语言语词和情报检索语言标识三者之间可以对应转换，在情报检索语言创制、文献标引和情报检索的各个过程中都要利用概念、语词、标识对应转换的原理和方法[17]。这种转换具体包括自然语言与人工语言之间的自动转换、人工语言之间的转换。传统环境下这些转换由人工完成，但在文献标引和情报检索的计算机化条件下，大量的转换过程必须由计算机来完成。这种自动转换技术可以广泛应用于情报检索的自然语言接口、检索后控制，文献标引过程中的自动赋词标引等，各种情报检索语言的兼容互换如分类主题对应表、分类法互操作、主题词表互操作等。张琪玉先生对概念与标识转换的模式、方法、工具以及转换过程中存在的失真、粗化、模糊化等问题都进行了探讨[18]，这些工作对后来的研究起到了启迪和指引作用，尤其在文献标引自动化实践中，基于概念标识对应转换原理和自动转换技术，图书情报界走出了一条与计算机学界不一样的路。下图揭示了文献标引自动化的三种类型，其中实现赋词标引依赖于自然语言语词与人工语言标识的对应转换，自动赋号标引则依赖于自然语言语词与分类标识、主题标识与分类标识的对应转换。

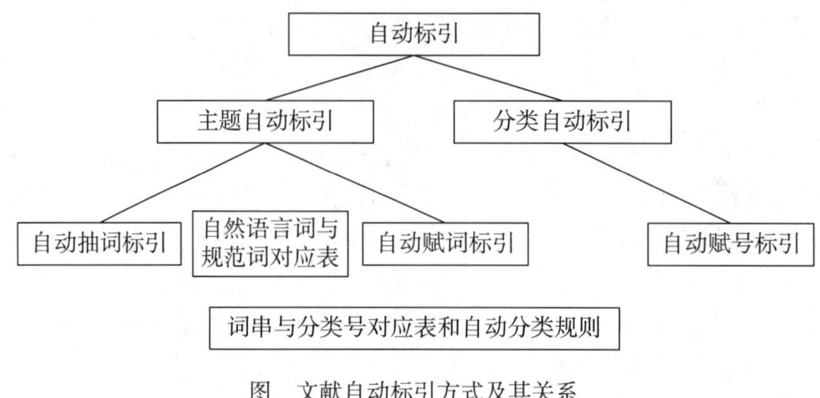

图　文献自动标引方式及其关系

2. 自动抽词标引

分词曾经是困扰中文信息处理的一个瓶颈,在计算机、语言学等领域的共同努力下汉语自动分词的精度已经大大提高,达到了相当高的准确率。但简单基于分词结果的文献主题标引往往存在专指度低、准确率不高的问题。因此,在文献标引自动化研究初期,张琪玉先生就提出了自动抽词标引的效果更好,但缺乏抽词词典是制约自动抽词标引普及的主要原因,这也正是适合图书情报工作者的研究课题[19]。专业词表、文献、标引成果都可以成为抽词词典收词的来源。基于张琪玉先生提出的构建抽词词典提高自动抽词标引效率的思想,南京农业大学信息管理系在为上海图书馆开发《全国报刊索引》数据库自动标引系统时,按照学科从《中图法》类目索引、《中分表》以及海量的标引数据中抽取了大量的专业词汇,建立了大规模的抽词词典用以实现科技文献的自动抽词标引。

此外,针对当时研究中更注重各种自动标引算法的寻找,而忽视了对自动标引软件设计之外其他问题的深入、系统研究,张琪玉先生提出在自动抽词标引研究中还应该关注[20]:①学科或主题领域特征词的研究和领域特征词表的编制;②文献结构、叙述模式和表述主题用词规律的研究;③利用分类表词表以及标引成果和术语整理成果来编制特征词表;④引入后控制词表成为特征词表的组织形式;⑤人机结合以提高标引准确率。这些提醒推动了图书情报界学者从构建词典资源、探究不同位置标引源对主题概念的贡献以及从人机结合工作模式的视角来研究自动标引抽词效率和准确率的提高,走出了一条有别于计算机领域侧重算法的自动标引之路。

3. 自动分类(自动赋号标引)

张琪玉先生对于自动分类的研究融合了概念分面组配和分类主题一体化思想,提出了一种较易实现的自动分类模式:以文献题名作为主要抽词对象;适当采用人工辅助抽词措施以保证抽词质量;采用分面分类法模式以减少概念归类的复杂性;控制自动归类诸环节;利用关键词—概念词—分类号对应表以提供自然语言入口;保留原始关键词以提供自然语言检索功能。形成一个由“软件+分面分类法+关键词-概念词-分类号对应表(抽词与归类一体化对应词表)+数据库”构成的自动分类系统[21]。

其中,采用分面分类法模式能够有效减少各种复分、仿分导致的主题概念归类的复杂性。无论是在构建用于自动分类的分类—主题对应表过程中,还是在自动归类过程中,将时间、地点、文献类型等分面从学科主题分面中剥离出来,都能有效提高分类—主题转换的准确性,减少其他因素对于学科主题的干扰。

分类主题一体化是建立概念语词与分类标识之间的对应关系,是基于抽词结果自动赋予分类号的自动分类模式实现机理。张琪玉先生提出的分类主题一体化自动标引系统的原理、方法和实践[22],从图书情报工作实际的文献标引需要出发,探索出一套有别于计算机学界的文献自动分类方法。受此启发,我们在为上海图书馆研制《全国报刊索引》数据库自动标引系统时,从《中图法》类目索引、《中分表》以及海量的人工标引成果中获取概念语词与分类标识之间的对应关系和同现情况,通过利用数据挖掘中关联规则发现算法建立关键词串—类目对应表(即分类知识库),取得了较好的分类效果和实际应用。这种分类主题一体化自动标引系统,具有分类层次深、算法复杂度低的优点。我们总结项目时都深有感触地说,张琪玉先生的情报语言学思想是我们项目取得成功的保障。

张琪玉先生是我国情报语言学的开拓者和引领者。他在20世纪70年代末,突破图书馆分类法研究"三性原则"的怪圈,另辟蹊径将分类法和词表定位为语言工具,开创了情报检索语言的新视角。面对情报检索系统的计算机化,辩证发展地探究自然语言与检索语言的关系和发展路向,探索网络环境中情报检索语言的新模式,身体力行进行文献标引工作自动化理论与实践研究。这些研究成果都指引着图书情报界的学人在计算机化、网络化信息环境中,走出一条不同于计算机学界的信息加工、组织和检索之路。

参考文献:

[1] 张琪玉.《图书馆工作》编者按(关于杰斯林科《论苏联图书分类法草案》一文)[J].图书馆工作,1955(1).

[2] 张琪玉.列宁与图书馆(文献目录)[M].油印本,1973.

[3] 叶·瓦西里也娃-切波塔辽娃.书目工作自动化[M].张琪玉,译,1963.

[4] 张琪玉.美国出版的《科学引文索引》[J].情报工作,1964(5).

[5] 侯汉清.分类法的发展趋势简论[J].情报科学,1981.

[6] 张琪玉.情报检索语言的国家特点、时代特点和自然语言特点[J].图书馆理论与实践,1989(4).

[7] 张琪玉.关于自然语言检索问题[J].图书馆论坛,2004,24(6).

[8] 张琪玉.张琪玉与情报语言学学科建设[G]//张琪玉情报语言学文集.北京:北京图书馆出版社(今国家图书馆出版社),1999.

[9][11] 张琪玉.论后控制词表[J].图书情报工作,1994(1).

[10] Lancaster F W.情报检索词汇控制[M].侯汉清,陆宝树,译.上海:同济大学出版社,1992.

[12] 张琪玉.自然语言与人工语言对应转换——情报检索语言走向自动化之路[J].中国图书馆学报,1996(1).

[13] 张琪玉.情报检索语言走向自动化之路与《中图法》发展新目标[J].北京图书馆馆刊,1996(4).

[14][17] 张琪玉.概念或标识自动转换技术的应用[J].图书馆杂志,1998(6).

[15] 张琪玉.情报语言学基础[M].武汉:武汉大学出版社,1987.

[16] 张琪玉.寻找更佳结合模式是情报检索语言创新的主流[J].图书馆杂志,2005(2).

[18] 张琪玉.情报检索全过程中概念与标识的对应转换[J].图书与情报,2002(2).

[19] 张琪玉.缺乏抽词词典是自动抽词标引难以普及的主要原因[J].图书与情报,1998(2).

[20] 张琪玉.自动抽词与自动分词[J].图书馆杂志,2002(3).

[21] 张琪玉.概念分面组配型自动分类系统[J].图书馆学刊,2002(6).

[22] 张琪玉.分类法主题法一体化自动标引系统的基本原理和方法[J].图书馆论坛,1995(6).

浅析张琪玉教授情报语言学研究方法在其研究中的应用

曹树金(中山大学资讯管理学院)
罗春荣　马翠嫦(中山大学图书馆)

摘　要:本文对张琪玉教授在《情报语言学基础》和《情报检索语言实用教程》等论著中系统构建的情报语言学研究方法体系在其研究中的实际运用进行分析和总结,从情报语言学研究方法应用的角度深入体会张琪玉教授的学术精神,探讨研究方法对于理论和实践的意义及其对图书情报学研究的启示。

关键词:张琪玉;情报语言学;研究方法;学术研究

张琪玉教授是中国图书馆学界、情报学界最负盛誉的大师之一。20世纪80年代初张琪玉教授出版的《情报检索语言》[1]一书,首次提出情报检索语言基本原理一致性的观点,开启了张琪玉教授对各种情报语言的统一研究,是探索情报语言影响检索效率的共同规律和有效改进检索途径的第一次实践[2]。此后,他以自己卓尔不群的学识建构起了具有中国特色的情报语言学理论体系,并在众多的实践应用领域取得了可观的成就,开辟了我国情报语言学理论研究的新天地[3]。

张琪玉教授之所以能够取得如此辉煌的学术成就,我们体会到的原因主要有三个:一是他非常热爱图书馆学情报学,几十年如一日,不论时节,不废分秒,执着耕耘;二是他目光敏锐,能够把握学科发展的大势,能够洞察研究对象的本质;三是他注重研究方法,不仅能够发现方法、构建方法,而且切实应用合适的研究方法于自己的探索中。本文仅就张琪玉教授构建的情报语言学研究方法体系在其研究中的实际运用进行分析和总结。

张琪玉教授在《情报语言学基础》[4]中首次提出明晰情报语言学的一般问题,包括:情报语言学的学科地位、研究范围、产生发展历史、研究对象、研究方法和相关学科等。其中,情报语言学的研究方法,可概括为:结构功能分析法、历史演进研究法、比较研究法、调查整理法、归纳和演绎法、原理或方法移植、理想语言设计法、现用语言改进法和其他方法等[4-6]。情报语言学研究方法的提出不仅奠定了情报语言学研究的方法基础,也贯穿于张琪玉教授三十多年来情报语言学的研究当中。以下回顾张琪玉教授在实际研究中对于情报语言学研究方法的具体运用,从而加深我们对研究方法对于理论和实践的意义的理解,以期对我们今后的学术研究有所启发。

一、作为“元方法”的结构功能分析法

张琪玉教授认为,在情报语言学所有研究方法中都含有结构功能分析的内容,都是从结构功能分析法衍生出来的[4-6],因而我们称之为研究方法中的“元方法”。

（一）结构功能分析法的基本原理

张琪玉教授一开始就认识到，提高检索效率是情报语言学研究的根本目的和核心问题，情报检索语言的检索效率是其功能决定的，而其功能则是由其结构决定的。所以，研究情报检索语言的性能，主要就是要分析解剖其结构。一种情报检索语言是否能较充分地发挥其功能，主要取决于它的结构的情况，即一种情报检索语言的检索效率，实际取决于它的宏观结构是由哪些种微观结构构成的，以及每一种微观结构的编制质量[2,7-8]。情报检索语言功能的完善，都是通过其结构的增加和改进来达到目的的。所以，从宏观和微观两个层次解剖分析其结构与功能的关系，弄清某种结构产生什么功能，某种功能是由哪些结构产生的，产生同一种功能的不同结构孰优孰劣，以及某种结构的适用范围和条件等，是极重要的一种研究方法[4-6]。

而发挥情报检索语言的四项基本功能所采用的各种方法，其绝大多数可以认为是构成各种情报检索语言的微观结构。一种情报检索语言到底可采用哪些种微观结构作为它的构成因素，应依据的那些微观结构是否符合特定的需要以及是否能很好地互相配合来决定。但是，由于一些微观结构具有相同的功用，并且各有长处和短处，同时，这种类型的情报检索语言所采用的某种微观结构原理往往也可以应用于那种类型的情报检索语言，这样，就为情报检索语言的创制者留下了选择和创造的余地，留下了相当多的设计自由。情报检索语言类型的多样化，同一类型语言结构上的多样化，各种类型语言之间在方法上互相渗透、互相吸取的现象，正是说明各种情报检索语言在基本原理上的一致性和在构成方法上的差异性。情报检索语言创制者的设计思想和设计水平不同，是造成各种语言构成方法差异的重要原因。这也说明，情报检索语言可以自由设计，它的宏观结构和微观结构是可以不断创新，从而逐步接近最佳功能的[9]。

在此基础上，张琪玉教授针对不同的情报语言构造，提出实现不同情报语言功能的基本方法，包括：①对于“对文献情报内容及外表特征标引”这一功能，可采用标识构造、标识规范化处理和标识转制度控制三种方法；②对于“对内容相同及相关的情报加以集中或揭示其相关性”的功能，可采用等级结构显示法、参照系统显示法、轮排聚类显示法、范畴聚类显示法、概念关系图示法、超文本显示法和类目注释及交替类目等方法；③对于“对大量情报加以系统化或组织化”的功能，可采用分类排列法、字顺排列法和分类与字顺结合的排列法等方法；④对于“便于将标引用语和检索用语进行相符性比较”这项功能，则可采用分类表、词表及其使用规则来加以严格控制，保证标引用语和检索用语的形式都标准化，从而在结构功能分析的基础上，提出了情报语言实现的基本方法，进而为情报语言编制和改良提供了理论与实践基础[6,10]。

（二）结构功能分析法的主要应用

结构功能分析法是研究情报检索语言最为有效的方法。张教授在《情报检索语言》《情报语言学基础》和《情报语言学实用教程》等专著[4-6]中，以及在《情报检索语言大纲》[11-12]《论情报检索语言的研究、创制与普及》[7]和《情报语言学的若干研究心得和收获——张琪玉学术思想自述》[2]等研究中论述情报检索语言构造基本方法时，就是遵循结构功能分析方法的思路进行的。除了在情报语言学基础理论的应用外，对于情报语言学的一些具体理论问题也充分体现了结构功能分析法应用的具体思路。

《情报检索语言语法体系初探》一文正是采用结构功能分析法，探讨情报检索语言语言体系的构建问题的:①宏观结构分析,"情报检索语言由词汇和语法组成;词汇是指登录在类表、词表中的全部标识,一个标识(分类号、检索词、代码)就是他的一个语词,而分类表、词表则是它的词典;语法是指如何创造和运用哪些标识来正确表达文献内容和情报需求,以有效地实现情报检索的一套规则"。②微观结构分析方面,标识的语言规则包括:规范造词材料的选择、遭此方法、区分词类并规定各种词类的不同职能等词法问题;"句子"问题、基本造句方法—匹配、造句手段—组配符合、词序控制、句式转换、布尔逻辑造句法和加权造句法等句法问题。③结构—功能分析方面,如对微观结构"词法问题"中的"造词方法"进行探讨时,是以提高检索效率为目标,围绕"检索—标引用词"这一功能进行的;所谓检索词的造词方法,是指自然语言中的词和词组,即造词材料,加以规范化处理,使之成为或改造成符合一定要求的标引—检索用词;而所谓合格的标引—检索用词,是指那些词符合唯一性、规律性、定型性、通用性、准确性以及政治思想上的正确性等质量要求,以保证在检索中有较高的效率。

在此基础上,张教授提出从词类规范、词形规范和词义规范三个方面,对自然语言词和词组的规范化处理,从而实现以下功能。词类规范:构造具有检索意义的名词和名词性词组;词形规范:排除自然语言中的"多词一义"的现象,从而使表达某一概念的标引—检索用词只有一种词形,避免标引分散而漏检,同时也可以达到使之符合通用性等要求;词义规范:排除"一词多义"现象,从而使一个标引—检索用词只表达一个概念,可避免误检,从而系统梳理和归纳各类情报语言的语法体系[13]。如下图所示。

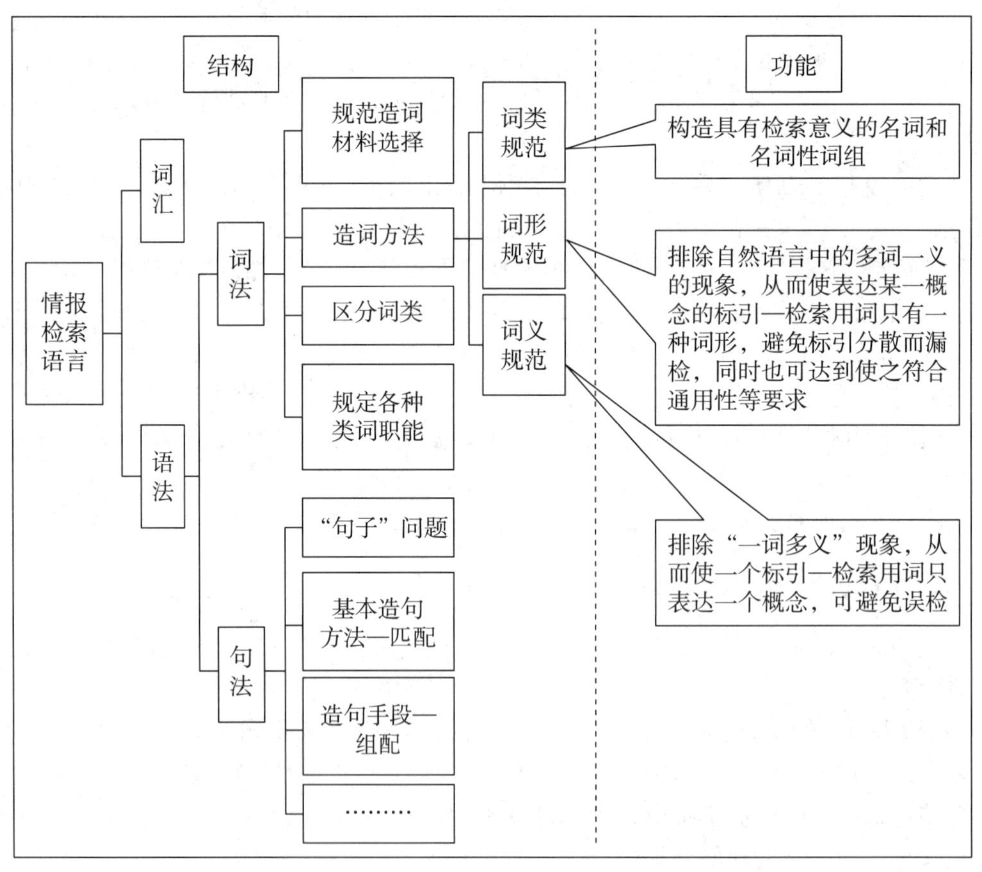

《情报检索语言语法体系初探》中的结构—功能分析图解

《情报检索语言中聚类的原理和方法》则围绕情报检索语言的“聚类”功能，结合各类情报检索语言的结构体系对其原理和方法进行探讨。张琪玉教授提出，“聚类”的目的是使情报检索语言具有“对内容相同及相关的情报加以集中或揭示其相关性”这项功能。各种情报检索语言所采用的显示概念之间关系的一切方法都是聚类方法。聚类原理，也正在于通过一定形式揭示情报检索语言所表达的文献主题之间的相同性、相似性和相关性[14]。

《文献主题的构成因素及层次》一文则采用结构功能分析法，从文献标引和检索的角度探讨文献主题因素的构成因素及层次问题。张琪玉教授指出，文献主题就是概括文献中关于某一事物的情报内容的概念，文献标识则是文献主题的书面表达形式。绝大多数文献主题是由多个主题因素构成的，各个主题因素在文献主题中都按其描述功能处于一定的位置，从而形成一个具体性递增的层次结构。每一个主题因素在文献检索中都起着一定的作用，但其重要性又是各不相同的。因此，弄清楚文献主题的构成因素及层次，是情报检索方面的基础研究课题之一。现代情报检索语言的重要理论——分面组配理论，以及应用此理论的组配分类法和组配主题法，就是根据概念的分析与综合原理，在对文献主题的构成因素及层次结构进行分析研究的基础上形成和创造出来的[15]。

《汉语检索词词素轮排索引编制法探索》从“轮排索引的功用”明晰其功能，从“轮排索引的编制原则”探讨轮排索引的原则和方式，明晰轮排索引的结构和方法，从而归纳出轮排索引编制的方法和步骤[16]。

《人—机结合的题内关键词索引可回避汉语分词难题》在明晰题内关键词索引工作原理的基础上，根据其结构特征探讨功能改进的设想和方法[17]。

《论后控制词表》论述了后控制词表的控制机理、控制程度、编制特点、各种编制方法及其在控制上的差别，提出一种“分类词表＋字顺/轮排表”的结构模式，并说明利用后控制词表检索文献的各种方法[18]。

二、作为“通用方法”的比较研究法和归纳演绎法

如果说结构功能分析法衍生出其他研究方法，我们称之为“元方法”，那么比较研究法和归纳演绎法作为研究多类型情报语言的情报语言学研究中的常用方法，是结构功能分析法等各种研究方法实现的主要手段，我们将其称为情报语言学研究的“通用方法”。

（一）比较研究法

1. 比较研究法的基本原理

比较研究法，即将两种或多种情报检索语言进行比较，或将产生同一种功能的不同结构、方法进行比较，看出它们的异中之同或同中之异，看出它们各自的长处和短处[4-6]。张琪玉教授在《情报检索语言原理的一致和方法的差异》[9]一文中对于比较研究法的原理有较深入的阐释，他指出：由于各种类型的情报检索语言都是在寻求更佳的检索效果中创制出来的，所以，它们的基本原理是一致的；但它们在表达各种概念及其相互关系时和在解决对它们提出的那些共同要求时所采用的方法不同，因而形成了不同的类型和语种。这是研究情报检索语言应有的一个基本观点。以这一观点做指导，对各种类型的情报检索语言做统

一研究,有助于理解情报检索语言的本质及各种情报检索语言之间的联系与区别,有助于掌握研究情报检索语言的一种重要方法——比较研究法,就是“异中见同,同中见异”“既见树木,也见森林”。这实际上也是张琪玉教授从结构功能分析法分化出来的比较研究法的具体体现[6]。

在此基础上,张琪玉教授提出了情报检索语言在方法上的差异性,并以构造概念标识和显示概念关系的方法为例子对情报语言在符号、结构、类目、系统、排列、复分等方面采用不同的方法而引起功能的差异。张琪玉教授指出,可以说没有两种原理相同的方法在性能上是完全相同的。弄清不同方法之间的差异,比之弄清不同方法之间的原理和作用上的一致性,是更为深入的研究和更加深刻的认识。可见,采用比较研究的方法研究各种情报检索语言在方法上的差异性,是对情报检索语言结构与功能关系的更深入的认识,是情报检索语言结构的改进完善和创新的重要依据[9]。

2. 比较研究法的应用

除了在《情报语检索言》《情报语言学基础》和《情报语言学实用教程》等专著[4-6]中广泛采用比较研究法外,张教授对于各种专门问题的研究也大量采用比较研究的方法。

在《用〈汉语主题词表〉可编制什么样的检索工具》一文中,张琪玉教授分析传统标题目录式检索工具、比号卡组配检索式工具、关键词索引式工具和表式索引式工具等检索工具的检索性能时,就用到比较研究的方法,从而对采用《汉语主题词表》编制的各类检索工具的功能优势进行比较,为实践提供指南[19]。

《试论隐含主题》一文通过将隐含主题与人们较为熟悉的显见主题进行比较,从而分析隐含主题的特征和分析方法,并探讨隐含主题的标引方法,并得出“隐含主题和显见主题的相对性”和“参照系统注释的完善性影响隐含主题分析”两个结论[20]。

《题名关键词与正文关键词检索性能的差别》针对采用关键词进行题名关键词检索的索引数据库和采用关键词进行全文检索的全文数据库的检索性能差异进行比较研究[21]。

《自动抽词与自动分词》一文在明晰自动抽词与自动分词内涵的基础上,探讨二者的区别与联系,并结合自然语言的已有理论提出提高自动抽词检索效率的设想[22]。

《自然语言与人工语言对应转换——情报检索语言走向自动化之路》一文,通过对 19 种标引模式从抽取主题概念、所用语言工具、转换方式和检索标识等方面进行比较研究[23]。

《网络信息检索用语言的发展趋势》一文运用比较研究的方法,对情报检索语言和自然语言的特征进行比较,提出情报检索用语发展的大趋势是情报检索语言与自然语言从两者的初级结合到完全融合的过程。在网络信息检索中,采用自然语言取代人工语言的语言是否会实现还有待历史证实,在网络检索工具中人工语言与自然语言并用是现阶段较合理的模式[24]。

(二)归纳法和演绎法

1. 归纳法和演绎法的基本原理

归纳法和演绎法是反映从个别到一般和从一般到个别的两种思路相反的方法,因而是情报检索语言研究中理论形成与演进的常用方法,通常一起使用。与比较法一样,是结构功能分析方法实现的主要手段。

归纳法,如根据“叙词的轮排能产生多向成族和多途径检索的效果,组配分类号的轮排能产生多向成族和多途径检索的效果，关键词的轮排能产生多向成族和多途径检索的效果”，而推出“标识的轮排都能产生多向成族和多途径检索的效果，标题词的倒置加正装标题见倒置标题的参照相当于标识的轮排”，而推出“标题词的倒置加正装标题见倒置标题的参照也能产生多向成族和多途径检索的效果”的结论[4-6]。

演绎法如，“标识的轮排都能产生多向成族和多途径检索的效果，标题词的倒置加正装标题见倒置标题的参照相当于标识的轮排”，而推出“标题词的倒置加正装标题见倒置标题的参照也能产生多向成族和多途径检索的效果”的结论[4-6]。

2. 归纳法和演绎法的主要应用

（1）归纳法与演绎法的单独使用

《情报检索语言的国家特点、时代特点和自然语言特点》一文采用归纳的方法，从国家特点、时代特点和自然语言特点三个方面对各种情报检索语言的表现形式、特点成因进行归纳，最终提出“情报检索语言的国家特点、时代特点和自然语言特点是客观形成的”“对带有国家痕迹和时代痕迹的外国的和本国过去时代的分类表、词表的苛求，是违反历史唯物主义的”和“外国和本国过去时代的分类表、词表的确定，都始终和读者问题联系在一起”的三个结论[25]。

《情报检索全过程中概念与标识的对应转换》一文采用归纳法，在明晰事物、概念和语词标识及三者关系的基础上，提出概念与标识的对应转换是过程、原理和方法的主题，并通过归纳的方法讨论概念与标识对应转换的类型，和概念与标识对应转换的模式、方法、工具和对应转换损耗的问题[26]。

《体系分类法的准则和惯例》采用归纳法归纳出体系分类法的准则和惯例。张琪玉教授指出，任何一部有一定质量的体系分类法，在其创制过程和使用过程中，都是遵循着许多准则和惯例的。那些准则和惯例，可以说都是从实践中总结出来的具有普遍适用性的原理和方法[27-28]。

《分类标记原理与方法概述》采用归纳的方法，对分类标记的功能、对分类标记的要求、标记符号、标记制度、标记方法、分类标记的类型、分类标记的某些问题等进行一一概括，并提出对未来发展方向的猜想[29]。

《关于自然语言检索问题》在对自然语言检索已有研究进行归纳和综述的基础上，重点分析了全文检索所适应和不适应的检索要求及其评价，通过对关键词检索、全文检索、搜索引擎、自动标引和分类等的分析说明了当前关于自然语言检索的主流观点的不切实际，指出自然语言检索的发展方向是与情报检索语言结合和融合[30]。

《文献标引中人与计算机的分工协作》在明晰半自动标引的必要性的基础上，通过归纳的方法总结人与计算机分工协作的主要模式[31]。

《文献标引是需要智慧的近乎艺术创造的处理过程》一文采用演绎的方法，从优秀“标引作品”的质量标准和对标引人员的要求两方面，对“文献标引是需要智慧的近乎艺术创造的处理过程”这一主题进行阐释，更从标引人员的知识功底和专业视野、标引方略、标引的方法和技巧等方面对“艺术创造”的含义进行分解，从而得出自动标引不能完全取代人工标引的结论[32]。

《论自由标引》一文主要采用归纳和演绎法，论述了自由标引的概念、优点及适用范围、种类、基本方法和要点，以及自由标引系统配备后控制词表的必要性[33]。

（2）归纳法与演绎法的同时使用

很多时候，情报语言学的研究更多的是同时使用归纳法与演绎法。如《体系分类法中“集中与分散”的矛盾》则采用归纳和演绎的方法，在提出体系分类法中集中与分散问题的基础上，探讨这一矛盾的成因和补救方法，并进行效果分析，最后提出进一步探讨的必要性[34]。

《主题标引的原理和方法》的研究采用归纳法和演绎法，从文献主题分析、用主题词表达文献、主题标引过程对主题目录结构和功能的影响三个方面阐述主题标引的原理和方法[35-36]。

《自然语言检索中各种因素对检索效率的影响》从情报语言学角度对自然语言检索效率的各种影响因素做深入研究。通过归纳和演绎的方法，分别对文本类型，检索用语的专指度，在句、段、节、篇不同范围内进行组配检索，文本用词的不规范性，不同标引方法和对自然语言进行词表控制的程度等方面对检索效率的影响进行分析，从而归纳出可提高自然语言检索效率的有益方法[37]。

《积极为自然语言与情报检索语言的结合创造条件——建议大量编制自然语言词表》指出，情报检索语言与自然语言的结合是文献标引—检索用语言发展的大趋势。自然语言词表是两者结合的必要条件，在文献标引—检索用语言的进一步发展中起着关键作用。张琪玉教授综合采用归纳和演绎的方法，指出当前所需的自然语言词表的类型，并阐述当前需要的自然语言词表的类型和自然语言词表编制中的方法和技术问题[38-39]。

《人工语言与自然语言、先控制与后控制的界限在计算机系统中可淡化或取消》提出计算机检索系统中检索语言和检索控制的问题，在明晰相关概念的基础上，通过归纳和演绎对概念、原理、条件和方法等问题进行逐一探讨[40]。

《全文检索系统的检索性能》一文主要采用归纳和演绎法，分析了全文检索系统适应的检索要求和不适应的检索要求，指出一个好的全文检索系统应是一个集成系统，是全文数据库和文献目录数据库的有机结合体[41]。

《文献题名初步研究》一文主要采用归纳和演绎法探讨了文献题名的情报价值、题名用词的规律、各类型文献题名的特点、题名对自动标引和自然语言检索的价值等问题[42]。

《网络信息检索工具增强关键词检索功能的措施》主要采用归纳和演绎的方法对国外网络信息检索工具增强关键词检索功能的各种措施进行综述。在此基础上，张琪玉教授提出，这些措施对改善关键词检索功能起到了一定作用，值得我们结合国情进行吸取。但这些措施还不可能彻底消除关键词检索的缺陷，甚至不可能基本消除其缺陷，因而也不可能否定人工标引在现阶段的必要性和合理性的观点[43]。

（3）归纳演绎法与其他方法的同时使用

张琪玉教授在《情报检索语言原理的一致和方法的差异》一文中，综合采用结构功能分析法、比较法、归纳和演绎方法，概括出情报检索语言原理宏观和微观上的一致性。张琪玉教授指出，宏观上，各类情报检索语言在目标、本质、主题表达和功能等方面是一致的；微观上，虽然各种类型情报检索语言所采用的方法不同，但其原理和作用一致。因而，弄清各种类型情报检索语言所采用的不同方法在原理和作用上的一致性，就可以抽象、概括出一般的原理。这一般的原理，高于对个别类型情报检索语言的认识，对情报检索语言的研究、创制和使用都具有指导意义[9]。

正是由于各种类型的情报检索语言在基本原理上是一致的，所以在方法上就有“互相渗透”“互相吸取”的基础，它们的结构就可以互相移植或“仿制”。情报检索语言结构的移植或“仿制”，即不同情报检索语言的组合能够增强、完善某种情报检索语言的功能，乃至设计出新颖的情报检索语言。例如将分面分类表与叙词表的结构组合在一起，结果创造出了新颖的分面叙词表。正是基于各种情报检索语言在原理上的一致性，我们在研究情报检索语言时才有可能采用比较方法、归纳方法和演绎方法，使不系统的认识上升为系统的理论[9]。

《分类语言、主题语言与自然语言一体化检索系统与〈中国财经报刊数据库〉的实践》则综合采用归纳演绎和比较的方法论述分类语言、主题语言与自然语言一体化检索系统的原理、作用、实现的核心技术、模式，并列举了一个实例[44]。

《主题标引过程对主题目录结构和功能的影响》一文通过综合采用结构功能分析法、归纳和演绎法，从检索途径、文献聚类、词串的易理解性、款目群的协调性、款目群排列的系统性、款目冗余和记录重要性等方面研究了主题标引过程对于主题目录结构和功能的影响[45]。

《因特网大众分类法——一种独创的分类法》一文综合采用比较法和归纳演绎法，从因特网大众分类法的产生背景、结构、适用人群、使用环境、所采用的方法等方面分析，说明它是一种独立创造的分类法，而不是对传统分类法改进和发展的结果，因此不宜用传统分类法的准则来对它进行框范，也不宜用它的准则来框范传统分类法[46]。

三、情报语言学研究的“一般方法”

情报语言学研究的一般方法是指情报语言学研究中较常使用的方法，可包括历史演进研究法、调查整理法、原理或方法移植、理想语言设计法、现用语言改进法等。

（一）历史演进研究法

情报检索语言一直在不断进化中，所以要了解它们所采用的各种原理和方法孰优孰劣，可以从历史演进过程中看那些原理和方法是如何被扬弃的[4-6]。

《组配及其演变》一文采用历史演进研究法对组配问题进行研究。张琪玉教授在介绍组配原理和作用的基础上，从体系分类法和标题法中的组配法开始到组配分类法和组配主题法，再到组配次序的规定、组配句式的转换、自由组配检索与标识单元检索方式系统、组配假象与对策、标引频率、检索试探与扩缩改检、文献数据库与多特征检索及布尔检索和加权检索等方面，通过历史演进分析的方法对组配法的应用、发展和演变进行介绍，并最终提出组配化是情报检索语言的一种发展趋势的重要结论[47]。

（二）调查整理法

在情报语言学领域，有不少已经使用的原理和方法，那些尚未见之于文献，或虽有文献记载但十分零散和不全面、不系统的，可采用这种研究方法了解和掌握[4-6]。

如张琪玉教授在《论情报检索语言的研究、创制与普及》一文中就引用了曾蕾关于我国情报检索语言现状的调查，“我国在 1949—1981 这 32 年间发表的情报检索语言文献中，关于分类法的文献占73.48%,关于标题法、单元词法、叙词法、关键词法和引文索引法等的文献共占12.71%。在分类法文献中,关于分面分类法的文献仅占1/50(专文不足10篇,分类表仅见1种)。由此可见,我们几乎只注意了体系分类法这一种情报检索语言类型。关于体系分类法的文献,大体可分为理论性文章(约2/5)和普及性文章(约3/5)两类。在普及性文章一类中,主要是关于各种常用分类法的一般介绍、图书分类方法、图书改编(重行分类)方法的文章。在理论性文章一类中,则主要是关于体系分类法的'三性'(思想性、科学性、实用性)及其相互关系、部类设置、大类序列、科学分类与图书分类的关系等的讨论,以及对旧分类法的批判。关于《国际十进分类法》这种重要的情报检索语言,批判性文章居多(该法确有严重的错误和缺点,如关于台湾的类目隶属关系等),从检索效率角度对它做分析研究的文章仅有极少几篇。总之,可以说除丁珂、刘国钧、曾世荣等的为数极少的文章、教材以及一些译文,曾论及或涉及检索效率问题外,就基本上没有较为明确地提出过'情报检索语言的检索效率'这个概念的文献了"[48]。在此调查和整理的基础上,张琪玉教授提出我们的情报检索语言理论研究工作必须开辟新路的观点[7]。

《网络信息检索工具的分类体系——网络信息检索工具发展的方向与提高竞争力的途径(连载三)》主要采用调查整理法进行研究。张琪玉教授在明晰分类体系对网络信息检索工具质量影响的基础上,对网络信息检索工具分类体系的现状进行调查分析,调查了国内外共43种综合型网络信息检索工具,最终提出网络信息检索工具设计方案的改进方式[49]。

(三)原理或方法移植

原理或方法移植,如,用自由词做补充标引是原来的叙词法所用的方法,这种方法可提高检索效率,并且使用比较自由,是一种好方法,那么是否可以将这种方法(或其原理)移植到其他类型的情报检索语言中去呢[4-6]?

张琪玉教授在《学科—事物概念组配型检索语言——关于情报检索语言的遐想与求索》中提出的学科—事物组配模式,其本质属性可归纳为:①学科聚类系统与事物聚类系统的结合;②先组式语言与后组式语言的结合、体系分类法与组配分类法的结合;③人工语言与自然语言的结合;④号码标识与语词标识的结合、系统序列与字顺序列的结合;⑤不变概念代码与可变概念体系的结合。其主要实现方法可概括为"分面分析+概念代码+概念对应转换+数据库技术"。这种语言的性能可概括为:①分类法与主题法彻底一体化的;②充分发挥情报检索语言对知识进行系统组织和对自然语言进行规范控制的功能的;③用户可十分方便地进行标引和检索的;④概念可不断增补及概念的代表词可进行更换的;⑤用户区别不出是自然语言还是人工语言而其实是由严密的人工语言控制的;⑥修订不受已标引文献所牵制,故分类体系可逐步完善的;⑦可以挂接英文索引、分子式索引等以及可用于机助标引的[50]。

《概念分面组配型自动分类系统》主要是采用原理或方法移植的方法进行研究的。张琪玉教授在概念分面组配理论的基础上,提出概念分面组配型自动分类系统的构想,认为概念分面组配理论具备"能较快付诸实现、较高的检索效率、适当适用人工辅助抽词、可提供多功能检索"等特征,并从质量控制措施、增强检索功能措施、检索系统功能分析等方面对概念分面组配型自动分类系统进行详细论述[51]。

《字面相似聚类法辅助构造词族表、分面类表和自动标引》借鉴字面相似聚类的原理构造词族表、分面类表和自动标引，在明晰字面相似聚类法的原理、实现方法、应用的基础上，对该法做了评价[52]。

《因特网大众分类法的本质属性》一文采用归纳演绎与原理或方法移植的方法，针对当时热门的网络分类法问题，归纳出因特网大众分类法的本质属性及其具体体现，最后提出借鉴文献分类法的基本原理，按照它的本质属性来对它做某些改进则是完全可能的结论[53]。

（四）理想语言设计法

理想语言设计法，即设想一种功能较完善的理想情报检索语言，然后努力寻找达到这些理想标准的具体方法，进行编制—试用—优化，最后成为一个可以实际应用的结构形式[4-6]。

张琪玉教授在《对未来分类法的憧憬》一文中提出了理想分类法的结构模式：①学科—事物概念组配型的分类法；②多聚类中心的、线性结构与网状结构相结合的，学科和事物概念全向聚类的分类法；③分类体系的建立更注重于揭示各种知识的内在联系，重点不在于构建表示某种信仰的宏观框架；④国际化与民族化妥善结合的分类法；⑤在一个整体框架下由众多专业分类法集成的分类法；⑥分类体系和类目可不断革新的分类法；⑦能与世界上现有主要分类法通过类目对应转换达到基本兼容的分类法；⑧伸缩性很好的分类法；⑨分类法主题法一体化；⑩有详细的、完善的自然语言入口的分类法，并可用于人机结合赋号标引；⑪多语种的分类法；⑫计算机化并可在网络上应用的分类法；⑬有充分文献保证的分类法，但不是仅限于专著的文献保证。据此，张琪玉教授设想，未来分类法的编制可能是先构筑部分（专业分类法），再形成整体。事实上，未来分类法的构成原理和方法大多已存在于现有情报检索语言中，只是找出它们完善结合（实现）的方案还需要做出很大的努力[54]。

（五）现用语言改进法

现用语言改进法，即对一种现用的情报检索语言，如《中图法》或《汉语主题词表》进行分析，查明其存在的问题，寻求进一步完善化和合理化的方法[4-6]。

情报检索语言的检索效率由其各种检索功能决定，而情报检索语言的各种检索功能由其结构产生。产生检索功能的是情报检索语言的微观结构。若干微观结构的有机结合才能构成一种情报检索语言。各种类型的情报检索语言都是一种结构模式，即其宏观结构。微观结构的数量、种类及结合模式，形成情报检索语言检索效率的整体水平。正是这一原理，张琪玉教授提出寻求理想情报检索语言的结构模式，从而发现新功能，去探索创新之路[2]。

如张琪玉教授在《关于〈中图法〉增加组配成分的可能性和方法的探索》一文就采用现有语言改进法为《中图法》寻求进一步完善化和合理化的方法。张琪玉教授从体系分类法检索和排架的两种职能出发，认为体系分类法既有“鸟瞰全貌”“触类旁通”的优点，又具有“集中与分散”矛盾的缺点，因此，在保持科学系统性的前提下尽量增加组配成分是体系分类法现代化改造的主要方向。在此基础上，张琪玉教授通过明晰组配的原理和方法，对多重列类法的功能、缺点和改进方法进行探讨，并对改进的可能性进行评估[55]。

四、其他研究方法

除了上述方法外,张教授还提及其他研究方法,如数学方法、统计方法、实验方法等[4-6]。

张琪玉教授撰写的《自然语言检索中各种因素对检索效率的影响》一文就用到实验和统计法。为了分析用语专指度对于检索结果质量的影响,张琪玉教授在《情报语言学文献库》中分别以不同专指度的关键词检索关于"分类标引"的文献,从而调查专指度的影响:张琪玉教授用"分"字直接在题录文本中进行匹配查找,检索结果为 4647 篇,用泛指词"分类"进行匹配查找,检索结果为 3680 篇,用专指词"分类标引"进行匹配查找,检索结果仅为 54 篇;而用人工语言(分面分类法的分类号,相等于检索词)进行查找,检索结果为 1394 篇。通过这一实验和统计,张琪玉教授说明了用语专指度对于检索结果带来的差异[37]。

《文献题名自动抽词——分类标引系统》一文指出,从题名抽取关键词作为文献检索标识的方法在自然语言检索中具有重要意义,如果对从题名抽出的关键词进行粗略分类,也可具备一定的分类检索功能。据此,张琪玉教授设计出文献题名自动抽词——分类标引系统并报告了系统的架构、功能与主要算法。通过实验研究发现,该系统虽然比不上用人工语言标引准确率高,但比对题名的模糊检索好得多,既可进行关键词的任意一致匹配,也可进行前方一致匹配和完全一致匹配;分类检索时则可进行前方一致匹配和完全一致匹配,所有的检索结果都可将相同关键词集中并排序后输出到屏幕或检索结果文件[56]。

通过对于情报语言学的研究方法及其在张琪玉教授研究中应用情况的回顾,不难发现:情报语言学的研究方法是科学研究中通用研究方法在情报语言学这一领域的具体运用,张琪玉教授在情报学语言理论研究的过程中,不仅通过研究方法的具体应用,取得了情报语言学领域的巨大成就,还通过自身体会和感悟,将若干通用的研究方法归纳和提炼成情报语言学的研究方法,形成情报语言学领域的方法论。因而,张琪玉教授的理论成就、学术创新能力和治学精神都是值得我们后辈仔细体味和继承发扬的。

参考文献:

[1] 张琪玉. 情报检索语言[M]. 武汉:武汉大学出版社,1983.

[2] 张琪玉. 情报语言学的若干研究心得和收获——张琪玉学术思想自述[J]. 图书情报工作,2009(20).

[3] 张欣毅,张京生. 走向自然语言与情报检索语言结合之路——与我国著名情报语言学家张琪玉教授的通讯访谈[J]. 图书馆理论与实践,2001(2).

[4] 张琪玉. 情报语言学基础[M]. 武汉:武汉大学出版社,1987.

[5] 张琪玉. 情报语言学基础[M]. 增订第二版. 武汉:武汉大学出版社,1997.

[6] 张琪玉,侯汉清. 情报检索语言实用教程[M]. 武汉:武汉大学出版社,2004.

[7] 张琪玉. 论情报检索语言的研究、创制与普及[J]. 图书情报知识,1983(4).

[8] 张琪玉. 提高情报检索效率是情报检索语言研究的根本目的——答黄立军同志[J]. 图书情报知识,1985(3).

[9] 张琪玉. 情报检索语言原理的一致和方法的差异[J]. 图书馆建设,1994(6).

[10] 张琪玉. 情报检索语言方法综述[J]. 图书情报知识,1984(2).

[11] 张琪玉. 情报检索语言大纲[J]. 图书馆学刊,1981(3).

[12] 张琪玉.情报检索语言大纲(续完)[J].图书馆学刊,1981(4).
[13] 张琪玉.情报检索语言语法体系初探[J].图书馆理论与实践,1986(3).
[14] 张琪玉.情报检索语言中聚类的原理和方法[J].北京图书馆馆刊,1997(1).
[15] 张琪玉.文献主题的构成因素及层次[J].图书情报知识,1985(1).
[16] 张琪玉.汉语检索词词素轮排索引编制法探索[J].图书与情报,1992(4).
[17] 张琪玉.人—机结合的题内关键词索引可回避汉语分词难题[J].图书馆杂志,1993(4).
[18] 张琪玉.论后控制词表[J].图书情报工作,1994(1).
[19] 张琪玉.用《汉语主题词表》可编制什么样的检索工具[J].图书馆学刊,1981(1).
[20] 张琪玉.试论隐含主题[J].图书馆理论与实践,1993(2).
[21] 张琪玉.题名关键词与正文关键词检索性能的差别[J].中国索引,2004(4).
[22] 张琪玉.自动抽词与自动分词[J].图书馆杂志,2002(3).
[23] 张琪玉.自然语言与人工语言对应转换——情报检索语言走向自动化之路[J].中国图书馆学报,1996(1).
[24] 张琪玉.网络信息检索用语言的发展趋势[J].图书馆杂志,2001(3).
[25] 张琪玉.情报检索语言的国家特点、时代特点和自然语言特点[J].图书馆理论与实践,1989(4).
[26] 张琪玉.情报检索全过程中概念与标识的对应转换[J].图书与情报,2002(2).
[27] 张琪玉.体系分类法的准则和惯例[J].晋图学刊,1992(4).
[28] 张琪玉.体系分类法的准则和惯例(续)[J].晋图学刊,1993(1).
[29] 张琪玉.分类标记原理与方法概述[J].图书馆,1993(1).
[30] 张琪玉.关于自然语言检索问题[J].图书馆论坛,2004(6).
[31] 张琪玉.文献标引中人与计算机的分工协作[J].中国索引,2004(4).
[32] 张琪玉.文献标引是需要智慧的近乎艺术创造的处理过程[J].图书馆杂志,2004(3).
[33] 张琪玉.论自由标引[J].图书馆学刊,1995(5).
[34] 张琪玉.体系分类法中“集中与分散”的矛盾[J].图书馆杂志,1982(1).
[35] 张琪玉.主题标引的原理和方法(一)[J].图书馆学刊,1996(1).
[36] 张琪玉.主题标引的原理和方法(二)[J].图书馆学刊,1996(2).
[37] 张琪玉.自然语言检索中各种因素对检索效率的影响[J].情报理论与实践,1997(5).
[38] 张琪玉.积极为自然语言与情报检索语言的结合创造条件——建议大量编制自然语言词表(上)[J].图书馆杂志,1999(9).
[39] 张琪玉.积极为自然语言与情报检索语言的结合创造条件——建议大量编制自然语言词表(下)[J].图书馆杂志,1999(10).
[40] 张琪玉.人工语言与自然语言、先控制与后控制的界限在计算机系统中可淡化或取消[J].图书馆杂志,1997(5).
[41] 张琪玉.全文检索系统的检索性能[J].江西图书馆学刊,2004(3).
[42] 张琪玉.文献题名初步研究[J].江西图书馆学刊,2006(3).
[43] 张琪玉.网络信息检索工具增强关键词检索功能的措施[J].图书馆杂志,2001(1).
[44] 张琪玉.分类语言、主题语言与自然语言一体化检索系统与《中国财经报刊数据库》的实践[J].现代图书情报技术,2002(1).
[45] 张琪玉.主题标引过程对主题目录结构和功能的影响[J].情报理论与实践,1994(5).
[46] 张琪玉.因特网大众分类法——一种独创的分类法[J].江西图书馆学刊,2005(1).
[47] 张琪玉.组配及其演变[J].情报理论与实践,1995(1).
[48] 曾蕾.我国三十二年来检索语言文献的初步调查与简略分析[J].图书情报知识.1982(2).
[49] 张琪玉.网络信息检索工具的分类体系——网络信息检索工具发展的方向与提高竞争力的途径(连载

三)[J].江苏图书馆学报,2002(4).
[50] 张琪玉.学科—事物概念组配型检索语言——关于情报检索语言的遐想与求索[J].图书馆杂志,1997(2).
[51] 张琪玉.概念分面组配型自动分类系统[J].图书馆学刊,2002(6).
[52] 张琪玉.字面相似聚类法辅助构造词族表、分面类表和自动标引[J].图书馆论坛,2002(5).
[53] 张琪玉.因特网大众分类法的本质属性[J].图书馆杂志,2002(11).
[54] 张琪玉.对未来分类法的憧憬[J].情报理论与实践,2003(1).
[55] 张琪玉.关于《中图法》增加组配成分的可能性和方法的探索[J].国家图书馆学刊,1985(3).
[56] 张琪玉.文献题名自动抽词——分类标引系统[J].图书馆杂志,1998(4).

试论张琪玉先生情报语言学研究的特点

黄如花　李白杨（武汉大学信息管理学院）
夏立新（华中师范大学信息管理学院）

摘　要：本文结合张琪玉情报语言学研究的相关成果，采用文献调研、对比研究等方法从发展性、辩证性、系统性、前瞻性四个角度论述了张琪玉情报语言学研究的特点。

关键词：张琪玉；情报检索语言；情报语言学；学术研究；特点

张琪玉先生是我国著名的图书情报学家，被誉为情报检索语言领域的开山鼻祖[1]，代表着中国人对世界图书馆学情报学的一大贡献。自20世纪70年代末开拓了情报语言学这一新的学科领域，他以保障检索效率为核心思想，认为分类检索语言、主题检索语言、其他情报检索语言以及自然语言的应用问题应统一研究，提出了不少情报检索语言理论研究的新方向、新范围和新方法，推动了国内该领域的理论与实践。他的简传被载入《中国大百科全书（图书馆学、情报学、档案学）》《世界名人录（中国卷）》《中国世纪专家》《中国图书馆学情报学档案学人物大辞典》《英国国际知识界名人录》等20多处[2]。本文回顾张琪玉先生情报语言学从创建、发展到成熟的历程，通过对他丰富的研究成果的调研，从发展性、辩证性、系统性、前瞻性四个角度分析张琪玉情报语言学研究的特点。

一、发展性

所谓发展性，是指张琪玉对情报检索语言的学术研究随着时代的发展而与时俱进，其情报语言学研究从概念定义和研究对象、研究方法的定义到研究范围、研究目的等的确立，整体上是一个动态发展，不断完善的过程。

1. 文献整体信息揭示阶段

张琪玉的学术研究最早立足于目录的编制与使用，然后依据在图书馆的工作需要扩展到了分类法和索引的研究，这是情报检索语言诞生的前期研究。这一阶段的研究特点是侧重于将文献作为一个整体的角度进行揭示，如1964年7月2日载于《图书馆》的《目录的特征——谈谈充分发挥书目检索工具的作用》[3]分析了目录的编制方法、特点及在检索中的作用。1966年载于《综合科技动态情报工作》的译作《新型文献索引》[4]（P. C. 吉良利夫斯基、A. 切尔耐著）研究了文献索引的编制规则和对文献整体信息的揭示作用。

2. 文献主题与检索课题概念揭示阶段

20世纪80年代，张琪玉在分类、索引和检索语言领域积累了大量专业知识和经验，与此同时改革开放后我国图书情报事业迎来了新的发展机遇,文献的数量快速增长,图书馆服务理念也发生了转变,更深层次的情报检索需求被提出并需要对此进行研究。在这一阶段,他认为表达文献主题概念和检索课题概念的语言工具是影响情报检索系统效率的主要因素,因此检索效率的保障,成为情报语言学研究的根本目的和核心问题。他还认为各类检索语言都是在寻求更好的检索效果中创制出来的,应当在情报检索的应用中进行统一研究,核心问题就是检索效率问题。在这一历史时期,情报语言学应运而生。同时,20 世纪 80 年代是我国将计算机引入各个行业并开始应用的时期,张琪玉重视计算机的应用对情报检索工作的影响,认为计算机是图书情报工作现代化的核心。如在 1983 年正式出版的《情报检索语言》[5]一书中,他对情报语言学的概念内涵、研究对象、研究方法、检索语言与语法等内容进行了定义与研究,该书自出版以来累计被引用 151 次,成为其情报语言学研究的经典之作。1988 年 12 月载于《张琪玉论文选》的《关于分类法和词表标准化的几点建议》[6]和 1982 年 1 月载于《广东图书馆学刊》的《关于文献工作标准体系图和标准化项目表的修改增补方案》[7]认为改进语言工具是提高检索效率的有效途径,提倡词表的标准化。1985 年 1 月载于《图书情报知识》的《文献主题的构成因素及层次》[8]一文认为文献情报的检索除了已知文献名称、著者、专利号等外表特征对特定文献进行的检索之外,其他都是通过对文献主题的检索实现的,同时现代情报检索语言的分面组配理论,就是根据概念的分析与综合原理,在对文献主题的构成因素及层次结构进行分析的基础上形成的。

3. 文献中知识单元揭示阶段

随着文献资料的不断丰富,用户已不满足于对文献整体的揭示,希望能够检索文献中的知识单元。其实质是传统分类法与主题法的综合提升,即在新的信息环境下,采用关键词法、自然语言、组配、体系分类法等多种方式揭示文献的知识单元,从而提升文献检索效率。在载于 1993 年 1 月《图书馆》的《分类标记原理与方法概述》[9]中,张琪玉认为分类标记具有作为类目代号、固定类目次序、显示类目关系、便于做相符性标记四大功能,方便揭示文献知识单元。在载于 1994 年 1 月《图书情报工作》的《论后控词表》[10]中,他分析了后控词表的控制机理、控制程度、编制方法和编制特点,举例说明如何运用后控词表进行文献检索,提出配备后控制词表是提高自然语言检索效率的有效措施。在载于 1995 年第 5 期《图书馆学刊》的《论自由标引》[11]、1996 年第 1、2 期《图书馆学刊》的《主题标引原理与方法》[12]和《检索语言讲座》系列,系统地介绍了在文献检索中对于知识单元标引、描述、检索和语法控制的原理和方法。

4. 网络信息检索阶段

20 世纪 90 年代后,随着计算机和因特网的普及,图书馆和情报工作都开始面对着一项新的历史任务——基于因特网的信息资源描述、存储与检索。2002 年,张琪玉先后在《江苏图书馆学报》发表《网络信息检索工具的分类体系》、在《图书馆理论与实践》发表《因特网上的大众分类法》、在《图书馆杂志》发表《网络信息工具的热门类目》和《因特网大众分类法的本质属性》4 篇文章,阐述了因特网上流行的网络检索工具所使用的分类法的类型定位、本质属性、作用、改进方法等内容。面对互联网上浩瀚的信息资源,他认为一方面应使词表、分类表向机编化和机读化方向发展,使文献标引和索引编制向自动化方向发展,重视自然语言检索,同时使多种语言的共同使用成为现实;另一方面也提出计算机情报检索的系统性、适应性、兼容性和标准化问题及对策。情报检索网络化是情报语言发展历程中的一次重要变革,使得情报语言学适应了网络信息检索环境,同时其内涵也得到了很大丰富。

二、辩证性

辩证思维是以变化发展的视角、矛盾对立统一的视角来思考问题,是重要的科学研究世界观。细读张琪玉的情报语言学研究成果,不难发现其间存在大量的辩证思维,这是其研究不断进步的内在动力。

1. 分类法与主题法的辩证关系

长久以来,以内容角度标引和检索信息资源的主题法和以学科体系为中心的分类法是两大不同类型的检索语言。早期对分类法和主题法的对比研究中,更多地强调其相异之处,如分类法具有较强的系统性,主题法具有直接性。随着文献信息资源的日益丰富,研究者们发现在情报检索中更重要的是效率,而并非形式,无论哪种信息组织方法,都是以揭示事物概念间的逻辑关系和方便进行描述和检索为核心。一直以来,张琪玉先生就力主分类法与主题法的相互结合,两者之间存在较强的辩证统一关系。在载于1995年第6期《图书馆论坛》的《分类法主题法一体化自动标引系统的基本原理和方法》[13]中,他认为分类检索语言、主题检索语言和其他情报检索语言应进行统一研究,检索语言的本质特征是揭示文献信息的内容特征,所以,它们的基本原理是一致的,对它们进行统一研究可以发现其中最为本质的东西,以及在结构和功能上的异同之处,从而概括出它们影响检索效率的共同规律,以期有效改进。在这种辩证思维的指引下,张琪玉所引领的情报语言学在结构模式上不断进步,例如组配分类法、分面叙词表、分类主题词表、体系分类法等的出现,都证实了分类法与主题法的辩证关系是推动情报检索语言创新的重要动力。值得一提的是,他的这种分类法与主题法辩证统一的学术思想集中体现于其编制的《中国分类主题词表》,也正因为他在编制该词表中的特殊贡献,于1996年获得了“国家优秀科技信息成果奖二等奖”。英国人艾奇逊1969年领导创制的《分面叙词表》是一种分类主题一体化词表,是这种辩证思想的一个例证。

2. 自然语言与人工语言的辩证关系

早期的印刷型文献检索,人工语言可以使得情报组织具有很强的系统性,方便工作人员和用户进行目录索引的编制和使用。随着计算机和互联网的出现与普及,网络信息资源的分布具有分布式特征,人工语言的适用性开始受到挑战,以搜索引擎为代表的网络信息检索工具都将自然语言检索作为重点。然而,自然语言因其词汇量过大,词义模糊,词汇的同义、近义、多义等特点具有先天缺陷,一时间对于自然语言和人工语言孰好孰坏产生了巨大争议,绵延至今。张琪玉经历了自然语言与人工语言之争,以辩证思维从中获得了启迪:人工语言为克服自然语言在情报检索中的先天缺陷而生,但在网络环境中却不能很好适用;自然语言在网络环境中使用较多,却也不能完全替代人工语言。在载于1996年第1期《中国图书馆学报》的《自然语言与人工语言的对应转换——情报语言走向自动化之路》[14]中,他对两种对立统一的检索语言进行思考后,设想设计出一种能够集合各种检索语言优点、结构进行充分优化的检索语言,这就是他在载于1997年第2期《图书馆杂志》的《学科—事物概念组配型检索语言——关于情报检索语言的遐想与求索》[15]中所提出的学科—事物概念组配型检索语言。在这种设想下,主题法与分类法有着高度统一,用户不区分自然语言或是人工语言,而是方便地使用不断增补概念和可更换的代表词进行情报检索,充分发挥情报检索语言对知识组织的功能。

3. 信息组织与信息检索的辩证关系

信息组织是对信息资源进行处理和有序化,是信息检索的前提,也是保障信息检索效率的重要基础;而信息检索则是信息组织的出发点和最终归宿,二者具有辩证统一的关系。张琪玉先生的研究历程从以目录、索引为主的信息组织方法开始,再到以情报检索语言为主的信息检索,对这种信息哲学有着深刻的认识。在载于1985年第3期《图书情报知识》的《提高情报检索效率是情报检索语言研究的根本目的——答黄立军同志》[16]一文中,张琪玉探讨了在信息组织中,无论体系分类法、主题法还是叙词法,都应是在不断研究中,为提高情报检索效率服务。在发表于1997年9月《情报理论与实践》的《自然语言检索中各种因素对检索效率的影响》[17]一文中,他分析了信息组织过程中对信息检索效率的影响因素:一是检索依据的文本类型对检索效率的影响;二是检索用语的专指度对检索效率的影响;三是在句、段、节、篇不同范围内进行组配检索对检索效率的影响;四是文本用词的不规范性对检索效率的影响;五是不同标引方法对检索效率的影响;六是对自然语言进行词表控制的程度对检索效率的影响。

三、系统性

1. 立足情报检索语言系统的高度开展不同的系列研究

从宏观上来看,自目录索引学到情报语言学,再到因特网大众分类法的研究,张琪玉的学术研究具有很强的系统性和连贯性,其知识结构从图书情报学科中最基本的应用问题开始,经过积累、研究和创新,进而开创了具有历史意义的情报语言学。从微观上来看,张琪玉先后对情报语言学的学科概念、学科名称、研究对象、研究方法、语法体系、语言模式、原理方法和未来发展都进行了定义和阐述,使情报语言学成为具有系统性和完整性的情报学分支学科。

他是从知识组织系统的高度研究情报检索语言中的分类法、主题标引、分类主题一体化等,而不是孤立地研究某一个方面,其成果可归纳为以下几个大的系列。

(1)情报检索语言

其代表性成果有:《情报检索语言》《论情报检索语言的研究、创制与普及》《情报语言学文献分类表》《情报检索语言方法综述》《情报检索语言中聚类的原理和方法》《情报检索语言语法体系初探》《情报检索语言的国家特点、时代特点和自然语言特点》等。

(2)分类检索语言系列

《体系分类法的准则和惯例》《体系分类中“集中与分散”的矛盾》《分类标记原理与方法概述》《〈中国图书馆图书分类法(第二版)索引〉编制说明》《对未来分类法的憧憬》等。

(3)主题检索语言系列

《主题标引的原理和方法》《论自由标引》《半控制半自由标引》《自由标引中副标题概念词的问题》《字面成族原理与应用》等。

(4)自然语言系列

《自然语言在情报检索中的应用》《自然语言检索中各种因素对检索效率的影响汉语关键词法探讨》《概念分面组配型自动分类系统》《人—机结合的题内关键词索引可回避汉语分词难题》《自然语言与人工语言的对应转换——情报检索语言走向自动化之路》《论后控制词表》等。

(5)网络信息资源检索工具系列

《关于我国网络信息资源检索工具开发与改进的思考》《网络信息检索工具的分类体系》《因特网大众分类法若干问题的探讨》《因特网大众分类法的本质属性》《网络信息资源检索用语言的发展趋势》等。

(6)索引学系列

《论索引的两大基本类型》《论索引项》《现代索引就是数据库》《中国索引事业:当前格局与问题》《目录的特征——谈谈充分发挥书目检索工具的作用》《中国索引事业:当前格局与问题》等。

2. 情报检索语言的系统化应用

情报检索语言具有很强的应用价值。1971 年 3—10 月,1972 年 9 月—1973 年 1 月,张琪玉参与《中国图书馆图书分类法(试用本)》的编制工作;1981 年 2 月—1982 年 9 月,他主持编制了《中国图书馆图书分类法(第二版)索引》;1986 年又参与了《中国图书馆图书分类法(第三版)》的修订工作。《中国图书馆图书分类法》面向我国图书馆的排架与检索业务,立足于中国特色的文献分类语言,吸收了 UDC、DDC 等国际先进的图书分类的优点,采用先组式的情报检索语言,利用概念划分与概括的逻辑方法建立起结构体系,是一部列举式的等级体系分类法。《中国图书馆图书分类法》从问世到后续版本的修订,不断吸收了其他适应时代发展的分类语言与规则,如组配、仿分、复分表等,其根本目的是提高图书馆利用分类法进行分类排架与检索工作的效率。由于他在编制《中国图书馆图书分类法》及其索引中对于分类语言的编制与优化做出了较大的贡献,在 1985 年获得了“国家科学技术进步奖一等奖”[18]。1983 年出版的《情报检索语言》是他的经典之作,为情报检索语言的研究提供了理论基础和指导。1991 年编制《通用汉语著者号码表》,为通用汉语的著者编码问题提供了解决方案。1996 年创作《文献索引计算机编制法(提纲)》,定义了计算机编制文献索引的原理与方法。

3. 国内外情报检索语言的系统化融合

张琪玉主张吸收国外情报检索语言研究的先进成果,国际化要与民族化妥善结合。早在 20 世纪 60 年代,他就开始调研国外文献检索技术的发展状态,如 1964 年发表的《美国出版的〈科学引文索引〉》介绍了美国索引工具编制技术;1965—1966 年在《综合科技动态情报工作》发表系列论文介绍苏联的科技情报工作方法;1971—1973 年在《国外图书情报文摘》发表系列论文详细研究了苏联图书分类法的基本大类、二级类目、地区复分表等内容;1978 年撰写《国外图书馆学情报学参考资料》,研究了瑞典、法国、苏联及东欧各国的图书馆自动化应用状况。后来在 1997 年发表的《探索 21 世纪的情报检索语言》一文中,他认为情报检索语言也应当"求同存异",以国际通用为基本,照顾各国各民族的需要。他对于国外情报检索语言的研究一方面为国内图书情报学的理论扩展提供了知识来源,另一方面提出了中国特色的情报检索语言思想,如在《关于〈中图法〉增加组配成分的可能性和方法的探索》[19] 一文中提到刘国钧先生曾指出杜威分类法"在图书分类史上第一次用号码代表类目,创造了相关排列法,统一了图书排架和目录组织的次序",分析了体系分类法"鸟瞰全貌"的优点和"集中于分散"矛盾的缺点,继而研究了在体系分类法中进行组配的原理和方法。在 1989 年第 4 期《图书馆理论与实践》的《情报检索语言的国家特点、时代特点和自然语言特点》[20] 中论述了"外国和本国过去时代的分类表、词表的确定,都始终和读者问题联系在一起","情报检索语言历来具有国家特点、时代特点和自然语言特点。创制一种综合性或者社会科学的情报检索语言,它必须与该国的社会意识形态相一致,受到行政的、社会舆论的、学术界的、读者的共同影响与约束"。因此本国通行的情报检索语言,其基础是与本国使用的主要自然语言相一致的。

四、前瞻性

张琪玉的情报语言学研究具有前瞻性,能够对情报语言学在国内的发展状况提前做出准确的预测,尤其是在同类成果中多次先于他人提出或率先提出、并引领这方面的研究。从早期的目录与索引的编制,发展到情报检索语言,其中依次有分类检索语言、主题检索语言、自然语言在检索语言中的应用、网络信息资源检索语言,每一个阶段的研究都表现出了前瞻性。具体说来,主要有以下几个方面。

1. 情报检索语言的自动化

自动化是与计算机在情报检索中的使用分不开的,同时自动化也包括了信息组织和信息检索两方面的内容。第一台计算机出现于 1946 年,最早的计算机情报检索开始于 20 世纪 50 年代初期,在图书情报工作中利用计算机脱机批处理情报检索则始于 20 世纪 60 年代。早在 1963 年张琪玉就翻译了苏联瓦西里也娃、切博塔辽娃合著的《书目工作自动化》一书(存手稿)。20 世纪 70 年代至 80 年代研究了瑞典、法国、苏联等国家大量情报检索语言在计算机上的自动化应用。在《分类法主题法一体化自动标引系统的基本原理和方法》[21] 提出将分类法和主题法融合在同一个检索语法体系中,采用自动标引的方法进行情报检索。在 1996 年发表的《情报检索语言走向自动化之路与〈中图法〉发展新目标》[22] 中,他提出了情报检索自动化系统的四种模式:人工标引—自动检索模式,人机结合标引—自动检索模式,自动标引(略加人工辅助)—自动检索模式和自动标引—自动检索模式。在载于 1998 年第 6 期《图书馆杂志》的《概念或标识自动转换技术的应用》一文中给出了文献标引和情报检索系统中自然语言接口和自动赋词赋号两段程序编码。在载于2002年第3期《图书馆杂志》发表的《自动抽词与自动分词》中，他分析了自动抽词与自动分词的联系与区别，并总结了提高自动抽词效率的几种方法。

2. 分类主题一体化

在分类法与主题法之争中，张琪玉主张分类法与主题法最终走向一体化，编制出一个结构优化的检索语言。具体研究有：在《分类法主题法一体化自动标引系统的基本原理和方法》[23]一文详细研究了对文献进行分类和主题标引的可行性，从提名中自动抽词，以体系分类法为基础的自动分类用分类词表、自动分类规则及以分面分类法为基础的文献自动分类、自由体系自动分类、半自动分类、半自动抽词、检索系统的分类法主题法一体化检索功能等问题。在《学科—事物概念组配型检索语言》[24]中，他总结了情报检索语言的理想模型：学科—事物概念组配模式，归纳了其五个特点：一是学科聚类系统与事物聚类系统的结合；二是先组式语言和后组式语言的结合，即体系分类法与组配分类法的结合；三是人工语言与自然语言的结合；四是系统序列与字顺序列的结合；五是不变概念代码与可变概念体系的集合，同时还提出了学科—事物概念组配型检索语言的实现方法。

3. 网络环境下情报检索语言的变革

网络环境下的情报检索语言一直处于一个动态变革的过程，不能简单地照搬主题法、分类法或者自然语言，而是应当以检索效率为核心思想，对检索语言的结构进行调整和优化，最终适应网络信息资源检索。张琪玉在网络信息资源检索方面做了大量研究，如载于1996年第4期《图书馆杂志》的《情报检索语言的发展趋势——与吴建中的对话》[25]一文提出应把情报语言学研究重点转移到如何提高情报检索语言的检索效率，从更高的层次对分类法、主题法等各种检索方法进行统一研究，概括出影响检索效率的共同规律。在2000年前后发表《网络信息检索工具增强关键词检索功能的措施》《网络信息资源工具发展的方向与提升竞争力的途径》（系列共3篇）、《网络信息检索用语言的发展趋势》《网络信息检索工具的热门类目》等6篇文章，对计算机和网络环境下的自动抽词、自动标引和基于自动标引的分类体系进行了研究，这几篇论文共被引用125次，篇均引用21次，一时间引领了国内网络环境下情报检索语言的研究热潮。在2002—2005年先后发表《因特网大众分类法》《因特网大众分类法的本质属性》《因特网大众分类法的标准化问题》《因特网大众分类法若干问题探讨》系列文章，定义了因特网大众分类法的两个本质属性：一是能分类组织知识和信息使之可供检索与浏览的功能特性；二是商业性，包括广告性、大众性、竞争性。定义了因特网大众分类法的结构是主题分类法，适用人群是最广大的普通用户，适用环境只能在网络中。他反驳了《中国图书馆图书分类法》适用于因特网大众分类法的观点，提出九大基本方法：一是多重列类和重复列类；二是突出列类和压缩列类；三是热门类目导引；四是专题检索或特色服务项目；五是临时性类目；六是对共性事物列类的控制；七是类名措词的自然语言化；八是“友谊链接”方法；九是可以使用类目索引。他的网络信息组织理念在现在几乎都得到了验证，首先是目前网络信息资源组织大多采用事物+主题的大类分配，其次是自然语言成为网络信息资源检索的主流，百度、谷歌等都以自然语言检索作为主要研究方向；再次是无处不在的超链接验证了“友谊链接”理念。

参考文献：

[1] 曹树金，罗春蓉，汪东波. 开创情报语言学的新天地[J]. 中国图书馆学报，1999(5).
[2] 张琪玉. 张琪玉情报语言学著作目录[M]. 上海：作者自刊，2013.
[3] 张琪玉. 目录的特征——谈谈充分发挥书目检索工具的作用[J]. 图书馆，1964(7).
[4] 张琪玉. 新型文献索引[J]. 综合科技动态情报工作，1966(2).
[5] 张琪玉. 情报检索语言[M]. 武汉大学出版社，1983.
[6] 张琪玉. 张琪玉论文选[M]. 成都东方图书馆学研究所，1988.
[7] 张琪玉. 关于文献工作标准体系图和标准化项目表的修改增补方案[J]. 广东图书馆学刊，1982(1).
[8] 张琪玉. 文献主题的构成因素及层次[J]. 图书情报知识，1985(1).
[9] 张琪玉. 分类标记原理与方法概述[J]. 图书馆，1993(2).
[10] 张琪玉. 论后控词表[J]. 图书情报工作，1994(1).
[11] 张琪玉. 论自由标引[J]. 图书馆学刊，1995(9).
[12][21] 张琪玉. 主题标引原理与方法[J]. 图书馆学刊，1996(1).
[13][23] 张琪玉. 分类法主题法一体化自动标引系统的基本原理与方法[J]. 图书馆论坛，1995(12).
[14] 张琪玉. 自然语言与人工语言的对应转换——情报语言走向自动化之路[J]. 中国图书馆学报，1996(1).
[15][24] 张琪玉. 学科—事物概念组配型检索语言——关于情报检索语言的遐想与求索[J]. 图书馆杂志，1997(2).
[16] 张琪玉. 提高情报检索效率是情报检索语言研究的根本目的——答黄立军同志[J]. 图书情报知识，1985(3).
[17][22] 张琪玉. 自然语言检索中各种因素对检索效率的影响[J]. 情报理论与实践，1997(9).
[18] 白国应. 张琪玉文献分类思想的发展——从文献分类法到情报检索语言[J]. 重庆图情研究. 2009(1)
[19] 张琪玉. 关于《中图法》增加组配成分的可能性和方法的探索[J]. 国家图书馆学刊，1985(7).
[20] 张琪玉. 情报检索语言的国家特点、时代特点和自然语言特点[J]. 图书馆理论与实践，1989(12).
[25] 吴建中，张琪玉. 情报检索语言的发展趋势——与吴建中的对话[J]. 图书馆杂志，1996(4).

张琪玉情报语言学方法论思想的哲学思考

周　军(南京政治学院军事信息管理系)

摘　要:张琪玉情报语言学方法论思想是张琪玉情报语言学思想的重要组成部分,其主要内容包括关于情报语言学研究过程中认识活动的目的方向、途径、方法(含策略、手段、工具)及其操作程序等理论的科学思维结果。张琪玉情报语言学方法论思想具有十分鲜明的科学性、实践性和指导性,体现出明显的特征,对于发展完善情报语言学学科理论体系和推动情报检索语言建设与应用实践具有重要价值,对于促进学科建设和科研工作者的学术研究活动也有积极的启示。

关键词:情报语言学;方法论;张琪玉;学术思想

所谓思想是指"客观存在反映在人的意识中经过思维活动而产生的结果"[1];情报语言学方法论则是指关于情报语言学这一特定学科领域的研究方法的理论。张琪玉情报语言学方法论思想则是指张琪玉先生对于情报语言学这一特定学科领域的研究方法理论的思维活动产生的结果,它不仅仅是对具体的情报语言学研究方法的分门别类的罗列,而是关于情报语言学研究方法的区分、应用、评价、开发及其发展和演变规律的科学思考。张琪玉情报语言学方法论思想是张琪玉情报语言学思想的重要组成部分。本文试图从哲学的视角,对张琪玉情报语言学方法论思想进行初步探讨。

一、张琪玉情报语言学方法论思想的主要内容

具体来说,张琪玉先生情报语言学方法论思想是关于情报语言学研究过程中认识活动的目的方向、途径、方法(含策略、手段、工具)及其操作程序等理论的科学思维结果。其主要内容包括:

1. 关于情报语言学研究的目的方向问题

研究的目的方向问题,是情报语言学方法论的首要问题。张琪玉先生认为,情报检索系统是对巨大的不断增长的文献流进行控制的主要手段。而情报检索语言是影响情报检索效率的主要因素,要建成一个高效率的检索系统,必须有高质量的情报检索语言做保证。所以,情报语言学研究的根本目的和核心问题是"提高检索效率"[2]。因此,我们应当对各种情报检索语言进行综合研究,探索它们影响情报检索效率的共同规律,阐明它们在情报检索中起语言保证作用的基本原理和各种方法。为此,要改变研究方向,就要把研究的重点转移到如何提高情报检索语言的检索效率方面来。要扩大研究范围。研究范围的偏窄,对解决

我国的情报检索问题极为不利。应该把对自然语言检索法的研究包括进去。人工语言和自然语言相结合,既是严密的人工语言,又尽量利用自然语言作为辅助,无疑有助于检索效率的提高,因而是情报检索语言发展的正确方向。要吸取国外的研究成果,但不要以此代替对中国情报检索语言特殊问题的研究。“否则,我们将创制不出不但在原理和方法上具有世界先进水平,而且又是符合中国国情的情报检索语言来”[3]。寻找更佳的情报检索语言结构模式“永远是情报检索语言创新的主流”[4]。

2. 关于情报语言学研究的途径问题

早在20世纪80年代初,针对当时学术界前后持续达20多年争论分类法“思想性、科学性、实用性”的“三性原则”,但始终不能得出一个能够真正指导分类法正确发展方向的明确结论的状况,张琪玉先生另辟蹊径,认为应该“按情报检索语言的本质属性来研究和阐述情报检索语言”[5]。他把分类法、主题法等称为情报检索语言,把情报检索语言仅仅看作是情报检索中的语言工具,从而回避了分类法“三性原则”的争论。他在《论情报检索语言的研究、创制与普及》[6]一文中总结了自己对情报检索语言研究的观点,提出“我们的情报检索语言研究必须开辟新路”。经过多年的缜密思索,他认为,情报语言学理论应从更高更宽的角度和更深的层次来考察情报检索语言,从而对各种情报检索语言和自然语言检索法进行更为透彻的研究。“对仅仅借助于计算机技术的纯粹自然语言检索(或者说不利用情报语言学原理控制的自然语言检索)在短期内(例如10年、20年)能完满实现并不抱乐观的态度。我越来越觉得亟须从情报语言学角度深入研究自然语言检索方法,把情报语言学的原理和方法引进自然语言检索的研究”[7]。

3. 关于情报语言学研究的方法(含策略、手段和工具)问题

张琪玉先生认为,要在研究中创造和改进研究方法。“对情报检索语言,从宏观和微观两个层次分析解剖其结构与功能的关系,是极重要的一种研究方法。”“情报检索语言一直在不断进化中,所以要了解它们所采用的各种原理和方法孰优孰劣,从历史演进的过程看那些原理和方法是如何被扬弃的,这也是一种研究方法”[8]。他分别把这两种研究方法命名为结构功能分析法和历史演进研究法。此外,还有理想语言设计法、现用语言改进法、原理或方法的移植法、计算机方法、数学方法和统计方法等多种研究方法。并明确指出,结构功能分析法是情报语言学的核心方法。历史演进研究法、比较研究法,理想语言设计法、现用语言改进法、原理或方法的移植法等多种研究方法,可以说都是从结构功能分析法衍生出来的。脱离了结构功能分析法,就等于抽去了那些方法的精髓。而“正确的观点和研究实践,是各种有效的研究方法产生的源泉”[9]。

4. 关于情报语言学研究的思维步骤和操作程序问题

张琪玉先生认为情报语言学学术研究必须循着正确的思维步骤和操作程序,唯其如此,才能把有待研究问题的素材收集齐全,题目和大小观点思考透彻,并杜绝各种讹误。他曾对自己的研究论文的思维步骤和写作过程做过清晰的总结性描述:“我的文章很少是一气呵成的,多半要经历如下过程才写出来:(1)当灵感来临时,我把它记在卡片上或散页标准纸上;(2)以后如果再想到那个问题,再记在另外的卡片上,或添加在标准纸上;(3)关于那个问题的想法多了，如果觉得可以作为一个研究题目，就根据已积累的想法，经过仔细的思考，将零散素材整理成一篇文章的提纲。仔细斟酌题名和各级小标题名称，并把每个小标题都分别写在一张标准纸上，这样，每个小标题都相当于一篇小文章，把有关某个小标题所想到的内容都记在那张纸上。(4)哪个小标题比较容易写就可以先写，次序无关重要。有些问题比较难，要通过仔细研究解决的，放在后面写；(5)到所有的小标题都写成了正文，再经过几次通篇审读修改，认为再没有问题了，文章就算完成，送出去发表。”[10]

二、张琪玉情报语言学方法论思想的基本特征

张琪玉先生在情报语言学研究中极为重视科学方法探索、总结、应用和创新，他的情报语言学方法论思想具有十分鲜明的科学性、实践性和指导性，其基本特征大致包括以下方面。

1. 坚持以科学的实事求是精神选择研究方向和路径

张琪玉先生坚持从客观实际出发，尊重客观事实，并力求真实反映客观事实，努力排除不符合实际的主观因素对科学认识和实践活动的干扰，体现了辩证法的基本观点。他曾说：“我对情报检索语言的研究之所以能获得成效，一方面是由于指导思想(即基本观点)的转变，另一方面是由于采用了适合于情报检索语言这个研究对象的研究方法。”[11]“我正是生活在与图书情报界的密切联系中，与外界的频繁信息交流中，才能知道现实的需要，专业领域的动态，知道同行们在做些什么，我应该和可以做些什么”[12]。

2. 坚持辩证唯物主义与历史唯物主义的立场、观点及方法

张琪玉先生坚持辩证地考察各种现象之间的关系。他善于在千头万绪中抓住事物的本质，把问题系统地说清楚。他的一个基本观点是，“各种情报检索语言的基本原理是一致的，它们只是在表达各种概念及其相互关系时和在解决对它们提出的那些共同要求时所采用的方法不同，才形成了不同的类型和语种。因此，对分类检索语言、主题检索语言和其他情报检索语言以及自然语言在情报检索中的应用问题进行统一研究，可探索它们影响检索效率的共同规律和有效的改进途径”[13]。“没有任何控制的检索用语言是不可思议的。至今还没有找到在计算机环境下不加控制地利用自然语言的十分有效的方法”[14]。

3. 坚持理论联系实际的基本原则

张琪玉先生不拘泥于传统的经验、经典的理论和流行的观点，而是联系各类情报检索语言发展和应用的客观实际，运用科学的方法，具体情况具体分析，总结、归纳出适用于指导情报检索语言建设实践的情报语言学理论体系。他为此感到欣慰：“我完全是以自己的研究成果来建立情报语言学理论体系的。而与西方在这一领域的研究有所不同。我的成果不致被认为是从西方搬来的，我也不致被西方所推崇的某些观点所约束。”[15]他还把个人藏书作为测试自己设计的检索方法的试验场所，“我不仅从个人藏书中获得信息，而且它也是我进行检索方法试验的一个基地”[16]。

4. 坚持全面、联系、系统和发展的科学观点

一是运用系统论的整体观,把客观现象、基本规律、指导原则和基本方法联系起来,从整体与部分的相互依赖关系中,揭示情报语言学的特征和规律。张琪玉先生在对情报检索的全过程(从编表、标引到检索),情报检索语言的各种微观结构(元素)和宏观结构(结构模式)及其应用(如各种索引)的所有方方面面问题进行具体、细致的分析研究以及写作大量文章和多部专著的基础上,摸清了情报检索语言存在的各种矛盾,提出了解决各种矛盾的一种理想情报检索语言的结构模式——学科—事物概念组配型检索语言。他对于自然语言检索法的观点也有一个发展过程。他认为我国自然语言检索法的研究者几乎仅从汉语语言学的角度去研究,而不同时从情报语言学的角度去研究,这是一个缺陷,情报语言学的原理和方法对自然语言检索法的研究会有很大的帮助。此外,还要立足现实、着眼发展观察和思考问题。譬如,张琪玉先生认为,目前寻找情报检索语言"更佳结构模式的主要方向是:学科检索与事物检索的更密切结合;人工语言与自然语言的融合;线性显示与网状显示的结合;族性检索与特性检索的灵活调节;简单易用与功能丰富能兼备;低成本与高效益能兼备;自动化和网络化;既能不断改进,又能回避重新标引;适应性、兼容性、民族化和国际化;与术语学的密切结合。这十多项中的哪一项,即使是小小的改进,也符合情报检索语言发展的方向"[17]。他认为,情报检索计算机化不仅对情报语言学的发展产生了极为深刻的影响,甚至可以说,情报检索计算机化是加速情报语言学形成过程的一个重要因素。可以预见,情报检索计算机化今后将会更快、更广阔、更深入地继续得到发展,随之,情报语言学也将会有更快的进步。

三、张琪玉情报语言学方法论思想的重要价值

张琪玉情报语言学方法论思想既是张琪玉情报语言学思想的重要组成部分,对于发展完善情报语言学学科理论体系和推动情报检索语言建设与应用实践也具有重要的价值。其价值具体表现在如下文面。

1. 张琪玉情报语言学方法论思想是张琪玉情报语言学思想不可或缺的重要内容

张琪玉先生早在1983年发表的《论情报检索语言的研究、创制与普及》一文中,就明确提出"要改进研究方法"。他认为:"对情报检索语言,从宏观和微观两个层次分析解剖其结构与功能的关系,是极重要的一种研究方法。"[18] 1984年发表的《情报检索语言方法综述》[19]一文较为全面系统地论述了结构功能分析法的具体运用问题。特别是在武汉大学出版社1987年出版的学术著作《情报语言学基础》"绪论"一章中,他专门阐述了情报语言学的方法论问题,比较系统地介绍了情报语言学常用的10种研究方法,也就是结构功能分析法、历史演进研究法、比较研究法、调查整理法、归纳法和演绎法、原理或方法的移植法、理想语言设计法、现用语言改进法、数学方法和统计方法、实验方法等。在他为《中国情报学百科全书》而撰写的"情报语言学"[20]词条中,对于情报语言学的研究对象、研究内容、学科性质、研究方法、理论基础、发展沿革、相关学科等学科基本理论要素都做了简要而清晰的论述。

而《情报语言学的若干研究心得和收获——张琪玉学术思想自述》[21]等论文以及他撰写的反映自己学术生涯的自传、自序、答词等文章的有关内容，充分说明张琪玉先生本人也认为他的学科方法论思想是其情报语言学思想的重要组成部分。

2. 张琪玉情报语言学方法论思想是情报语言学学科理论体系的基本支柱

科学巨匠爱因斯坦曾指出："认识论和科学的相互关系是值得注意的。它们相互依存。认识如果不和科学接触，就会变成空洞的死板公式。科学如果没有认识论，就是原始的混乱的东西。"俄国著名生理学家巴甫洛夫也说过："当方法还未成为科学体系的内部支柱时，就不会有科学体系自身。"张琪玉先生作为情报语言学的开拓者，正是把以结构功能分析法为核心的专用方法应用于对各种情报检索语言进行综合研究，探索它们影响情报检索效率的共同规律，写成《情报检索语言》专著，而"创一家之说"。在此后的30多年里，他把注意力完全集中在情报语言学研究方面，不断丰富和完善"研究情报检索语言的一整套专用方法"[22]。并且应用这套方法，"提出一个全新的概念，即认为分类法等各种检索方法都是'情报检索语言'，它们的职能是满足各种各样的检索要求，要具有相当高的检索效率""对各种情报检索语言以及自然语言在情报检索中的应用问题进行统一研究，以探索它们影响检索效率的共同规律和有效的改进途径""弄清情报检索语言的各种微观结构(元素)产生什么功能及适用于什么范围，以便更有效地使用它们，构成理想的情报检索语言结构模式(即宏观结构)"[23]。"成年累月，于是知识功底越积越厚，看问题越来越敏捷和深透，灵感越来越多，研究方法越来越灵活，取得的成果越来越多，对情报语言学也就越来越钟情"[24]。张琪玉先生明确指出[25]，他在情报语言学领域的研究中之所以有所进展，在很大程度上是因为找到了合适的研究方法。他正是利用了那些研究方法，找出了各种类型情报检索语言的许多共同规律，使其融会贯通，在情报语言学学科建设中做出了重要的贡献。可见，正是这些专用方法与情报检索语言研究紧密结合，成为情报语言学理论体系的内部支柱，才使得情报语言学理论体系日趋完善，充满活力。

3. 张琪玉情报语言学方法论思想是情报语言学理论研究者的根本指导

巴甫洛夫指出："初期研究的障碍，乃在于缺乏研究法。无怪乎人们常说，科学是随着研究法所获得的成就而前进的。"张琪玉情报语言学方法论思想主要是适用于情报语言学理论研究的认识过程，直接为情报语言学的科学认识服务。张琪玉先生创制的情报语言学方法论是对进行情报语言学研究的方法、手段和措施的综合反映，是发挥情报语言学研究者的自觉能动性，正确反映情报语言学研究对象——"情报检索语言"以及"自然语言在情报检索中的应用问题"的主观手段，是情报语言学研究的有效工具。它所提供的研究路径和思维步骤等制约和决定着情报语言学研究的方向正确与否，研究方法、手段和操作步骤合适与否。张琪玉先生"正是利用结构功能分析法及其各种衍生方法，丰富了、发展了情报语言学的内容"[26]。不仅如此，它的重要价值还在于：能够引导其他的研究者沿着正确的途径前进，并按照它提供的程序去科学地认识研究客体，获得有益的成果；它所提供的研究方法、手段和操作步骤，可直接被研究者运用于具体的研究课题中去，避免走弯路，加快研究的速度和进程，提高研究效率，快速、有效地达到科学认识的目的。

4. 张琪玉情报语言学方法论思想是科学设计情报检索语言结构模式的重要原理

张琪玉先生认为,构成情报检索语言各种微观结构的方法都很重要。那些方法主要有:概念的分析与综合、概念的划分与概括、概念组配、概念因素轮排(语词词素轮排、分类号轮排)、概念或标识的对应转换、交替法、优惠类、语词规范、入口词、参照系统、注释方法、聚类方法、概念代码、数据库技术、术语规则等。他还使用理想语言设计法,首先设定若干目标,然后寻找各种适合的微观结构(元素)与其匹配。在寻找各种微观结构巧妙结合的基础上,设计出了一种理想情报检索语言的结构模式——学科—事物概念组配型检索语言。也就是利用"分面分析+概念代码+概念对应转换+数据库技术"的方法来解决各种矛盾。张琪玉先生的这些情报语言学方法论思想都为我们优化现有的情报检索语言体系,尤其是为未来更加严谨地设计更为理想的情报检索语言结构模式提供了极其重要的思想方法和科学原理。

四、张琪玉情报语言学方法论思想的启示

张琪玉情报语言学方法论思想对于图书馆学情报学的各类分支学科的建设,以及其他社会科学的学科建设和科研工作者的学术研究活动等都有着深刻的启示。其启示主要表现在:

1. 张琪玉情报语言学方法论思想对促进学科理论体系建设的启示

任何科学都有有关于它的研究对象、研究内容、学科性质、特有的研究方法、理论基础、学科发展沿革等的基础理论。这一基础理论对于整个学科的建设和发展来说是非常必要的,但它的建立和完善不是研究者的主观臆造,而必须从其基本要素的联系中形成学科研究对象自身的结构,必须反映客观对象由低级到高级、由简单到复杂的发展规律。正确的方法论思想能指导研究者有效地解决以上问题,它能起到为学科理论选择、评价提供标准和规则的作用。它提供正确的思维方式和形式,帮助人们从整体上认识学科的理论体系及其运动规律,把握学科的发展方向;它引导人们培养自己的辩证思维能力,以唯物辩证法的规律做指针,正确地认识现实和预见未来。"我正是找到了合适的研究方法,或者说找到了正确的研究方向、研究路线,研究才能继续进行,几十年不辍,保持信心,取得成效"[27]。而各种研究方法在指导和支撑研究者有效地研究解决各种理论和现实问题的过程中,自身也得到检验、改良和完善,进而成为学科理论体系的重要组成部分。

2. 张琪玉情报语言学方法论思想对促进科研工作者思维方式变革的启示

科学的方法论思想支持科学研究工作者积极、大胆地探索科学奥秘,反对任何形式束缚人们追求真理的思想和行动。鼓励他们既要摒弃传统的封闭、僵化、教条和"本本主义"等落后思维方式,又要避免哗众取宠、标新立异、生搬硬套、追求时髦和形式主义的"冒进"思维方式。研究者要有主见,避免受时髦哲学的诱惑或摆布[28]。科学研究工作者只有坚持理论联系实际、实事求是、具体问题具体分析的科学态度,坚持尊重客观规律和发挥主观能动性相

结合的科学原则,通过全面深入的调查研究和深入细致的科学思考,大力推行创新式思维、开放式思维、形象思维、抽象思维、纵向思维、横向思维等相结合的系统思维方式才是科学研究的正确方向和路径。张琪玉先生的学术研究就"很少受流行观点所制约,而是根据我自己的认识去写的,哪怕是与权威的观点相抵触"[29]。

3. 张琪玉情报语言学方法论思想对科研工作者通过方法创新及应用来开拓新研究领域的启示

法国科学家拉普拉斯就说:"认识一位天才的研究方法,对于科学的进步……并不比发现本身更少用处。科学研究的方法经常是极富兴趣的部分。"方法的科学性与否,往往也就决定了学术研究的科学性与否。张琪玉先生自己也多次反复强调,他之所以能够在情报语言学研究领域取得重要科研成就的一个重要条件,就是他成功地采用了正确的研究方法。有些科学家在取得巨大的学科研究成功的同时,还创造了新颖、别致的全新的研究方法,并且对于后人来说,这些全新的研究方法甚至比其对学科研究的贡献更加有意义和价值。科学发展史也表明,当一个学科研究中引入、改造、开拓了新的研究方法之后,围绕它的应用往往会产生新的研究领域或新的分支学科。

4. 张琪玉情报语言学方法论思想对科研工作者在学术研究中及时总结、提炼出具有自身特色方法的启示

一门学科的研究方法与学科理论归根到底都产生于学科的研究对象。学科理论决定实际情况是什么,研究方法则说明人的认识活动或实际活动是如何根据情况进行的。德国哲学家克劳斯认为,学科研究对象、理论、方法三者的关系如同三角形的三个顶点,每一方都与其他两方发生联系。由于研究对象的不同,会出现不同的理论,而不同的理论就会派生出以它为依据的方法。对于学科建设中的探索性的工作来说,针对新的研究对象,科研工作者必须提出开创性的新方法来加以分析。"研究各种学问的方法不能千篇一律,每种学问都有合适的研究方法。我正是找到了合适的研究方法,或者说找到了正确的研究方向、研究路线,研究才能继续进行"[30]。一种研究方法或研究视角的出现与流行,一方面是由于外部环境变化所致,原有方法不能解决新的理论或实践问题,需要有新的研究方法和视角。另一方面,也正是在分析和解决不断出现的理论和实践问题的过程中,这种新的研究方法或研究视角才能得以不断修正且趋于完善,并形成自己的特色,正如英国物理学家、科学学的创始人贝尔纳所说:"科学研究方法不是呆物,而是一个不断生长的过程。"

参考文献:

[1] 中国社会科学院语言研究所词典编辑室. 现代汉语词典[M]. 第5版. 北京:商务印书馆,2005.

[2][4][7][13-14][17][21-22][26] 张琪玉. 情报语言学的若干研究心得和收获——张琪玉学术思想自述[J]. 图书情报工作,2009(20).

[3][6][8][18] 张琪玉. 论情报检索语言的研究、创制与普及[J]. 图书情报知识,1983(4).

[5][9-12][15-16][24][29] 张琪玉. 钟情事业就是走向成功之路[G]//俞君立等. 中国当代图书馆界名人成功之路. 武汉:武汉大学出版社,1996.

[19] 张琪玉. 情报检索语言方法综述[J]. 图书情报知识,1984(2).

[20] 张琪玉. 情报语言学[G]//《中国情报学百科全书》编委会. 中国情报学百科全书. 北京:中国大百科全

书出版社,2010.

[23] 张琪玉. 自序[G]//张琪玉. 张琪玉文集(上卷). 北京:国家图书馆出版社,2014.

[25] 张琪玉. 在武汉大学开创情报语言学教学和研究的回忆[J]. 图书馆论坛,2006(6).

[27][30] 韩淑举. 学为人师,行为世范——访南京政治学院上海分院军事信息管理系张琪玉先生[J]. 山东图书馆学刊,2010(5).

[28] 李醒民. 论科学与哲学的关系[J]. 社会科学论坛,2013(1).

张琪玉学术思想在知识组织发展与应用中的彰显*

包冬梅(南京政治学院军事信息管理系)

摘　要:文章选取网络信息检索、术语网络服务、数据库资源揭示与挖掘利用等目前知识组织领域的研究热点,找寻张琪玉教授在相应的自然语言检索、术语学和索引学等方面彰显其理论引领价值的学术思想和观点,并阐述在实践中的发展和应用,以示在当前崇尚知识组织技术与应用的时期,回望、巩固和融汇理论基础的重要性。

关键词:张琪玉;情报语言学;后控制机制;术语学;索引学

20 世纪 80 年代初,张琪玉教授把情报检索语言视为检索系统的语言保证工具,开拓性地对各种情报检索语言进行全面、深入、系统的研究,著就《情报检索语言》一书,标志着情报语言学的诞生。在此后的几十年里,张琪玉教授以提高检索效率作为情报语言学研究的根本目的和核心问题,与时俱进不断开拓创新,丰富和发展着情报语言学的理论和内容。

网络信息技术的推进使得信息组织的粒度从基于文献单元的文献组织发展到基于知识单元的知识组织。情报检索语言(或称受控语言、人工语言)的称谓也被涵盖类型更为宽泛的"知识组织系统"所取代,在传统分类法、叙词表的基础上,发展出了一些新型的语义组织工具,如本体、概念地图、语义网络等,扩展为试图涵盖用于组织信息和促进知识管理的各种类型的方案和体系[1]。但是不管知识组织系统如何发展,采用何种结构或展现形式,词汇控制仍是各种信息组织语义工具(知识组织系统)不变的基本方法,目的都是为了揭示和描述概念以及概念之间的关系。

在当前崇尚知识组织技术与应用的时期,传统受控词表在经历沉寂之后,迎来新一轮发展的契机和研究的热潮,因此巩固和融汇理论基础显得尤为重要[2]。本文试图选取目前知识组织领域的若干研究热点,找寻张琪玉教授在这些方面彰显其理论引领价值的学术思想和观点,及其在实践中的发展和应用。

一、关于自然语言检索系统后控制理论的论述及其在实践中的应用和发展

(一)关于自然语言检索系统后控制理论的论述

自然语言检索主导着 20 世纪 80 年代以来的计算机检索系统,但是其检索效率低下的致命弱点引发了人们对自然语言检索系统如何优化的探索。美国著名情报学家兰开斯特在最早提出"后控词表"这一概念时曾有过这样精辟的论述:"普通叙词表属于先控词表,而把

* 本文是国家社科基金一般项目"张琪玉学术思想研究"(编号:13BTQ049)研究成果之一。

若干词或词的片断构造成一个检索策略，则属于一种后控过程”[3]。“对检索过程进行控制”正是情报语言学的精髓。张琪玉教授总结了文献检索系统的四种模式，并将“标引不控制＋检索控制”模式定性为一种自然语言检索法，谓之“后控制”，并通过对受控语言和自然语言的比较研究，提出用后控词表来改善自然语言检索性能的思想，指出配备后控制词表是提高自然语言检索效率的有效措施，并就什么是后控制、后控词表、后控制的控制机理、控制程度，如何控制，如何编制等做了系统透彻的研究[4]。

张琪玉教授在分析自然语言与人工语言未来发展方向时，指出自然语言检索系统并不排斥人工语言，高级的自然语言系统必然是与人工语言（或其原理）结合的。在信息高速公路上，自然语言检索将得到广泛应用，人工语言将成为对自然语言的强有力后控制手段，依然有它的发展前途[5]。

张琪玉教授的词汇控制理论对我国情报语言学的发展具有深远影响。近些年，国家图书馆对《中国分类主题词表》的修订，电子化、网络化应用的改造，以及基于该表的词汇控制应用研究；中国科学技术信息研究所“汉语科技词系统的研究与开发”、《汉语主题词表（工程技术卷）》的编制等项目的研制工作无不体现了网络环境下叙词表从词汇控制机制方法到叙词表的编制、管理和使用技术的变化，代表了“情报检索语言的自然语言化或自然语言的情报检索语言化”的发展方向和轨迹。

（二）后控制机制在实践中的应用与发展

1. 后控制机制在网络检索实践中的应用

叙词表自身网络化发展与作为检索系统内部的后控词表是并行发展的。近10年来，词表的网络化开发和应用方面的研究与实践取得了长足的发展。一方面，开发出了多种词表编制与维护软件，在此基础上，充分结合网络技术，使词表向着网络化和提供网络检索应用接口的方向发展；另一方面，把机读或网络化词表嵌入网络检索系统中或者作为检索系统的一个可调用接口，在检索过程中，词表通过检索系统给出的规范化词汇、术语建议、查询扩展等方式发挥作用。

网络检索系统是自然语言检索系统的最普及化的应用。后控制技术在网络环境中并没有失去其传统的效用，相反地，网络信息检索的特点赋予了后控制技术更为丰富的内涵。后控制技术的概念突破了原来“后控词表”的范畴，控制方式也得到不断创新，在改进网络资源自然语言检索中的效用更加鲜明和突出。

一些著名的门户网站，如英国社会科学专业门户（Intute）提供了“Thesaurus engine”辅助搜索功能、英国数据服务（UK Data Service）内置Hasset词表，对搜索入口词汇进行优化。

通用搜索引擎也引入后控制技术，并以各种不同的方式对信息检索实施控制。老牌搜索引擎eXcite的Zoom In概念搜索，以类似词表片断的方式帮助用户修正检索式；AltaVista输入检索词时的自动联想、“related search”（相关搜索）功能，后来者Google、百度也保留了这两个功能，通过对初始自然语言表达式做出提示和建议，提高了检索系统的友好型、提升了用户的检索体验，体现了一种异化了的“后控制”模式，即“标引不控制＋检索不控制”表象下，系统内核的自然语言词汇语义控制的检索机制。

2. 后控制理论和技术在实践中的发展

后控制理论和技术在网络环境下也得到了发展。在网络化背景下修订的美国叙词表标准《ANSI/NISO Z39.19—2005 单语种受控词表的结构、格式和管理指南》在其应用标准中指出:“后控检索系统的受控语言发展准则是该标准的核心。”[6]叙词表标准对受控语言范围的宽泛化(词单、同义词环也列入其中),以及对互操作性的强调,无不体现了计算机网络环境下受控语言在检索系统中后控制应用的这一核心准则。

后控词表的编制维护方式也在实践中得到了创新发展。深圳大学曾新红课题组对《中国分类主题词表》进行了 OntoThesaurus 的本体化、网络化改造,并内置在 OPAC 系统中,提供“主题词智能检索”“术语的用户建议完善”等功能[7]。该研究与实践在一定程度上改进了中文叙词表查询扩展等检索服务功能及其维护机制,开创了一种全新的后控词表动态编制方式,真正实现了词表的共建共享。中国科学技术信息研究所积极探索网络环境下叙词表功能定位、编制模式与应用方式的研究,充分考虑用户检索用词和文献主题的准确表达,利用网络平台,加强协作编表、用户意见的吸纳与参与等词表动态维护机制,发掘词表在检索系统中的后控制检索及其他知识服务功能[8]。

上述提及的搜索引擎检索词输入自动联想、相关检索词提示推荐功能,通常采用统计、分析和语词相关性计算等技术实时动态形成一个类似于同义词、相关词组成的“相关词词典”(这里我们把这种相关词片断视为具有后控性质的词表),从而在检索效果上达到后控检索的效果。到目前为止,搜索引擎的这种“后控”理念仍局限于对用户检索用语和常用检索词语进行统计分析、相关语义场算法的基础之上,更多的是简单字面匹配相关,而非概念语义匹配相关。客观上,就搜索引擎这类海量信息系统而言,建立超大规模的后控词表显然是不可取的,也是不可能的,而这种自学习、实时、动态词表的建立和对检索式的推荐性修正控制无疑是有效的。因此,搜索引擎相关词提示是对网络检索后控机制的创新和发展。

网络后控制应用还拓展到大众分类(folksonomy)领域。大众分类的最大优势是赋予用户使用自然语言自由标引资源的权利,越多的标签词汇为用户查找相关信息提供了更多的查询入口,但这些处在一个平面内的标签也使得查询越来越困难,资源组织体系越来越混乱。绝对的自由是不存在的,自由必然存在规律的约束中。因此,标签应用的发展需要后控手段来辅助和优化才能达到对资源的有效组织和利用,目前这方面的研究探索有标签的自动聚类[9]、分面控制[10]等方法。

二、关于术语学与情报检索语言关系的论述及其在网络环境下的发展

(一)张琪玉关于术语学与情报检索语言关系的论述

关于术语学与情报检索语言的关系,过去很少有人研究和提及。张琪玉教授早就提出术语学、概念逻辑和知识分类是情报检索语言的三大基础[11],将术语学认定为情报语言学的相关学科,并指出两者关系非常密切。张琪玉教授从“以概念为中心”的视角进行分析,指出:“术语是指称概念的规范化符号,情报检索语言的语词(标识)则是指称文献主题概念的规范化符号,术语与情报检索语言的语词两者存在着本质的一致性。从这一角度看,术语学与情报语言学的研究对象可以说是同一事物,情报语言学所研究的是如何编制用于情报检索领域的‘术语词典’——分类表、词表、代码表。两者在的选词、规范化处理和显示概念关系等方面的要求都是一致的。所以,术语整理工作成果是情报检索语言选词的主要来源和

进行规范化处理及建立概念间关系的重要依据。”因此，术语学对情报语言学极其重要[12]。

张琪玉教授对于当时正在成为热点的“本体语言”，也是从情报检索语言与术语学关系的角度点透了源于哲学上的“本体”，他认为：“本体语言是要使情报检索语言创制与术语整理紧密结合，使情报检索语言建立在术语整理成果的基石之上，建立在概念高度系统化和得到精确描述的基础之上，并使其能应用于网络环境和数字图书馆中自然语言检索的目标。”[13]张琪玉教授明确指出：目前寻找情报检索语言更佳结构模式的主要方向之一是与术语学的密切结合[14]。

概念与术语是组成受控词表的核心要素。网络环境下受控词表的关联数据化改造和术语服务的发展方向，无疑印证了张琪玉教授对情报检索语言的展望：“情报语言学研究与术语学研究的更紧密结合，无疑是情报检索语言深入发展的一个重要方向。”[13]术语与情报检索语言的关系受到前所未有关注。

2009 年，Ingetraut Dahlberg 指出“概念与术语”是知识组织研究面临的主要挑战，并提出从术语入手，以概念化为导向作为知识组织研究的思路[15]。

作为叙词表国际标准的 ISO 25964—2011 系列标准首次明确术语集对叙词表的构建和维护非常有用，指出叙词表编制标准的内容与术语工作相关标准的内容是有所交叉和重叠的，因此在标准修订中广泛参考了术语工作的相关标准，以便于叙词表编制标准与术语工作相关标准的协调与整合[16]。

Ingetraut Dahlberg 的观点、ISO 25964—2011 的导向与张琪玉教授先前的思想不谋而合。

（二）基于受控词表的术语网络服务的发展

当情报检索语言进阶到知识组织时代，知识组织的对象早已突破了文献的范畴，扩展到任何有检索意义的知识单元；知识组织的语义工具——知识组织系统（包括受控词表资源）也超越了情报检索语言基于“文献主题概念及其语义关系揭示”的文献标引与检索功能和支持以概念搜索为目的的信息检索的功能与用途，向着将知识组织系统的语义概念体系以概念外显的术语方式进行应用的“术语网络服务”的方向拓展。

基于知识组织的术语网络服务是指表征和应用词表（受控和非受控）中的词、概念及关系的一系列服务，包括面向机器和用户的检索、浏览、发现、翻译、映射、语义推理、主题标引和分类、获取、提示等各类服务[17]。术语网络服务通过 Web 应用程序接口（API）支持机器对词表及其内容的访问和协调，是在网络环境下对词表进行应用的重要途径[18]。

图书情报界在长期的资源组织实践中编制了各种类型的受控词表和规范文档，其丰富的主题概念及语义关系已经成为当前基于知识组织的术语服务的主要数据源。基于知识组织的术语服务具有重要的理论价值和应用前景，已经成为图书情报领域重要的研究课题之一，也是当前知识组织领域的研究热点。

目前国际上各具特色的术语服务系统，如 UMLS 统一医学语言在线术语服务、德国 LEXIS 多语种术语数据库、联合国粮农组织 AGROVOC 网络术语服务等，多是基于现有的知识组织资源，例如叙词表、分类表、术语库、规范档、百科辞书等，采用多种模式（如术语集成、词汇互操作与映射、SKOS 规范化等）对这些术语来源资源进行适应网络应用的再组织，形成可供服务的术语资源，并通过 Web 为各类用户提供服务。国内，“国家图书馆知识组织标准规范”项目对受控词表进行 SKOS 描述转换标准的研究，并对《中国分类主题词表》主题词规范数据进行 SKOS 转换及应用,初步实现了开展术语服务的基础功能;中国科学技术信息研究所重新定位《汉语主题词表》的功能,瞄准术语网络服务,规划构建"基础词库—范畴体系—概念关系网络"三级联动机制的知识组织系统。

H. Corey 等认为,利用 Web 技术可逐渐使受控词表提供网络术语服务,对未来语义网有着积极的意义[19]。语义网环境下关联数据的设计理念与术语服务的研究"不谋而合",关联数据方法为词表发展带来了技术支持与发展环境,创造了更适合基于知识组织的术语服务的语义网环境[20]。受控词表和规范文档数据(主题、人名、地名、团体等)作为规范和精确的取值词汇集,成为最早被关联起来的数据类型之一。W3C 还开设了专门的图书馆关联数据孵化组来推动图书馆资源的开放关联化[21],取值词汇集就是图书馆可开放资源的一个大类。美国国会图书馆规范文档与词表服务、OCLC Dewey Services 术语服务、联合国粮农组织多语种叙词表 AGROVOC 网络术语服务等项目是当前较为著名的术语服务与关联数据结合的项目,初步呈现了词表资源在关联数据环境下的术语服务应用模式和发展前景。

网络应用环境的变化自然会促使作为组织和检索工具的词表资源发生变化,构建受控词表 Web 可用的结构模式和描述规范是术语网络服务的前提和基础。目前受控词表中的术语资源通常采用对每一个术语进行 SKOS 编码表征后发布成"关联数据"(Linked Data)的方式,在 Web 上开放、共享、具有相互联系并且"可引"(with referenceable URI)的数据,实现了较好地融入语义网络环境,并通过相应的术语注册、服务机制,为网络信息资源的组织与检索,以及其他应用提供术语服务。

三、关于索引学的精辟论述及业界的评论与实践的发展

"数据库资源的索引揭示与挖掘利用"作为知识组织领域的一个研究热点,在数字网络环境下受到前所未有的关注。张琪玉教授较早就敏锐地意识到计算机技术对数据库索引的影响,扬长避短,发挥传统索引学的优势,结合计算机技术,在这一领域探索出一条不同于计算机学界的数据库资源内容揭示和挖掘利用之路。

(一)张琪玉关于传统文献索引的论述及评述

张琪玉教授将索引学视作情报语言学的重要应用,并且很好地结合了这两门学科。张琪玉教授对索引学的研究同样运用其一贯倡导和推崇的结构功能分析法,其在索引领域的理论研究和创新(主要是传统手工索引的编制)通过身体力行的索引编制实践不断得到深化。张琪玉教授从索引的功用、编制方法、使用方法等十个方面深度分析了两者的差异,为我们厘清和明确了索引的两种基本类型:"检索情报源的索引"(索引语言)和"直接检索事实情报的索引",对索引学的深入研究具有重大指导意义[22]。

张琪玉教授将情报语言学的标引理论与方法运用到索引的编制中,从结构与功能的视角分析,指出索引是根据文献的内容和可能的用途以及读者的需求,揭示文献中有检索意义的内容的工具,并以此为核心指导原则,就什么是索引项,索引项的选择、发掘创新,以及索引的结构、设计做了清晰而透彻的阐述[23],凝练成《论"索引项"》一文。该篇文章是对索引学理论方面的创新,阐述了索引学理论的核心问题。

2009 年,《论“索引项”》一文被精选翻译成英文,发表于英国索引学会会刊《索引家》(*The Indexers*)[24]杂志,文章虽然短小,但精辟深刻。英国索引学会主席、《索引家》杂志主编 Maureen Macglashan 女士在 2010 年 9 月来中国索引学会访问交流期间,于中国索引界专家的座谈会上见到张琪玉老先生时,指出,“张琪玉教授的这篇文章说透了大家一直想说但未说透的问题,道出了索引学的本质和真谛,让人印象深刻”,并给予了由衷的赞赏和高度的评价。张琪玉对索引学理论核心问题的阐述,对于传统索引工作的实践与创新具有重大的现实指导意义,尤其对于具有传统索引编制英国索引学会而言,更是如获至宝。

张琪玉教授不仅讨论了索引学的理论与功用,更研究了索引法作为一种研究方法的广泛应用范围。张琪玉教授在《知识诚可贵　索引价亦高——简论索引的功用》[25]一文中,论述了传统形式索引的一般功用是“用于文献检索(也即知识检索),这是索引最主要的功用”。此外,指出索引的现代形式——数据库功能大大超过传统的索引,还具有一些“特殊功用”,比如利用索引查明一些发明、理论、方法等的优先地位,进行科学计量和文献计量,发现科学研究中的空白点、生长点,作为在某人或某机构学术成果的调查和核实中的初步依据等。

(二)张琪玉关于现代索引的论述及实践发展

1. 张琪玉关于现代索引的论述

张琪玉教授对索引学的研究和实践成果主要侧重于传统索引方面,但对于索引学发展方向的实践和理论探索同样与时俱进。张琪玉教授认为情报检索语言是情报检索系统(如索引、数据库等)的重要组成部分;情报语言学成果的主要应用领域就是索引和数据库的编制工作,由此指出情报语言学研究的终极目的,就是为了索引和数据库的改进和创新[26]。

张琪玉教授在中国索引学会成立的时候提出了“现代的索引就是数据库”的观点,建议拓宽索引学的研究领域。并在 2001 年发表《现代的索引就是数据库》[27]一文,从索引工作现代化和现代索引的基本需求出发分析,认为数据库推动了索引工作的现代化,从理论上论证数据库扩大了索引原理的应用,全面总结了数据库的出现大大丰富了索引学的内容,推动了索引学的发展,得出“现代的索引就是数据库”的精辟论点,并呼吁索引事业发展的重点应放在数据库建设方面,具体来说就是要推动传统索引与数据库的结合。张琪玉教授作为中国索引学会的名誉顾问,一直关心和指导着索引学会的发展。张琪玉在《中国索引》发刊词中开明宗义地指出:“现代的索引就是数据库。因此,本刊不囿于传统索引,而且更着重于文献数据库。”并将刊物收录的研究主题范围确定为:“传统索引与检索工具、文献数据库与计算机检索系统、网络信息检索工具。”[28]2005 年,张琪玉教授结合对网络信息检索工具的深入研究,在《中国索引事业:当前格局与问题》中指出当前的索引事业已基本形成传统索引、文献数据库与网络信息检索工具三分天下的局面,指出索引工作的新内容应探索网络数据库与传统索引的结合,在网上文献数据库的基础上进行索引数据的再加工(深度加工),编制各种派生数据库和符合特殊需要的高质量索引,呼吁中国索引学研究的变革[29]。

2. 索引学研究的发展趋势

关于索引研究的发展趋势,通过调研分析国内外相关文献和应用成果,以及中国索引学会近些年来的年会主题和论文,大致可以将索引学研究的发展趋势总结为如下几个特点:①研究对象有逐渐扩大的趋势,多种文献类型和媒体类型;②索引的应用领域越来越广,不仅应用于学术出版、评价、计量，而且应用于搜索引擎、数据库、Web2.0、多媒体资源等领域的信息检索和信息组织；③研究视角越来越多元化，除了传统的索引理论角度之外，对索引研究过程中还注重引入新的理论与方法，如语义、知识地图、标签、元数据、文献计量、网络计量等，为索引理论和方法的研究带来新的视角[30]。

2013年年底，张琪玉教授和笔者聊起即将召开的2013年索引学会年会，对“中国索引学会”将在该次年会上正式更名为“中国索引与数据库学会”一事倍感欣慰，这是张琪玉教授多年来对中国索引研究方向转型的期盼。中国索引学会的更名，标志着索引研究方向的转型，既要巩固和发展传统的文献内容索引，同时也要挑起现代索引技术的研究。

3. 现代索引——数据库的发展与实践

现代索引——数据库的发展印证了张琪玉教授关于索引学的理论观点、方向预见，具体表现为：传统索引与检索工具向文献数据库过渡；多媒体和专题特性数据库不断涌现；文献数据库的索引功能更加丰富、并进阶为具有关联、重组、挖掘功能的知识库，充分展现了索引数据库的“特殊功用”。在开放网络信息技术的支撑下，基于多途径索引项揭示的分面多维检索与结果呈现、基于引证关系和情景敏感知识链接等技术让现代索引数据库“如虎添翼”、索引功效倍增，充分彰显了数据库作为现代索引的价值。下面通过若干索引数据库的实例，来管窥现代索引数据库的应用与发展。

(1)多媒体数据库的索引创新

新华社多媒体数据库全面整合了新华社的文字、图片、图表、音视频、报刊等新闻信息资料和社会上有价值的新闻信息资源，一方面对各种新闻类型资源提取相应的索引项，形成了多种新闻类型的资源库(包括综合、文字、图片、音频、视频、多媒体、图表)；另一方面面向各类行业人群和行业的需求，派生、开发、重组形成各类信息产品数据库(如产经分析库、公司信息库、新产品新技术库、决策参考库、政策法规库、统计数据库……)[31]，产生了良好的社会和经济效益，充分体现了现代索引与数据库技术的信息服务价值。

美国Alexander Street Press出版社旗下有关音乐艺术学科的专题数据库——ASP世界音乐在线，兼顾音乐文献检索规律及其特点，通过分析用户检索音频、视频及其他音乐文献的需求，对音乐作品进行多角度、多维度的深层次揭示，建立了较为完整、全面及规范的音乐资料标引体系，能够满足音乐专业用户或非专业用户的检索需求[32]。

此外，众多文化遗产类资源网站、数字资源库等也展现出多媒体索引数据库的独特创新之处。

(2)学术数据库的索引创新与索引功能的深度挖掘

学术文献数据库在索引项上也有所创新，如ACM、Springer等数据库在传统规范主题词(subject terms)之外，引入“作者提供的关键词”(author supplied keywords)索引项。数字化科研催生下的科学数据(医学、生物、化学、物理、气象、地理等领域的数据资源)和实证研究需求下的社会科学数据(经济学、社会学、人口学等领域的统计数据、调查数据资源)各自具有其显著的专属属性特征，特性索引项的提取对于数据资源的揭示、检索和利用至关重要，因而一致地表现为索引数据库索引项的不断创新。

此外，学术数据库的索引功能得到进一步加强和深度的挖掘应用，如Web of Science、Scopus、CiteSeer的引文索引及其基于知识链接技术对索引项的多维深度聚类分析、挖掘，定量、可视化地揭示学科领域主题的研究脉络、前沿、热点、趋势和进行研究绩效评估分析；

CNKI 通过构建与资源类型、特征全面匹配的基本索引体系,形成多层次、多维度复合索引——知识网络,实现索引体系的深层挖掘应用——知识发现;超星的读秀和百链(Medalink)学术搜索跨文献资源类型的全方位深度关联索引,建立起知识间的深层关联和聚合网络,学术数据库的"特殊功能"在科学研究中的作用得到极致发挥。

索引项在数字信息资源的组织中被冠以"元数据"的称谓,因其在识别、描述和定位数字信息资源中的基础作用而受到前所未有的重视。面向学术资源搜索的 Primo/Primo Central、EDS、Summon 等主流的资源发现系统,通过对海量的、来自异构资源的元数据的预收集,并做规范化、丰富化处理后形成统一的元数据中心索引,向终端用户提供网络级资源整合检索和各种深层次的服务。另外,资源发现系统基于 OpenURL 协议的上下文敏感的动态链接服务,如 SFX、360Link 等"检索·发现·定位·获取全文"一步到位式的信息整合技术与服务,进一步提升了学术数据库的索引功用和价值。

网络信息检索工具也扩展了新的索引项,如 Google Scholar[33] 就是建立在引文索引的基础上,并深度挖掘索引功能,如被引用次数(cited by……)、相关文章(related articles)等,检索功能更加丰富完善。

本文所讨论的知识组织领域的若干研究热点,无论是网络信息检索后控制机制、术语网络服务,还是数据库资源的索引揭示与挖掘利用,本质上归结为同一个核心问题和目标:探索情报语言学网络应用的理论与方法、结构模式的创新,发掘以往积累的词表成果,融入网络信息检索系统,通过对信息资源特征项的揭示与序化、词汇的规范控制与语义关联,实现提高检索效率和挖掘资源利用价值的终极目标。这就印证了张琪玉教授关于自然语言与人工语言发展方向的一贯主张:自然语言与人工语言的未来是一致的,自然语言检索必然要继续向前发展,网络检索不能唯一地使用自然语言,自然语言的前途仍然要走向控制、规范,当然,控制的方法会与过去人工语言所采用的方法有所不同[6]。

参考文献:

[1] Hodge G. Systems of Knowledge Organization for Digital Libraries: beyond Traditional Authority Files[M]. Washington, DC: Council on Library and Information Resources, 2000.

[2] 范炜. 受控词表的术语服务研究[J]. 图书情报工作, 2012(14).

[3] 兰开斯特 F W. 情报检索词汇控制[M]. 侯汉清,陆宝树译. 上海:同济大学出版社, 1992.

[4] 张琪玉. 论后控制词表[J]. 图书情报工作, 1994(1).

[5] 张琪玉. 自然语言与人工语言对应转换——情报检索语言走向自动化之路[J]. 中国图书馆学报, 1996(1).

[6] ANSI/NISO Z39. 19—2005. Guidelines for the Construction, Format, and Management of Monolingual Controlled Vocabularies[S]. Bethesda: NISO Press, 2005.

[7] 深圳大学图书馆. OPAC 检索系统"主题词智能检索"[EB/OL]. [2014-04-30]. http://opac.lib.szu.edu.cn/opac/otcss/search_zn.aspx.

[8] 曾建勋,常春,吴雯娜等. 网络环境下新型《汉语主题词表》的构建[J]. 中国图书馆学报, 2011(4).

[9] Begelman G. et al. Automated Tag Clustering: Improveing Search and Exploration in the Tag Space[J/OL]. [2014-04-30]. http://www.pui.ch/phred/automated_tag_clustering/.

[10] Facetag[EB/OL]. [2014-04-30]. http://www.facetag.org/download/facetag.swf.

[11] 张琪玉. 情报语言学基础[M]. 武汉:武汉大学出版社, 1997.

[12] 张琪玉. 情报语言学漫笔[J]. 图书馆理论与实践,2003(1).
[13] 张琪玉. 寻找更佳结合模式是情报检索语言创新的主流[J]. 图书馆杂志,2005(2).
[14] 张琪玉. 我研究情报语言学的若干心得和收获——自述学术思想[J]. 图书情报工作,2009(20).
[15] Dahlberg I. Brief Communication:Concepts and Terms——ISKO's Major Challenge[J]. Knowledge Organization,2009,36.(2/3).
[16] 刘华. 叙词表国际标准的修订及其对基于知识组织的术语服务的影响[J]. 图书情报工作,2012(11).
[17] Terminology Services and Technology:JISC State of the Art Review[EB/OL]. [2014-04-30]. http://www.jisc.ac.uk/Terminology_Services_and_Technology_Review_Sep_06.
[18] 欧石燕. 基于 SOA 架构的术语注册和服务系统设计与应用[J]. 中国图书馆学报,2011(9).
[19] Harper C A,Tillett B B. Library of Congress Controlled Vocabularies and Their Application to the Semantic Web[J]. Cataloging and Classification Quarterly,2007,43(3-4).
[20] 范炜,邹庆. 词表资源关联化[J]. 情报理论与实践,2010(5).
[21] Linked Library Data Incubator Group wiki[EB/OL]. [2014-04-30]. http://www.w3.org/2005/Incubator/lld/wiki/Main_page.
[22] 张琪玉. 论索引的两大基本类型[J]. 图书馆理论与实践,2006(5).
[23] 张琪玉. 论“索引项”[J]. 图书馆杂志,1994(5).
[24] Zhang Qiyu. Term Selection:the Key to Successful Indexing[J]. The Indexers,2009,27(3).
[25] 张琪玉. 知识诚可贵 索引价亦高——简论索引的功用[J]. 中国索引,2003(3).
[26] 张琪玉. 情报语言学[G]//中国科学技术情报学会和中国国防科技信息学会. 中国情报学百科全书. 北京:中国大百科全书出版社,2010.
[27] 张琪玉. 现代的索引就是数据库[J]. 图书馆杂志,2001(12).
[28] 张琪玉.《中国索引》发刊词[J]. 中国索引,2003(1).
[29] 张琪玉. 中国索引事业:当前格局与问题[J]. 图书馆杂志,2006(1).
[30] 邱均平,李艳红. 国内外内容索引研究进展与趋势分析[J]. 中国索引,2012(4).
[31] 新华社多媒体数据库[EB/OL]. [2014-04-30]. http://info.xinhua.org/cn/index.jsp.
[32] 单亚莉. KUKE 数字音乐图书馆与 ASP 世界音乐在线图书馆比较分析[EB/OL]. [2014-04-30]. http://www.cnindex.fudan.edu.cn/lwj/lwj_2013.htm.
[33] Google Scholar[EB/OL]. [2014-04-30]. http://scholar.google.com.

张琪玉理想情报检索语言结构模式思想研究*

王崇良　韩爱萍　陈红勤　余朝晖(湖北科技学院图书馆)

摘　要:张琪玉认为:情报检索语言的进步主要是结构模式的进步。永远只有更佳而不会有最佳的情报检索语言结构模式。寻找更佳结合模式是情报检索语言创新的主流。他经过十多年艰难求索和辛勤耕耘,在20世纪90年代末期,找到了达到理想情报检索语言结构模式要求的方案,创制了"学科—事物概念组配型"检索语言。这是一种新型情报检索语言类型,在中国当代情报语言学发展史上是一种理论创新。文章对他创制的理想情报检索语言结构模式思想进行了梳理和总结。

关键词:张琪玉;理想情报检索语言;结构模式;思想

一、引言

目前,世界上存在着一两千各种各样的情报检索语言。如果我们加以归纳和概括,主要有两种类型的情报检索语言:一种是分类检索语言,另一种是主题检索语言。这两种主要类型的情报检索语言,都是在实践中产生,在实践中完善与发展。人类的社会实践活动,人们的检索客观需要,是分类检索语言和主题检索语言发展的原始内动力。这两种主要类型的情报检索语言,跟世界万事万物一样,都是一分为二的。它们各有所长,也各有所短。从其本质属性来说:分类检索语言,特别是体系分类法,它是一种按学科知识门类的逻辑次序,采用从总到分,从一般到具体,层层划分,逐级展开。其着眼点是从事物的方面出发,研究并确定它属于什么学科以及它与其他事物之间的相互关系。其主要功能是把同一学科的文献集中起来,不足之处是把同一主题的文献分散到不同的类目之下。而主题检索语言是一种以规范化的自然语言(主题词),作为文献主题标识和查找依据。其着眼点是从特定事物出发,通过参见系统形成主题词网络,然后再通过组配方式,集中与特定事物有关的部分问题或者全部问题。其主要功能是把同一主题的文献集中起来,不足之处是把同一学科的文献分散到不同的主题词之中。由此可见,在分类检索语言中集中的文献,却在主题检索语言中分散了;反之,在主题检索语言中集中的文献,却在分类检索语言中分散了。因此,如何使两种主要的情报检索语言相互兼容与转换,优缺点互补,创建一种理想的情报检索语言结构模式,使人们既可以从学科分类途径查找文献,又可以从主题概念途径查找文献。这就成了情报检索语言研究者当务之急,成为重大现实研究课题。

* 本文系国家社科基金一般项目"张琪玉学术思想研究"(批准号:13BTQ049)研究成果之一。

20世纪80年代初期，中国当代情报语言学的“开山鼻祖和奠基者”，著名的图书馆学家、情报语言学家张琪玉教授发现了这一重大研究课题，他在《论情报检索语言的研究、创制与普及》文章中首先提出了“理想情报检索语言结构模式”研究课题，即设想一种功能较完善的理想情报检索语言，然后努力寻找达到这些理想标准的具体方法，最后变成一个可以实际应用的结构形式[1]。

“我常常异想天开，去寻找理想的情报检索语言结构模式，去发现新的功能，去探索创新之路”[2]。张琪玉教授正是在这种思维方式的引领下，开创性地专门研究、探讨了理想的情报检索语言结构模式。其研究概况大致如下：

研究时限：1983年到2005年，长达22年。这样执着、这样求索，情报语言学研究领域学者第一人。

设计核心理念：优缺点互补，克服局限性，提高检索效率。

设计起因：现有情报检索语言使用时都有很大局限性，效率不够高，不够理想。

设计核心方法：对全部概念进行分面显示（并允许概念多向隶属），并以先组方式构成标引句再进行系统排列；对语词词素进行全面轮排使之充分字面成族；标引句由“学科—面—点：事物—面—点”构成，并通过改变字段次序的方法形成多种概念分类体系[3]。

设计核心措施手段：对自然语言进行规范控制；采用概念代码来标引文献。

设计目标：集各类型情报检索语言以及自然语言之长，优于现存的各种情报检索语言以及各种自然语言检索法的情报检索语言结构模式[4]。

研究结论：情报检索语言的进步主要是结构模式的进步。永远只有更佳而不会有最佳的情报检索语言结构模式。因此，寻找更佳结合模式是情报检索语言创新的主流[5]。

张琪玉教授认为：人生很短暂，一个人不能做完一切想做的事，所以只能去做最必要的、最有意义的并且能够做到的事情。做学问，要有个专业范围，在专业范围内力求深而广[6]。因此，他治学严谨，思维敏捷，特别善于结合我国情报检索语言建设中的重大而又亟待解决的课题进行开创性研究工作。这种大家学者风范和思想境界，不仅成了他做学问、做研究的一个基点、准则和人生格言；而且也是他事业辉煌，成为情报语言学领域一代宗师、学科领军人物的基石。

经过十多年艰难求索和辛勤耕耘，在20世纪90年代末期，于母校北京大学信息管理系建系50周年之际，他发表了《学科—事物概念组配型检索语言——关于情报检索语言的遐想与求索》和《探索21世纪的情报检索语言》两篇文章。找到了达到理想情报检索语言结构模式要求的方案，并以此作为他献给母校的一份厚礼。在21世纪初期，秉承他在专业范围内力求深而广的人生格言，又连续发表了《对未来分类法的憧憬》和《寻找更佳结合模式是情报检索语言创新的主流》两篇文章，进一步加大力度对理想情报检索语言结构模式进行探讨和专门研究。有鉴于此，本文拟从他的学术原文中提炼、阐述其学术思想，使人们对他设计的理想情报检索语言结构模式有比较全面、深入的了解和认识，掌握其理论精髓。

二、提出情报检索语言的理想要求

2013年11月17日，国家社会科学基金项目“张琪玉学术思想研究”（批准号：

13BTQ049)课题组在南京政治学院上海校区军事信息管理系军事信息管理教研室举行开题报告会时,张琪玉教授抱病在自己家中接待了我们课题组专访,使我们倍感激动,倍受激励和鼓舞。他为人谦和,平易近人,才思敏捷,学识渊博,生命不息、研究不止,令我们终生难忘。张琪玉教授认为:最能代表、最能反映他学术思想精髓的有六篇文章,即情报检索语言《中国情报学百科全书》词条、情报语言学《中国情报学百科全书》词条、《学科—事物概念组配型检索语言——关于情报检索语言的遐想与求索》《探索21世纪的情报检索语言》《对未来分类法的憧憬》和《寻找更佳结合模式是情报检索语言创新的主流》。在这六篇文章中,有四篇文章是专门研究和探讨理想的情报检索语言结构模式。由此可见,他对理想的情报检索语言结构模式研究的重视、关注和关切程度。

一般说来,学科创建后,对于学科未来走向的关注,是学科创建者肩负的重要历史使命。因此,张琪玉教授非常重视、把握情报检索语言和情报语言学的发展方向,对未来情报检索语言发展趋势进行了重要探索,并取得了实质性进展。他主要是运用他所创立的"理想语言设计法""结构功能分析法"等研究方法,结合人们的检索习惯和特点,通过探讨与研究,从中发现了人们从学科出发的检索要求与从事物出发的检索要求是很难绝缘分开的,并且在具体实施检索时,经常需要互相变换的客观事实规律。因此,他对当时现有的情报检索语言——分类检索语言和主题检索语言的原理和方法进行了比较分析研究,并从中悟出了真谛,提出了情报检索语言的理想要求。他认为:分类检索语言和主题检索语言各适应着利用知识的一种典型需求,但都有局限性……最好是使这两种组织知识的原理和方法更密切地结合起来。也就是说,理想情报检索语言应是学科—事物概念组配型检索语言。它由学科分类系统面和事物分类系统面构成,两个面可以互相组配。当按学科聚类时,借助于事物及其部分面进行系统复分;当按事物聚类时,借助于学科及其问题面进行系统复分。这种情报检索语言含有分面组配分类法的成分,但它不同于分面组配分类法;它也含有分面叙词法的成分,但它也不同于分面叙词法。我把它称为"学科—事物概念组配型检索语言",可简称"学科—事物组配语言"[7]。

学科—事物概念组配型检索语言是张琪玉教授最初对理想情报检索语言提出的理想要求。它不仅为理想情报检索语言设计提供了一种新的思路,而且是一个创举。充分体现了张琪玉教授渊博的学术功底以及学术敏锐力和洞察力。他所倡导和设计的学科—事物概念组配型检索语言,正是人们渴望、期盼的一种情报检索语言。在中国当代情报语言学发展史上是一种理论创新。

三、提出理想情报检索语言本质属性和性能要求

在张琪玉教授看来,学科—事物概念组配型检索语言是可以自由设计的,不断改进和创新的。关键之处,取决于创制者的设计思想和设计水平;重要之处,是将各种产生检索功能的微观结构更合理、更巧妙地结合起来;核心之处,是把各种情报检索语言各具优点、表面看来互相矛盾、目前尚未能兼备的检索功能一体化;实质之处,实现优缺点互补,冲破各种优点不能兼有的限制,从而使其具有广泛的适应性和较高的检索效率。

学科—事物概念组配型检索语言是张琪玉教授经过十多年的求索研究才寻找到的结构

模式,凝聚了他的智慧、心血与心力。它不是一种空想的情报检索语言。应当说,构成这种理想情报检索语言性能的原理和方法都已存在,难题仅在于如何找到它们的结合方案。因此,他通过自己不懈努力以及探索与研究,提出了理想情报检索语言在本质属性上要达到的结构要求,即学科聚类系统与事物聚类系统的结合(事物聚类也应当有系统性,字顺序列可作为进入事物聚类系统的手段)、先组式语言与后组式语言的结合、体系分类法与组配分类法的结合、人工语言与自然语言的结合、号码标识与语词标识的结合、系统序列与字顺序列的结合、不变概念代码与可变概念体系的结合[8]。

在此基础上,他经过充分酝酿、反复思考与论证,并充分考虑计算机网络通信技术和数据库技术的快速发展,提出了理想情报检索语言在性能(功能)上要达到的要求是:分类法与主题法彻底一体化的,充分发挥情报检索语言对知识进行系统组织和对自然语言进行规范控制的功能的,用户可十分方便地进行标引和检索的,概念可不断增补及概念的代表词可进行更换的,用户区别不出是自然语言还是人工语言而其实是由严密的人工语言控制的,修订不受已标引文献所牵制,故分类体系可逐步完善的,并可以挂接英文索引、分子式索引等以及可用于机助标引的[9]。

张琪玉教授提出的理想情报检索语言本质属性和性能要求,不仅充分考虑、反映了当今人们的检索愿望和检索需求,而且适应了情报检索语言从手工操作转向计算机化又进一步转向网络环境检索的客观需求。在中国当代情报语言学发展史上有着重大的现实意义和深远的历史意义。

四、提出理想情报检索语言多样性结合方案

所谓理想情报检索语言多样性结合方案,是指对体系分类法、组配分类法、标题法、关键词法、单元词法、叙词法、分面叙词表、分类主题词表、一体化医学语言系统、自然语言检索法等情报检索语言中核心的编制技术与编制方法,实行优缺点互补,互相借鉴互相引进,冲破各种优点不能兼有的限制,并结合人们的检索愿望和检索需求以及计算机网络通信技术和数据库技术,使其达到更佳检索效率的一种情报检索语言结构模式。

现用情报检索语言之间多样性结合,是当今情报检索语言创新与进步的主流方向。它的主要探寻目标,就是寻找各种产生检索功能的新微观结构及其与现存微观结构的更佳结合模式。张琪玉教授通过对现用情报检索语言的结构和功能的比较分析研究,在《学科—事物概念组配型检索语言——关于情报检索语言的遐想与求索》一文中,提出五个方面结合方案,并对其要点进行了阐述[10]。

一是学科聚类系统与事物聚类系统的结合。张琪玉教授认为,这种情报检索语言,它能够同时提供学科分类系统和事物分类系统,两者以“学科—面—点:事物—面—点”或“事物—面—点:学科—面—点”的形式构成先组式标引句;使它兼具分类检索语言和主题检索语言的性能;学科面与事物面互为复分,使文献主题的展示更为系统。这样,既可按学科完全集中文献,又可按事物完全集中文献。

二是先组式语言与后组式语言的结合、体系分类法与组配分类法的结合。张琪玉教授认为,这种情报检索语言按其本质是一种后组式语言,但当它采用上述形式的标引句并将其

系统排序时,就具有先组式语言的体系明显性、概念明确性以及易用性的优点,解决了组配分类法先组散组式使用和后组式使用优点不能兼备的矛盾。它既是体系分类法,又是组配分类法。

三是人工语言与自然语言的结合。张琪玉教授认为,在这种情报检索语言中,检索系统内部用于标引文献的,既不是分类号,也不是概念词或自然语言词,而是用概念代码。分类号、概念词和自然语言词都与概念代码对应,作为概念代码的外部形式,三者在标引和检索中可任意使用,通过计算机与概念代码自动转换。自然语言可大量使用,任意增补,但在系统内部是受到控制的。

四是号码标识与语词标识的结合、系统序列与字顺序列的结合。张琪玉教授认为,在这种情报检索语言中,既使用号码标识(分类号),也使用语词标识(概念词和自然语言词),两者完全对应,具有等价关系。可以同时提供系统序列和字顺序列,也即具有分类检索语言和主题检索语言双重特征。

五是不变概念代码与可变概念体系的结合。张琪玉教授认为,设置不变的概念代码是这种情报检索语言的特异之处。概念代码是学科和事物概念的登记号(顺序号),它固定不变,始终与某一概念相对应,文献实际上是用这种代码来标引的。这样,不变的概念代码是这种语言的主体,而分类号、概念词(代表某个概念的正式词)、自然语言词都与概念代码相对应,仅仅是概念代码的索引而已。概念代码仅在系统内部使用,标引人员和检索人员使用的仍是分类号和语词。采取这种措施,就使概念分类体系具有了极大的灵活性,分类体系的改变与对文献已做的标引无关,概念词和自然语言词字面上的改变也与对文献已做的标引无关。

"多样性结合方案"是张琪玉教授创制理想情报检索语言结构模式的核心思想。他始终认为,只有"更佳"而没有"最佳"的情报检索语言结构模式。所谓"最佳"是相对的,"更佳"才是一种进步。因此,他特别强调要人们重视和加强对理想情报检索语言多样性结合方案的探讨与研究,并特别指出:在现阶段,探索人工语言与自然语言融合的原理、方法和技术,是当今情报检索语言研究的头等重大课题。

五、用图示法显示理想情报检索语言标识系统、标引过程和检索过程

所谓图示法,是一种以图形为主要表现方式,揭示事物现象或本质特征,使所要表述或阐述的问题形象化、具体化和简明化,便于人们直接、直观地了解和掌握研究对象的内部结构、相互关系的一种方法。张琪玉教授为了清晰地呈现他的设计思路和设计方案,运用图示的原理和方法,设计了理想情报检索语言的标识系统、标引过程和检索过程可视图,并对其内涵和设计理念进行了阐明[11]。

在"标识系统"可视图中,张琪玉教授认为:"学科—事物概念组配型检索语言主文档"包括概念代码、分类号、概念词和自然语言词、临时分类、子文档区分号、轮排标志、参照和注释等字段。可生成下列四种索引:一是概念代码索引,二是概念分类索引,三是概念词索引,四是词语轮排索引。这四种索引方式,各司其职,各尽其能。较好地解决了传统意义上情报检索语言所不能解决的根本性问题:一是对自然语言进行规范控制;二是修订不再受已标引

文献的牵连，分类体系可逐步完善，可做大的调整；三是用户可从分类号、概念词和自然语言词的任何一种入手进行标引和检索文献；四是对标识系统的一切修改都在主文档中进行，修改后重新生成各种索引。

在“标引过程”可视图中，张琪玉教授认为：文献标引可从概念分类索引、概念词索引、语词轮排索引任一途径入手，各索引间可跳转，标引结果存入文献标引数据文档。文献标引数据文档通过概念代码索引生成（转换成）用户检索用文档。用户检索用文档利用变换字段次序的方法，可生成多种分类体系。

在“检索过程”可视图中，张琪玉教授认为，文献检索可从两种途径入手：一是利用概念分类索引作为检索入口，转入用户检索用文档（可选择任一分类体系）。将概念分类索引挂接于用户检索用文档，可随动显示概念词串（类名串）。在用户检索用文档中选定分类号串后，通过文献题录文档显示检索结果。如果要查看某个概念词的其他等同词，则可先转入概念代码索引（在那里集中了一个概念的全部词），再转入用户检索用文档；二是利用语词轮排索引作为检索入口，可据分类号转入用户检索用文档的分类系统（可选择任一分类体系），然后进行同样的检索过程。也可以先转入概念分类索引，再转入用户检索用文档。

张琪玉教授用图示法设计显示的理想情报检索语言标识系统、标引过程和检索过程操作系统，令人耳目一新，为之一振。在他的设计理念中，采用了全新的概念、全新的构思、全新的方法、全新的动态链接，实现其设计功能最大化、检索效率最优化、检索途径多样化、操作使用快捷化。为了加强对自然语言规范控制，为了摆脱修订不受已标引文献所牵制，采用“概念等同词”和“概念代码”等多维技术方法手段，突破其瓶颈制约，使其摆脱“前控制”的僵硬性而获得“后控制”的灵活性。这种设计理念和思维方式充分体现了张琪玉教授渊博的学识水平和超强的解决实际问题的科研能力，是我们学习的榜样和楷模。

六、阐明理想情报检索语言实现方法

张琪玉教授一直强调，他所设计和求索的理想情报检索语言，并不是一种空想的情报检索语言。而是经过长期的思索、分析研究与探讨，百折不挠才寻找到的情报检索语言的更佳结构模式。其核心实现方法可概括为：“分面分析 + 概念代码 + 概念对应转换 + 数据库技术”[12]。

张琪玉教授为了帮助人们理解和掌握这种理想情报检索语言的实现方法要领，还在文章中对其实现原理与方法、结构形式、字段构成要素、具体实施措施以及功能和作用等方面进行了剖析和阐述。他还特别强调：概念分类索引文档、概念词索引文档、语词轮排索引文档都可用于联机标引，也可作为检索途径转入供检索用的文档。并且设计了“文献标引数据文档”结构和“检索用文档”结构。

张琪玉教授阐明的理想情报检索语言实现方法，关键是把握了四点：一是继承和借鉴全国现有的情报检索语言研究已取得成果，取其精华，采用其核心的编制技术与方法，实行优缺点互补，实现分类主题一体化，这是其关键；二是精心设计，巧妙构思，对概念进行分面化处理，设置“学科面部分和事物面部分”，这是其核心；三是不断开拓与创新，设置“概念代码”，令其固定不变，始终与某一概念相对应，不变的概念代码是这种语言的主体，在其系统内部使用,标引人员和检索人员仍使用分类号和语词进行操作,这是其精髓;四是利用计算机网络通信技术的便捷以及数据库技术的支持,动态链接、动态显示、动态对应转换“概念代码索引文档、概念分类索引文档、概念词索引文档和语词轮排索引文档”,这是其本质和特色。

七、提出理想分类法结构模式

所谓分类法,张琪玉教授认为就是分类检索语言。在我国,分类检索语言最具权威性代表著作就是《中国图书馆分类法》。张琪玉教授从 1971 年开始到 2000 年换届时退出,历时 29 年,参加了《中国图书馆图书分类法》编辑委员会举办的绝大部分届的活动。曾担任过《中国图书馆图书分类法》第三届编委会副主编和第四届编委会委员。曾参加过《中国图书馆图书分类法》的设计起草和综合定稿、修订、宣传推广、编写培训教材、培训、推进标准化等工作。曾因参加《中国图书馆图书分类法》的编制起草和综合定稿,并主持编制《中国图书馆图书分类法(第二版)索引》工作,因在其中做出了较大贡献,获 1985 年“国家科学技术进步奖一等奖”。张琪玉教授通过编制《中国图书馆图书分类法》理论实践活动和科学研究工作,对分类法结构模式产生了浓厚兴趣,于 21 世纪初期,撰写了《对未来分类法的憧憬》一文,提出了理想分类法结构模式[13]:①学科分类与事物分类并行又能相互结合的,既可形成学科分类体系又可形成事物分类体系,两种体系可变换的分类法;②多聚类中心的、线性结构与网状结构相结合的,学科和事物概念全向聚类的分类法;③只依据文献内容的学科属性或文献研究对象之间的相互联系的客观事实进行分类,对其思想观点不加区分和褒贬的分类法;④国际化与民族化妥善结合的分类法;⑤体系列举方式与分面组配方式相结合的分类法;⑥在一个整体框架下由众多专业分类法集成的分类法;⑦分类体系和类目可不断革新的分类法;⑧能与世界上现有主要分类法通过类目对应转换达到基本兼容的分类法;⑨伸缩性很好的分类法;⑩类名与术语学成果尽可能取得一致的分类法;⑪有详细的、完善的自然语言入口的分类法,并可用于人机结合赋号标引;⑫多语种的分类法;⑬计算机化并可在网络上应用的分类法;⑭有充分文献保证的分类法。“我设想,未来分类法的编制可能是先构筑部分(专业分类法),再形成整体。我认为,未来分类法的构成原理和方法大多已存在于现有情报检索语言中,只是找出它们完善结合(实现)的方案还需要做出很大的努力”。

张琪玉教授提出的理想分类法结构模式,是他研究理想情报检索语言结构模式的深化和拓展。注重研究的深度和广度是他学术研究的一个重要特点。有三层意思:一是在学科领域研究方面力求“深而广”;二是在专业范围内力求“深而广”;三是在研究问题方面力求“深而广”。他要么亲自研究,要么指明研究方向,提供研究思路,引领其他专家、学者进一步共同研究探讨。创制情报语言学是如此,对理想情报检索语言结构模式、理想分类法结构模式的研究更是如此。从而带来学科的繁荣,事业的兴旺发达。使我国在检索语言的研究水平方面迅速接近世界水平。

张琪玉教授治学严谨,专情学术,才学兼备,思维敏捷,特别善于在千头万绪中抓住事物的本质特性,找准、找对突破点,把研究问题系统阐述清楚。他所设计的理想情报检索语言结构模式,因其建立了完善的分类体系结构,实现分类主题一体化,采用“概念代码”标引文献。因此,在性能上、功能结构上比美国国家医学图书馆主持开发的“一体化医学语言系统”更胜一筹。具有世界领先水平,成为21世纪情报检索语言主流结构模式。

参考文献:

[1] 张琪玉.论情报检索语言的研究、创制与普及[J].图书情报知识,1983(4).

[2][6] 张琪玉.情报语言学的若干研究心得和收获——张琪玉学术思想自述[J].图书情报工作,2009(20).

[3][4][8][9][11] 张琪玉.探索21世纪的情报检索语言[J].北京大学学报:信息管理系建系五十周年专刊,1997.

[5] 张琪玉.寻找更佳结合模式是情报检索语言创新的主流[J].图书馆杂志,2005(2).

[7][10][12] 张琪玉.学科—事物概念组配型检索语言——关于情报检索语言的遐想与求索[J].图书馆杂志,1997.

[13] 张琪玉.对未来分类法的憧憬[J].图书馆理论与实践,2003(1).

论张琪玉对情报语言学学科建设的贡献*

韩建新(南京政治学院军事信息管理系)

摘　要:张琪玉先生是我国著名的图书馆学家、情报语言学家,情报语言学的奠基者和开拓者。他创造性地构建了系统、完善的情报语言学学科知识体系,拓展了情报语言学的研究范围,提升了情报语言学的学术辐射力,以自己的学术魅力吸引一批学者形成情报语言学学术共同体。他为情报语言学的发展做出了不可磨灭的贡献。

关键词:张琪玉;情报语言学;学科知识体系;学科建设;学术共同体

情报语言学产生于20世纪70年代末的中国,在过去的30多年里,从最初作为大学的一门课程,到成为图书情报学的一个分支学科和重要研究领域,情报语言学取得了长足的发展。这种发展与学界的共同努力显然是分不开的,特别是张琪玉先生,作为我国情报语言学的奠基者和开拓者,为该学科的发展做出了不可磨灭的贡献。

关于学科成立的标志,加州大学圣巴巴拉分校国际政治经济学家科恩(Benjamin J. Cohen)教授曾有一段精辟的论述。他认为,"一门学科领域诞生的标志是知识体系得以构建从而能够对探知的相关主体进行界定。公认的标准得以采用,从而用于培训专业人才并保证专家的正确性;在大学及科研机构中有了与该学科领域相关的全职工作机会;拥有专业出版物用来传播新的观点和分析成果。简而言之,就是学者间制度化的学术网络得以生成——也就是一个有着自己的研究领域、评价标准和职业使命的专业研究团体"[1]。笔者以为,科恩既从学术分类的角度,又从高校教学、科研功能单位的角度阐述了学科成立的标志。他的观点并非专门针对某一特定学科,也适合其他学科,因此本文以此为出发点,对张琪玉先生为情报语言学创立和发展所做的贡献进行初步探讨。

一、以提高检索效率为目标构建情报语言学学科知识体系

我们知道,一门学科领域诞生的标志是该学科领域的知识体系得以构建从而能够对探知的相关主体进行界定。张琪玉先生创造性地构建了情报语言学的学科知识体系,并对相关的主体做了清晰的界定。

1. 构建情报语言学学科知识体系

张琪玉先生在武汉大学工作的11年(1976—1987),是其学术创造的黄金时期。他于

* 本文为国家社科基金一般项目"张琪玉学术思想研究"(批准号:13BTQ049)阶段性研究成果。

1980 年编著的武汉大学图书馆学系内部教材《情报检索语言》,构建了情报语言学的初步框架。随后,张琪玉先生对该书进行压缩,写成《情报检索语言大纲》在《图书馆学刊》1981 年第 3 期和第 4 期连续刊载。这份 4 万多字的大纲被认为是张琪玉先生第一次公开发表其情报语言学学术观点[2-3]。而张琪玉先生构建的情报语言学学科知识体系公开出版的教材则是在 1983 年 6 月面世。当时教育部将张琪玉先生的《情报检索语言》[4]一书选入教育部规划的"高等学校文科教材",由武汉大学出版社公开出版。该书是前述张琪玉先生武大内部教材以及《情报检索语言大纲》的修订升级版,它构建了如下情报语言学学科知识体系:情报检索语言基础理论,不同类型的检索语言原理、编制方法、性能、使用方法及相互借鉴提高(包括等级体系分类语言、分析 - 综合分类语言、标题词标引语言、单元词描述语言、叙词描述语言、关键词描述语言)、文献分析与标引。此教材甫一出版,这一崭新的情报语言学学科知识体系便迅速在国内图书情报学界传播开来,产生强烈的轰动效应,赞誉与认同纷至沓来。20 世纪 90 年代末,上海社会科学院曾在社会科学在线网站(http://www. ssol. net. cn)发布《20 世纪中国学术名著精华目录》。该目录收录 20 世纪国内学术名著 100 种,图书馆学情报学部分收录 8 种著作,其中仅有 2 种是改革开放后出版的,1983 年版的《情报检索语言》便是其中之一,可见该书地位之高。

尽管图书情报学界对《情报检索语言》一书好评如潮,但张琪玉先生并未停止其学术探索,又于 1987 年出版了中央广播电视大学图书馆学专业教材《情报语言学基础》[5],1997 年出版了高等学校文科教材《情报语言学基础》(增订二版)[6],鉴于研究范围和研究内容的扩展,创造性地提出了比"情报检索语言"更具覆盖性和概括性的学科名称——"情报语言学"。1997 年增订二版《情报语言学基础》与 1987 年版《情报语言学基础》和 1983 年版《情报检索语言》相比,更为系统、全面、准确地反映了张琪玉先生构建的情报语言学学科知识体系,它包括:情报语言学一般问题、情报检索语言基本理论、不同类型的检索语言、分类法主题法一体化检索语言、情报检索语言基本方法、文献分析与标引问题、自然语言在情报检索中的应用、情报检索计算机化与情报语言学的发展。这个学科知识体系理论与实际紧密结合,具有强烈的与时俱进性,反映了信息环境、信息技术发展对情报语言学的影响和提出的新要求,其深度和广度均是世界级的,可以说走在了国际前列。

笔者在武汉大学读本科时,随张琪玉、曾蕾两师学习"情报检索语言"课程,在年少懵懂的岁月里,并没有体味出张琪玉先生开创情报语言学的非凡之处,只是感到很有学问。不过随着岁月的流逝,个人学识的增长,我越来越感到,张琪玉先生对情报语言学学科建设的贡献很多,其中最大的贡献莫过于对情报语言学知识的理论化、系统化和精密化。在张琪玉先生之前,情报语言学的局部问题研究早已有之,如张琪玉先生的老师——北京大学刘国钧先生,对图书分类法、主题法有深入、精到的研究,武汉大学的皮高品先生也是图书分类法的研究大家。在欧美发达国家,除了分类法之外,主题法的研究也已比较深入,如兰卡斯特(F. W. Lancaster)教授的《情报检索词汇控制》[7],是高度概括主题检索语言的微观结构和功能,并将两者融为一体的权威著作。但是抓住检索用语言的本质,从一个统一的角度,用统一的方法来研究,使得"各自为政"的分类法、主题法以及自然语言检索等的研究能够在高于各自原有层次的、统一的框架内得到发展,并相互联系、相互借鉴,则是张琪玉先生的贡献。华东师范大学范并思教授曾经做过精辟的评述,认为:"与图书馆现代化相比,检索语言研究有更多的创新意义。图书馆现代化研究是学习西方建立起来的领域,而检索语言研究却基本属于中国人自己创立的领域。在张琪玉以前，国外还没有人能在‘情报检索语言’的书名下将检索语言理论的内容讲述得如此系统而精密”[8]。

笔者以为，东西方在学术研究中呈现出两种不同的传统。西方学者善于从细微处发现问题，他们往往从局部出发，就某个问题进行深入细致的研究，可以把局部研究得非常透彻、精致。但是较少有人会跳出局部，纵览、俯视不同的、分散的局部，用一种统一的观点、统一的方法、统一的视角将它们联系起来，形成有机的整体。而东方的学者，特别是中国学者，有着对研究领域的知识进行学科化、体系化的传统，张琪玉先生则是图情界的杰出代表，他集东西方学术研究风格于一身。《张琪玉文集》中的著作编年目录充分反映了他的研究特点：既有深度又有广度，既有微观的深入透彻分析，又有宏观的抽象综合性研究[9]。笔者以为，张琪玉先生在情报语言学的研究过程中，一方面欣然接受了外来的有益知识，另一方面又发挥了中国学术传统的优势，从事物的本质规律出发构建知识体系。他认为，各种检索语言都是在寻求更佳的检索效果中创制出来的，都是表达一系列概括文献情报内容的概念及其相互关系的概念标识系统，其职能是作为检索系统的语言保证，其核心问题是检索效率。所以，它们的基本原理是一致的，在情报检索语言的概念下，对它们进行综合研究，可以找出它们最本质的东西以及它们在结构和功能上的相同或相异之处，概括出它们影响检索效率的共同规律，以及有效地改进和创新的途径。情报语言学正是在对各种类型的情报检索语言以及自然语言在情报检索中的应用问题做统一研究的过程中建立起来的[10]。

2. 界定探知的相关主体

张琪玉先生在创立情报语言学知识体系的同时，对探知的相关研究主体做了明晰的界定。这些界定集中体现在他为《中国大百科全书·图书馆学情报学档案学》和《中国情报学百科全书》所撰写的相关词条中。“情报语言学”[11]提供了情报语言学的定义、研究目的、研究领域、研究方法、相关学科等界定，“情报检索语言”[12]提供了定义、作用、优点、构成、基本功能及实现方法、对检索效率的影响因素、对情报检索语言的共同要求、类型等界定。这些界定完整、清晰地勾勒出情报语言学的学科概貌。

为了满足构建情报语言学学科知识体系并界定相关主体的需要，张琪玉先生创造和规范了许多名词术语和概念的表达方式，后来被同行们接受，成为共同的语言和共同的表达方式。例如，为了说明“整体与部分关系”和“全面与某一方面关系”在情报语言学领域也是一种上位概念与下位概念之间的关系，他自造了“隶属关系”一词，以避免与“属种关系”一词混淆。又如，他坚持使用“分类法与主题法”“分类法主题法一体化”，而不用“分类与主题”“分类主题一体化”。他创造和规范的专业术语集中体现在《情报语言学词典》[13]中。该词典收录情报语言学总论、分类法、主题法、自然语言检索、索引法、文献标引和情报检索以及其他相关的名词术语2300余条，对某一意义上互相有联系的名词术语采取设立并列词条的方式，使得词义在相互联系中更易理解，并精简释义。这部词典帮助人们厘清专业术语，并通过这种方式建立统一的情报语言学术语体系，从而提高学术交流效率。

二、以深化情报语言学研究为己任拓展研究范围，提高学术辐射力

情报语言学的发展并非是在真空中进行的，它吸收了图书情报学子学科以及其他相关学

科的营养,拓展了自身的研究范围和发展空间,同时又对其他学科产生了一定的辐射作用。

情报语言学创立初期,一般认为它是图书分类学的一个学派。或者说,情报语言学的母体学科是后者。但是如果对张琪玉先生《情报检索语言》出版前后国内编写的各种图书分类学、文献分类学教材进行对比分析的话就可以发现,情报检索语言思想对其母体学科产生了巨大的影响,这些教材不同程度地采用张先生的体系、概念、方法,对自身进行了大刀阔斧的改革,大大提升了学术水平。可以这么说,情报语言学源于图书分类学,又反哺于图书分类学,进而高于图书分类学。

张琪玉先生指出,情报语言学的相关学科有:索引学、目录学、语言学、术语学、逻辑学、知识分类理论、计算机科学等[14]。

张琪玉先生认为,情报语言学成果的主要应用领域就是索引和数据库的编制工作。可以认为,情报语言学研究的终极目的,就是为了索引和数据库的改进和创新。所以,它与索引学的关系极为密切,有些问题是两者共同的研究内容。基于这样的思想,他在索引学方面做了大量细致的研究,除了撰写大量学术论文(主要发表在《中国索引》上)以外,还编著了《图书内容索引编制法》[15]《张琪玉索引学文集》[16]等相关著作,形成了丰富的张琪玉索引学思想,数据库就是现代的索引为其索引学思想精髓[17]。

术语学与情报语言学关系密切。张琪玉先生认为术语学对情报语言学的重要性在于:术语是指称概念的规范化符号,情报检索语言的语词(标识)则是指称文献主题概念的规范化符号,术语与情报检索语言的语词两者存在着本质的一致性。从这一角度看,术语学与情报语言学的研究对象可以说是同一事物,情报语言学所研究的是如何编制用于情报检索领域的"术语词典"——分类表、词表、代码表。他认为术语整理工作的要求与情报检索语言的选词、规范化处理和显示概念关系等的要求都是一致的。所以,术语整理工作成果是情报检索语言选词的主要来源和进行规范化处理及建立概念间关系的重要依据。情报检索语言编制中的失误,有很多是忽视对术语整理工作成果的利用所造成的[18]。张琪玉先生有关术语学的思想在网络环境下得到了印证。

如果说情报语言学与索引学、情报语言学与术语学分别是应用、吸收的关系的话,情报语言学对档案检索则产生了强大的辐射作用。20 世纪 80 年代末以来档案检索教材、研究方向从无到有[19],有些学者尝试将张琪玉先生创立的情报语言学档案化[20]。一些专家坦言档案检索理论研究的欠缺,不利于档案检索实践水平的提高,指出应注意吸收图书情报学的研究成果并运用于档案检索的研究。如人民大学冯惠玲教授等于 1990 年编著的《档案检索的原理与方法》就在这种认识的基础上参照图书馆学情报学中的情报检索教材,对档案检索做了新视野的阐述,受到广泛的欢迎[21]。

从上可知,张琪玉先生创立的情报语言学在档案学界已经产生了一定的辐射作用。但是引发档案检索课程和教材全新改革的,是张琪玉先生本人。1989 年,他编写了国内第一份具有特殊意义的《档案检索教学大纲》[22]用于空军政治学院图书档案系档案专业本科教学,又于 1993 年主编出版本科教材《档案检索》[23]。他还曾撰文阐述情报检索语言在档案检索中的应用[24]。张琪玉先生将其创立的情报语言学应用于档案检索,这种结合既尊重了档案学、档案工作本身的规律,又给档案检索学科带来新鲜血液,激发了档案检索学科的活力,不啻为对档案检索学科的一次革新。而且在张琪玉先生于武汉大学和空军政治学院先后培养的研究生中,有几位在张先生的指引下走上了档案检索的教学科研之路。

三、以自身学术魅力为引力形成情报语言学学术共同体

学科的建立与学术共同体密不可分，只有形成了学术共同体，学科才算真正建立起来，才能不断发展壮大，人才培养才能得到保障。

学术共同体这个概念最早是由英国哲学家波拉尼（M. Polanyi）于 1942 年在其论文《科学的自治》中提出来的。不过他提出这个概念的目的，主要是把科学家与一般的社会群体区分开来。因为他认为，全社会从事科学研究的科学家是一个具有共同信念、共同价值、共同规范的社会群体。美国科学哲学家库恩（T. Kuhn）将学术共同体与范式密切联系在一起加以考察，他认为，一个范式就是一个学术共同体的成员所共有的东西，而反过来，一个学术共同体由共有一个范式的人组成[25]。范式是特定的学术共同体从事某类科学活动所必须遵循的公认的“模型”，包括共有的世界观、范例、方法、仪器和标准。它不仅是科学研究的必要条件，而且是学科成熟的标志，也就是说，只有当一门学科的研究者，或者说至少是一部分研究者形成了共同的范式，该学科才会从前科学进入科学时期。由此可见，学术共同体不是单纯的一种人际关系，甚至地缘关系和研究领域关系的简单组合，而是一种在共同的科学精神和价值关怀的前提下，以一定的范式凝聚和整合起来的真正的学术组织。笔者以为，张琪玉先生的学术魅力成功地吸引了一批学者脱离科学活动的其他竞争模式，成为其学术思想的坚定拥护者，同时张琪玉先生的学术成就又足以无限制地为重新组成的一批实践者留下有待解决的种种问题。因此，自然而然地，以张琪玉先生为核心形成的情报语言学学术共同体很快就形成了，它并非是在民政部登记注册的社会团体或组织，而是一种“无形学院”，它的形成极大地推动了情报语言学的发展，使得情报语言学在很长一段时间内成为国内图书情报学中的显学。

我们知道，图书情报学领域中存在着 3 种范式，即面向信息源的 S 范式、面向传递过程的 T 范式以及面向信息用户的 U 范式[26]。以张琪玉先生为核心形成的情报语言学学术共同体遵循了 T 范式，并带有自身强烈的特色。

1. 引领范式，造就情报语言学学术共同体

张琪玉先生在情报语言学的开拓过程中提出的追求目标、统一的术语概念、倡导的研究方法、把握的学术走向构成了情报语言学学术共同体的范式要素。

首先，张琪玉先生于 20 世纪 70 年代末 80 年代初独辟蹊径，第一个跳出所谓思想性、科学性、实用性及其相互关系“三性”争论之圈，提出要改变研究方向，把研究的重点转移到提高情报检索语言的检索效率来，特别是检全率检准率方面。指出情报检索语言是影响情报检索效率的主要因素，要建成一个高效率的检索系统，必须有高质量的情报检索语言做保证。提高检索效率是情报语言学研究的根本目的[27]。他创立情报语言学的目的，就是要鸟瞰全貌，从更高的层次对分类法、主题法和其他检索语言以及自然语言检索等各种检索方法进行统一研究，吸取各法之长，补己之短，并在此基础上创造出理想情报检索语言。张琪玉先生这一开拓性的研究，对我国情报语言学理论与实践起到了积极的导向和推动作用，很快吸引了一大批志同道合者，在 20 世纪 80 年代形成了以张琪玉先生为核心的情报语言学学

术共同体,这个共同体发展延续至今,成为图书情报学领域中一道独特的风景线。其代表人物除张琪玉先生本人外,老一辈的有国家图书馆刘湘生、丘峰,南京农业大学侯汉清,中国科学院白国应,武汉大学俞君立,华东理工大学陈树年,北京大学马张华诸先生;中年学者有美国肯特州立大学的曾蕾,国家图书馆的汪东波、卜书庆,中山大学的曹树金,中国科技信息研究所的曾建勋、常春,深圳大学的曾新红;青年学者有武汉大学的司莉,北京大学的王军,南京理工大学的薛春香、章成志,南京农业大学何琳,国防大学的傅亮,四川大学的范炜以及南京政治学院上海校区的包冬梅等。

其次,张琪玉先生提出一整套专业术语,以满足情报语言学知识体系构建的需要,并规范术语表达,为情报语言学学术共同体的学术交流提供共同的概念和术语表达,以节约交流成本,提高交流效率。前一个问题,本文第二部分已经说明,此处不再赘述。我们知道,情报检索语言强调概念与标识的一一对应,避免自然语言中的一词多义、多词一义以及词义含糊现象,以便提高检索效率。同样,张琪玉先生在情报语言学的创建过程中,非常重视情报语言学自身专业术语的规范。张琪玉先生对于专业概念的使用和表达十分严谨,主张使用统一的、规范的术语。他在自己的著作中指出:“目前情报检索语言的名词术语极不统一,教材和本书的用词和释义有些与其他作者的用词和释义不一致,应以教材为准。虽然并不能说教材的用词和释义是最准确的和标准的,但为了使教授者与学习者有共同语言,这样要求是必要的。”[28]张琪玉先生为了规范专业术语用词和释义,还于世纪之交专门编写了《情报语言学词典》,分支学科出版专门词典,这在图书情报学界可能是唯一的。以检全率和检准率为例,张琪玉先生指出检全率也叫查全率,检准率也叫查准率,但他始终坚持使用“检全率”“检准率”这两种表达。随着学科的交叉发展,外来学科进入信息检索领域,它们更多地照英语字面翻译,一个“recall”有多种译法,仅笔者见过的就有“呼出率”“召回率”“回调率”和“再现率”,又把“precision”译作“精准率”“准确率”和“精度”,以至于一个简单的基本概念竟然有很多种表达。笔者以为这种现象既不利于学术交流,增加了交流成本,也降低了专业术语的学术美感。好在图情界都使用比较贴切、精当的术语表达,这与张琪玉先生的倡导是分不开的。

再次,总结一套专用研究方法,为情报语言学学术共同体所采用。张琪玉先生并非先认识方法,再按这些方法去研究,而是在研究过程中创造研究方法。他认为情报检索语言的检索效率是其功能决定的,而功能又是由其结构决定的。所以,研究情报检索语言的性能,主要就是要分析解剖其结构。结构功能分析法是研究情报检索语言最为有效的方法。张琪玉先生本人运用得最多的就是结构功能分析法,他还在此基础上总结出一整套研究情报语言学的专用方法,如历史演进研究法、比较研究法、调查整理法、归纳法和演绎法、原理或方法的移植法、理想语言设计法、现用语言改进法、数学方法和统计方法、实验方法等[29]。这些方法多多少少都含有结构功能分析的内容,都是从结构功能分析法中衍生出来的。情报语言学学术共同体的其他成员充分利用自身的特长,灵活运用这些研究方法,丰富并发展了情报语言学的内容。

最后,把握学科发展方向,为情报语言学学术共同体引路。张琪玉先生思想深邃,目光敏锐,在情报语言学发展的进程中,始终站在学术前列,把握情报语言学发展的方向,使情报语言学沿着正确的轨道顺利向前发展。因此,他是情报语言学学术共同体当之无愧的引路人。例如早在20世纪80年代中期,他就指出,分类法主题法一体化是发展趋势。他以及他的研究生在这方面做了大量理论探索，并将这些探索应用于《中国分类主题词表》。又如自然语言检索问题。他认为，没有任何控制的检索用语言是不可思议的，至今还没有找到计算机自然语言的十分有效的方法。自然语言和检索语言不是对立关系，它们各有自身的优势，今后的发展趋势是两者的结合或融合，即自然语言的情报检索语言化或情报检索语言的自然语言化。张琪玉先生的论断在目前的网络信息检索系统中得到了充分的印证。如英国社会科学专业门户(Intute)是一个免费、便捷、强劲的搜索工具，它提供了"Thesaurus engine"辅助搜索功能，对搜索入口词汇进行优化。又如AltaVista(现已被Yahoo！收购)的检索词自动联想功能、相关搜索功能等，已被谷歌、百度等众多搜索引擎所采纳，通过对用户自然语言检索表达做出修正性提示和建议，提高系统的用户友好性，丰富用户的搜索体验。这显然是自然语言的情报检索语言化，而且会在今后的网络检索系统中越来越普遍。

2. 形成情报语言学"研究中心"，为情报语言学学术共同体提供活动平台

在张琪玉先生的带动下，情报语言学学术共同体发展迅速，核心人物带动身边的研究人员一起研究，无形之中以他们就职的单位形成了我国情报语言学的若干"研究中心"。以笔者之见，这些"研究中心"主要包括武汉大学、国家图书馆、中国科技信息研究所、中科院文献情报中心、南京政治学院上海校区、南京农业大学等。以武汉大学为例，20世纪80—90年代有张琪玉、俞君立、曾蕾、洪漪，现在有司莉、黄如花等学者；国家图书馆有刘湘生、丘峰、汪东波、卜书庆等。"研究中心"集中人才优势，集体攻关，创造了一项又一项成果，如80年代前期，由张琪玉先生领衔，武汉大学多位教授集体编制的《〈中国图书馆图书分类法〉(第二版)索引》获得了"国家科技进步一等奖"；"研究中心"研究条件优越，人才辈出，形成梯队，既利于团队合作研究，又为研究生培养提供了良好的条件。

3. 精心培养人才，壮大情报语言学学术共同体

如前所述，学科的发展壮大依赖学术共同体的形成，学术共同体的一个重要任务是培养专业人才，专业人才的成长又进一步壮大学术共同体，推动学科的发展。张琪玉先生在情报语言学人才的培养方面可谓呕心沥血，成就斐然。

首先，第一个编写出情报语言学教材。如果从1980年武大内部教材《情报检索语言》算起，仅在1980—1997年期间，《情报检索语言》及其增补修订本《情报语言学基础》以5种版本累计印刷11次，共99 900册[30]。1997年版的《情报语言学基础》(增订二版)已经成为情报语言学学科知识的集大成者、情报语言学的标准教材，可以说至今无人能及。1987年，张琪玉先生还为电大教材《情报语言学基础》编写了《情报语言学基础问题选讲》和《情报语言学基础学习指导书》两种配套教材，也由武汉大学出版社出版。2004年，又与侯汉清教授等一起编著出版了《情报检索语言实用教程》[31]，该书降低了学习难度，适合目前图书馆学、信息管理等专业本科生使用。

其次，率先开展情报语言学教学。1980年9月，张琪玉先生在武汉大学正式为图书馆学专业和科技情报学专业本科班讲授情报检索语言课程。这是我国图书情报教育中首次开设情报语言学课程。这门课程为大学生们带来了新鲜的知识和新颖的观点，很受欢迎。此后他在武汉大学连续多年为多届本科生教授该课程。调任空军政治学院图书档案系后，又在中央电大主讲了情报语言学课程，再加上大专生以及进修教师，曾经完整听过他情报语言学

课程的学员不计其数。此外,很多大学的图情档专业也都开设了情报检索语言课程,根据张琪玉先生的保守估计,学习过这门课程的学员不少于25 000人[32]。如此规模的课程教学对情报语言学的普及起到了极为重要的促进作用。

再次,率先在国内以情报检索语言为专业方向招收硕士研究生。张琪玉先生于1979年开始招收情报检索语言方向的研究生,到1987年离开武汉大学,期间共招收情报检索语言方向硕士研究生19名,3名保送出国,实际共培养硕士研究生16名[33]。调任空军政治学院后,又在军校率先招收情报检索语言方向的研究生,先后共培养6名研究生。张琪玉先生教研究生课程的方式之一是讲专题,专题力求新颖和具有深度,运用情报语言学的多种研究方法来讲授,除传授比本科水平更丰富的知识外,更使研究生在研究方法上有所领悟,培养他们的学术兴趣和进行独立研究的能力。张琪玉先生的大弟子曾蕾教授曾说:他的思想和研究方法可以说影响了整整一代情报语言学研究者。而他对知识执着的追求和对学生的精心培养又使得他的学生们受益最深。张琪玉先生培养的研究生极大地壮大了情报语言学学术共同体的队伍,例如,曾蕾教授已成为享誉国际学术界的著名学者,汪东波研究馆员是我国许多检索语言研制工作的组织者、领导者、方案设计者,曹树金教授是情报语言学坚定的教学科研专家等。

4. 创办多份专业期刊,成为情报语言学学术共同体发言的重要舞台

张琪玉先生先后创办了3份专业刊物,分别是武汉大学的《图书情报知识》、空军政治学院的《文献工作研究》(现名为《信息管理》)和中国索引与数据库学会的《中国索引》。创刊的初衷并非要办成情报语言学的专门期刊,但事实上,这些刊物在情报语言学的发展过程中起到了极为重要的作用。仅以武汉大学的《图书情报知识》为例,特别是在20世纪80年代,刊登了大量情报语言学方面的优秀论文。这些论文的作者名单中,除了张琪玉先生本人外,我们还能看到陈光祚教授、曾蕾教授等名家。

尽管国内至今尚无名为情报语言学的专门期刊,但是情报语言学的论文不乏发表之地。张琪玉先生创办的专业刊物与其他图情刊物一起,为中国情报语言学的繁荣做出了重要贡献。

张琪玉先生钟情于情报语言学的研究,几十年矢志不渝,取得了丰硕的成果。他开创了情报语言学这个新学科,构建了系统、完善、精密的情报语言学学科知识体系,拓展了情报语言学的研究范围和学术辐射力,以自己的学术魅力吸引一批学者形成独具特色的情报语言学学术共同体。他既给后学留下宝贵的学术财富,开拓了让后学继续耕耘的广阔空间,同时也为后学树立了严谨治学的榜样。张琪玉先生对情报语言学学科建设做出的杰出贡献值得我们铭记。

参考文献:

[1] 科恩. 国际政治经济学:学科思想史[M]. 杨毅,钟飞腾,译. 上海:上海人民出版社,2010.

[2] 张琪玉. 情报检索语言大纲[J]. 图书馆学刊,1981(3).

[3] 张琪玉. 情报检索语言大纲(续完)[J]. 图书馆学刊,1981(4).

[4] 张琪玉. 情报检索语言[M]. 武汉:武汉大学出版社,1983.

[5] 张琪玉. 情报语言学基础[M]. 武汉:武汉大学出版社,1987.

[6] 张琪玉. 情报语言学基础[M]. 增订二版. 武汉:武汉大学出版社,1997.

[7] 兰开斯特,F. W. 情报检索词汇控制[M]. 侯汉清,等译. 上海:同济大学出版社,1992.
[8] 范并思. 论图书馆学学科前沿的转移[J]. 图书馆,1993(4).
[9] 张琪玉. 张琪玉文集[M]. 北京:国家图书馆出版社,2014.
[10] 张琪玉. 情报语言学[G]//中国科学技术情报学会和中国国防科技信息学会. 中国情报学百科全书. 北京:中国大百科全书出版社,2010.
[11] 张琪玉. 情报语言学[G]//中国科学技术情报学会和中国国防科技信息学会. 中国情报学百科全书. 北京:中国大百科全书出版社,2010.
[12] 张琪玉. 情报检索语言[G]//中国大百科全书. 图书馆学情报学档案学. 北京:中国大百科全书出版社,1993.
[13] 张琪玉. 情报语言学词典[M]. 北京:北京图书馆出版社(今国家图书馆出版社),2000.
[14] 张琪玉. 情报语言学[G]//中国科学技术情报学会和中国国防科技信息学会. 中国情报学百科全书. 北京:中国大百科全书出版社,2010.
[15] 张琪玉. 图书内容索引编制法[M]. 北京:化学工业出版社,2006.
[16] 张琪玉. 张琪玉索引学文集[M]. 北京:国家图书馆出版社,2009.
[17] 曹树金,姚瑶. 中国当代索引学的精髓——张琪玉教授的索引学思想研究[J]. 图书馆论坛,2009(6).
[18] 张琪玉. 我研究情报语言学的若干心得和收获——自述学述思想[J]. 图书情报工作,2009(20).
[19] 邓绍兴. 档案检索[M]. 北京:档案出版社,1988.
[20] 王金夫. 档案检索语言[M]. 上海:上海市行政管理学校,1989.
[21] 冯惠玲、李宪. 档案检索的原理与方法[M]. 合肥:中国科学技术出版社,1990.
[22] 张琪玉. 档案检索教学大纲[M]. 上海. 空军政治学院图书档案系,1989.
[23] 张琪玉. 档案检索[M]. 北京:书目文献出版社(今国家图书馆出版社),1993.
[24] 张琪玉. 情报检索语言在档案工作领域应用的进展[J]. 文献工作研究,1991(6).
[25] 库恩. 科学革命的结构[M]. 第 4 版. 金吾伦,胡新和,译. 北京:北京大学出版社,2012.
[26] 卢太宏. 情报科学的现状与未来[G]//情报工作和情报科学发展战略——2000 年的中国研究. 北京:科学技术文献出版社,1988.
[27] 张琪玉. 情报检索语言[M]. 武汉:武汉大学出版社,1983.
[28] 张琪玉.《情报检索语言》学习辅导[M]. 武汉:湖北省高等学校图书馆工作委员会,武汉大学图书情报学院,1985.
[29] 张琪玉.《情报检索语言》学习辅导[M]. 武汉:湖北省高等学校图书馆工作委员会,武汉大学图书情报学院,1985:26 – 28.
[30] 张琪玉. 张琪玉情报语言学集[M]. 北京:北京图书馆出版社(今国家图书馆出版社),1999.
[31] 张琪玉,侯汉清. 情报检索语言实用教程[M]. 武汉:武汉大学出版社,2004.
[32] 张琪玉. 张琪玉情报语言学集[M]. 北京:北京图书馆出版社(今国家图书馆出版社),1999.
[33] 张琪玉. 在武汉大学开创情报语言学教学和研究的回忆[J]. 图书馆论坛,2006(6).

情报语言学的环境趋势及其对策思考
——对张琪玉教授情报语言学思想的再思考

傅　亮(国防大学图书馆)

摘　要:本文对情报语言学的外围环境要素,包括文献信息资源、标引、检索系统、情报需求等要素,进行了趋势总结,提出要在情报语言学中增加"用户使用经验信息"的一种新微观结构,与现有的微观结构结合起来,构建新型的情报检索语言,同时提出将"用户"要素强势介入情报检索全过程,以帮助情报检索突破现有困境。

关键词:情报语言学;情报检索语言;用户使用经验信息;用户要求

张琪玉教授开创的情报语言学是中国学者在图书馆学中自己建立的新的学科分支。情报语言学是研究情报检索中的语言保证问题的一门学科,是情报检索理论的核心部分,其主要研究对象是情报检索语言,同时也研究自然语言在情报检索中的应用问题。张教授认为情报语言学的研究目的是为了掌握情报检索中语言工具影响检索效率的规律,以便从改进和正确使用语言工具的途径来提高检索效率,这个语言工具是情报检索系统诸要素中与检索效率关系最密切的一个要素[1]。当然,构成情报检索全过程的诸要素就构成了情报语言学的直接外部环境。情报检索语言产生以来,随着以计算机网络技术为代表的信息技术的飞速发展,尤其是近几年来,其外部环境演化之快远远超出了大多数人的预料。情报语言学也面临着前所未有的困境,比如学科检索与事物检索的融合、规范性和非规范性的选择、人工标引和自动标引的博弈、简单易用与功能丰富的运筹、低成本与高效益的矛盾等。寻求这些困境的解决之策,不仅要加强对情报语言学自身的研究,更需要我们跳出来,从学科环境的视角加以系统地审视和剖析。

一、情报语言学的环境趋势

情报检索的全过程包括情报的存贮和检索两个方面。下页图是对标准情报检索全过程的完整描述[2]。基于自然语言的检索系统则不一定会具备以上标准情报检索的全过程,其主要的区别是实施标引过程的完整性。但无论如何,图中已经给出了情报语言学外部直接环境的最主要的要素,即文献信息资源、标引、检索系统、情报需求。

1. 文献信息资源

情报检索系统管理的文献信息资源经历一些变化,呈现以下趋势。一是载体形态的电子化,即从纸质、缩微逐渐扩展到了电子文献信息资源。二是分布状态的分散化,即从最初的游离于民间,逐渐过渡到集中收集存放管理,然后发展到局域网、广域网和互联网。没有任何组织机构可以收集齐全,也没有任何搜索引擎能够囊括全部信息。三是信息管理单元的片段化,具体体现为:运用多种手段从文献资源中挖掘出的知识;网络中随机发布的微信息(博客、微博、微信、微视、微拍、维基等)。四是信息发布的大众化,即从原先文献信息资源只是来自少数知识分子的思维创造,扩展到来自普通大众的集体贡献。五是信息资源的集群化,即从原先孤立的图书、期刊、论文、图片,过渡到了各种各样的数据库,情报检索系统面对的管理对象不仅仅是一本本独立的书刊资料,而首先是数据库群。六是信息资源的海量化和增长速度的急剧化,美国加州大学伯克利分校的瓦里安(Hal Varian)和莱曼(Peter Lyman)甚至认为,我们创造信息的能力已远远超过了去寻找、组织和报道它们的能力。

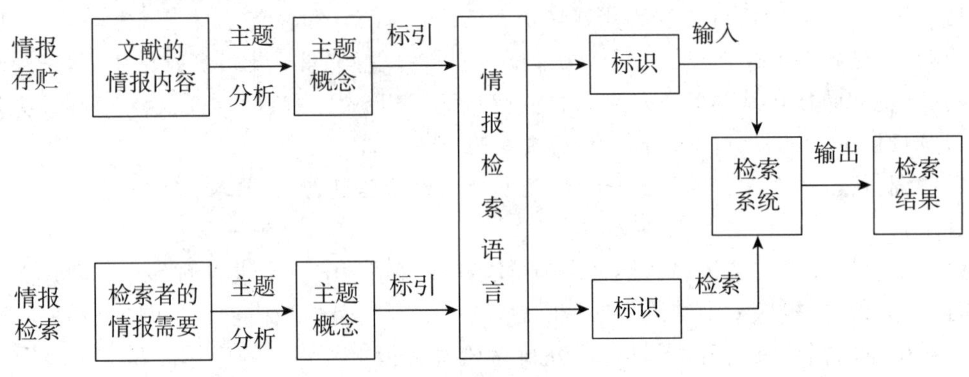

图　标准情报检索全过程

2. 标引

标引是依据文献内容的价值赋予文献检索标识的过程[3]。标引的质量对文献的检索效果有直接的决定性影响[4]。伴随着文献信息资源的发展趋势,标引工作也在发生着巨大的变化,呈现以下趋势。一是标引趋向不规范化。规范标引是主题分析和用词表达两个步骤的结合,非规范标引在这两步骤的实现程度和标准上是存在较大欠缺的。一方面在图书、期刊论文、学位论文等学术性文献资料的管理上,专业机构和人员还在极力地保证标引的规范性,但因为文献资源数量和标引力量的原因,关键词标引的使用还是比比皆是;另一方面海量网络信息资源得不到专业人员的规范标引,于是人工自由标引、人工辅助下的计算机抽词、自动标引、自动分类、大众分类标引、标签等非规范标引的形式应运而生。二是无标引方式大量运用。从早期的单汉字检索,到现在主流的全文检索、搜索引擎等,这些方式的运用是完全放弃了主题分析和用词表达的工作,试图利用计算机的自动运算能力替代人脑的思考,其结果是将对庞大检索结果集合的筛选重任又交还给了人类自己,还可能因程式化的自动运算致使部分有效文献信息资源的错误屏蔽。三是标引的大众化。正是因为海量信息资源与绝对不足的专业标引力量的强烈反差,以及人们对于现有检索效果的不满足,标引行动已经逐步进入了普通网络用户行为之中。很多网站提供了自定义分类(即大众分类法)技术、标签技术、评价技术、推荐技术,普通用户可以根据喜好和需要对网络信息资源进行标签标注、评价和推荐,对自己发布的信息进行分类和标注。

3. 检索系统

情报检索系统是利用一定设备和方法从某种载体上的文献、事实或数值记录集合中查找所需情报的系统[5]。随着技术的进步，情报检索系统发生着巨大的变化，呈现以下趋势。一是多样化。从最初的手工情报检索系统，逐渐过渡到机械情报检索系统、计算机情报检索系统、联机情报检索系统、网络情报检索系统、智能情报检索系统。为了适应不同的用户需要、文献信息资源特点、物理分布情况、技术平台环境，各具特色的情报检索系统层出不穷。二是遍在化。这是一种崭新的趋势，其目标是让任何人在任何地点、任何时间可以获取任何所需信息的情报检索方式。目前典型的遍在化情报检索系统的案例就是“移动图书馆”。用户利用手机、平板电脑等移动终端，可随时随地地使用图书馆所提供的情报检索服务。三是智能化。将现代人工智能的技术和方法引入情报检索系统，使其能够在一定程度上模仿人类的智力活动，更加方便、快捷、高效地满足用户的情报检索需求。其核心技术包括自然语言处理技术和智能代理技术[6]。四是异构化。情报检索系统的多样化带来了异构化的特点。主要表现在各种情报检索系统物理结构的异构化、通信协议的异构化、数据库系统的异构化、操作系统的异构化以及数据结构的异构化等方面。而异构资源可以存在于异构数据库中，也可以是游离于数据库之外，如网页、被连接的文件等。这是情报检索系统必须直面和解决的重要问题。五是可视化。将抽象信息转化为视觉形式，便于利用人类视觉快速识别的思维能力去进行观测、浏览、理解、辨别和选择信息。情报检索系统的可视化是把信息资源、用户提问、信息组织、信息检索以及检索结果都用可视化图形空间的方式展现出来，更好地将人（用户和信息管理专业人员）的脑力和计算机的处理能力协调起来，联合运用[7]。六是交互性。这种交互性的具体体现是用户作为一种非常重要的因素强势地介入情报检索系统中。越来越多的情报检索系统在软件设计中为普通大众留出了位置，提供了平台，允许用户可以向系统输入文献信息资源，如论文提交、博客发布、论坛发言、百科贡献、文库上传等，允许用户参与对资源的组织和评价，如添加标签、点击评价、发表评论、推荐阅读，允许用户输入个人信息和个人喜好，允许用户与系统维护人员以及其他用户进行交流互动，允许对用户访问情报检索系统的行为进行收集、保存、分析和反馈，等等。总之，情报检索系统愈发重视用户的主动参与。

4. 情报需求

用户检索的情报需求和需求表达即需求主题标引，是广义情报检索的检索过程中的重要环节。社会的情报需要是多种多样的、千变万化的。张琪玉教授提出了典型检索要求的五种类型[8]：①检索某一事物的某一方面文献；②检索某一事物的全部有关文献；③检索许多事物的同一方面文献；④检索一类事物的全部有关文献；⑤浏览一个学科或专业范围的文献。这五种类型的检索信息需求是从主题内容的角度分析得来的。随着情报检索的发展，还有一种重要信息需求浮出水面，那就是对其他用户使用经验信息的需求。这类信息包括文献信息资源的点击率、下载率、引用率、推荐率以及用户的点评信息等，其数量与日俱增，大有和文献信息资源抗衡之势，甚至可能超越文献信息资源的发展。人类社会一直用“二八定律”来解释大众传播的生产和经营，即20%的内容创造出了80%的价值。可在Amazon书店的销售中，80%的利润并非来自于20%的重点产品，而是来自于书本后那条巨大的长尾巴——大量的、市场难求的产品信息和用户的多重评价。长尾是过去80%不值得一卖的东西,经过聚合后,却成了巨大利润的源泉。由此,《连线》杂志主编Chris Anderson提出了著名的长尾理论,确定了长尾作为最重要的信息价值源泉的地位。换句话说,微内容成了网络信息的一支新生力量。它从原来微不足道的、没有话语权和决定权的草根阶层发展成为能够影响和改变世界发展方向和格局的重要力量[9]。可以预见普通用户在情报检索系统中所发布的"长尾"信息即用户使用经验信息,在今后必将成为用户情报检索的一种重要需求,并对其他检索需求产生重要影响。

二、情报语言学研究对策思考

作为构成情报检索全过程的五个要素,文献信息资源、标引、检索系统、情报需求以及情报语言工具,它们各司其职,又环环相扣、紧密相连。任何环节的重大变化,都会对情报检索效率产生重大影响。文献信息资源、标引、检索系统、情报需求这四个环节,作为构成情报语言学外部环境的最直接的四个要素,所发生的各种趋势性重大变化也必然会对情报语言学产生最为直接的影响。关于本文总结之种种变化,有些需要在情报语言学中找到对策,有些需要在情报语言学之外寻求答案。

1. 情报语言学的内在研究

张琪玉教授在《情报语言学的若干研究心得和收获》一文中对情报语言学,特别是情报检索语言的主要研究方向给予了精准全面的论述[10]:①学科检索与事物检索的更密切结合;②人工语言和自然语言的融合;③线性显示和网站显示的结合;④族性检索与特性检索的灵活调节;⑤简单易用与功能丰富能兼备;⑥低成本与高效益能兼备;⑦自动化和网络化;⑧既能不断改进,又能回避重新标引;⑨适应性、兼容性、民族性和国际化;⑩与术语学密切结合。并在《寻找更佳结合模式是情报检索语言创新的主流》中进行了详细的论述[11]。前文所提的"信息管理单元的片段化""标引趋向不规范化""无标引方式大量运用""检索系统多样化""检索系统智能化""检索系统异构化""检索系统可视化"等变化都可以在上述10项中找到相应的研究方向。

需要着重说明的是,"长尾"信息,即用户使用经验信息。这类信息不同于普通的文献信息资源,它们依附于文献信息资源,表达着与文献信息资源的丰富关系,同时它们还是用户与文献信息资源之间关于使用感受的显性表达。这类特殊信息具有很强的利用价值和较强的可检索性。由于"情报检索语言的检索效率由其各种检索功能决定,而情报检索语言的各种检索功能则由其结构产生,产生检索功能的是情报检索语言的微观结构"[12],因而有必要将用户使用经验信息(诸如文献信息资源的点击率、下载率、引用率、推荐率以及用户的点评信息等)作为情报检索语言的一种新的微观结构加以研究,与现有的某些方法结合起来,构建出新的情报检索语言类型,进一步发展情报检索语言,提升情报检索效率。

2. 用户要素介入情报检索全过程

情报检索的目标是为用户提供所需的知识。在实现这个目标的过程中,文献信息资源、人和设备技术方法是相互配合的整体。情报语言在这过程中起到的是语言保证的作用。换句话说，解决情报检索中的困难，并不全是情报语言学的责任，即便情报语言学要担负很大部分重任。让情报检索语言在张琪玉教授所提到的十个主要方向都得到长足的进步是完美的理想，但事实上语言工具不是万能的。我们需要在情报检索中积极地引入一种新的要素，以解决那些靠语言工具解决不了的问题，如前文中提到“用户”这个要素。以往用户也参与情报检索，但作用主要局限在对现有情报检索系统的使用上，不作为要素。这里提出的是将“用户”作为和文献信息资源、标引、检索系统、情报需求、情报检索语言并列的重要要素，构建进情报检索中。与其他五要素不同之处在于，用户要素需要贯穿情报检索的全过程。

用户要素介入情报检索在 Web2.0 的网络环境下是完全可以实现的。因为 Web2.0 构建了主体参与式架构体系，即以人为中心的设计，人作为组件嵌入系统的功能设计或作为算子参与系统的计算，系统完整功能的实现离不开主体参与的系统架构。系统所有的功能都围绕着人进行设计、人的参与是系统功能实现必不可少的组成部分，系统和人是相互促进发展的[13]。基于这一架构设计理念，Web2.0 提供了一个面向用户的、开放的参与平台，降低了用户参与学术活动的门槛，用户在网络上可以自由地表达自己的思想和个性、创造并分享内容、建立联系、促进互动和交流。在 Web2.0 环境中，情报检索更加注重“信息与人的关系”，即谁来提供信息，为谁提供信息，谁来组织信息，谁来评价信息？

用户介入情报检索主要表现在三个方面。

一是用户成为信息的创造者和提供者。Web2.0 环境下，用户不仅仅只是信息的获取和使用者，还是信息的创造者和提供者，即信源。用户通过各种信息发布平台，随时随地地提供或是原创的，或是散落在网络中的信息资源。用户向社会提供信息的门槛大大降低，信息的发布和传播也不再是大型权威机构的专属权利，信息来源越来越趋向草根化。

二是用户成为信息的组织者。用户将具有信息提供者、组织者和获取者的三重身份，积极参与信息知识流的全过程。在这个过程中，情报检索强烈需要也强烈要求用户的主动参与。信息资源的海量化、增长速度的急剧化与专业标引人员的绝对不足形成的巨大反差，造成了标引的不规范化以及无标引方式的大量使用。从自然语言和人工智能领域发展现状来看，“自然语言检索目前仅在关键词检索的层次上已经实现(但还不是非常成熟，不是无可指摘)。至于自动甄别、自动标引和自动分类，严格地说都还没有走出实验室进入广泛应用”[14]。因此，积极倡导并引导用户进行标引和标注，即大众标引，将是一种成本低、效率较高的信息组织方式。这种方式能很好地解决无标引的问题，同时也最大限度地开发和借用了广大用户的智力。再加上遍在化检索系统的应用，更使得用户标引力量在时间和空间的双重维度上得到了不间断的扩展。在情报检索的道路上真正意义地做到了“人人为我，我为人人”。当然，大众标引还存在着规范性差等弱点，需要深入研究。

三是用户介入检索系统构建、调整以及检索匹配。这是笔者的一种大胆推测。随着用户数据库的建立、积累和丰满，用户个人信息以及用户的信息行为也会成为情报检索的一种重要组成部分。用户和文献信息资源之间、用户与情报检索系统之间、用户与信息管理人员之间以及用户与用户之间的互动将会极为频繁、成为常态。现在的个人数字图书馆也许就是个雏形。除了前面提到的“用户成为信息的创造者和提供者”“用户成为信息的组织者”之外，将来用户要素极有可能介入检索系统的构建、调整以及检索匹配。检索系统的构建、调整以及检索匹配将不再由信息管理专业人员和系统开发人员完全做主，今后的情报检索系统会成为面向大众的开放系统，用户也有机会和方式将自己的合理性需求自主地加入到检索系统的构建、调整以及检索匹配过程中去。

参考文献：

[1][2] 张琪玉. 情报语言学基础[M]. 武汉：武汉大学出版社，1997.

[3] 张琪玉. 文献标引是需要智慧的近乎艺术创造的处理过程[J]. 图书馆杂志，2004(3).

[4][5] 中国大百科全书总编辑委员会《本卷》编辑委员会. 中国大百科全书 图书馆学 情报学 档案学[M]. 北京：中国大百科全书出版社，1993.

[6] 龙汭鳕. 我国智能情报检索系统分析[J]. 图书馆学研究，2006(7).

[7] 于代军，李莉，傅亮. 军事信息资源分类组织研究[M]. 北京：国防大学出版社，2012.

[8] 张琪玉. 情报语言学基础[M]. 武汉：武汉大学出版社，1997.

[9] 傅亮. 试论 web2.0 环境下的分类自组织[C]//图书馆、情报与文献学研究的新视野(6)——中国社会科学情报学会 2012 年学术年会论文集. 北京：中国书籍出版社，2013.

[10] 张琪玉. 情报语言学的若干研究心得和收获——张琪玉学术思想自述[J]. 图书情报工作，2009(20).

[11] 张琪玉. 寻找更佳结合模式是情报检索语言创新的主流[J]. 图书馆杂志，2005(2).

[12][14] 张琪玉. 情报语言学的若干研究心得和收获——张琪玉学术思想自述[J]. 图书情报工作，2009(20).

[13] 徐佳宁. 基于 web2.0 的网络信息自组织机制研究[J]. 情报杂志，2009(6).

源于实践、指导实践的理论
——从应用的视角评析张琪玉情报语言学理论

汪东波　卜书庆(国家图书馆)

摘　要:本文从应用的视角,分析了张琪玉情报语言学理论在近几十年来我国情报检索语言主要工具、索引工具以及标引文献主题的国家标准的编制中发挥的至关重要作用,还分析了该理论对图书馆现实工作和图书馆事业发展的指导意义,进而评价了张琪玉情报语言学理论的效用和价值。

关键词:张琪玉;情报语言学理论;《中国图书馆图书分类法》;《中国分类主题词表》;应用研究

理论来源于实践,是对无数次实践成果及其经验的高度概括和总结;同时只有再次在实践中得到应用、指导新的实践,解决现实工作与生活中的各种需求与问题的理论,才是最有效用和价值的理论。张琪玉先生创建的情报语言学理论正是这种理论的代表,它源于张琪玉先生几十年的教学研究和工作实践中的孜孜以求和创新探索,又在近几十年来我国情报检索语言主要工具、索引工具以及标引文献主题的国家标准的编制中发挥了至关重要的作用。下面仅选择几个案例对其予以说明。

一、分类法主题法一体化理论与《中国分类主题词表》的研制

张琪玉先生自20世纪70年代末起,提出情报检索语言理论研究的新方向、新范围、新方法,利用结构功能分析的研究方法,找出各种情报检索语言的共同规律,构成情报语言学理论体系,于1983年和1987年分别发表其理论专著《情报检索语言》《情报语言学基础》。张琪玉先生认为:“分类法也好,主题法也好,其他文献内容的检索方法也好,它们都是情报检索系统的组成部分,都是在寻求更佳的检索效果中创制出来的,都是表达一系列概括文献情报内容的概念及其相互关系的概念标识系统,其职能是作为情报检索系统的语言保证,其核心问题是检索效率。”[1]张琪玉先生致力于围绕检索效率问题探索一种完全新颖的情报检索语言结构模式,研究如何创制分类法与主题法一体化的结合方案,使其充分发挥情报检索语言对知识进行系统组织和对自然语言进行规范控制的功能,让用户非常方便地进行标引和检索,概念可不断增补及概念的标识可方便进行更新。

1986年6月,北京图书馆(现国家图书馆)图书馆学研究部与武汉大学图书情报研究所(张琪玉先生时为所长)共同提出编制《中国图书馆图书分类法》(以下简称《中图法》)与《汉语主题词表》(以下简称《汉表》)的对应表的编制方案,即《中国分类主题词表》的编制

方案。《中国分类主题词表》的编制是考虑《中图法》(包括其系列的《中国图书资料分类法》)使用广泛以及《汉表》如何在图书馆界尽快推广这两个因素的基础上,而选择的一条适应我国国情的分类主题一体化的道路。《中国分类主题词表》的基本原理是等级体系分类法和叙词法两者基本原理的发展和延伸,将体系分类法的类号标识所代表的主题概念与叙词法的语词标识所代表的主题概念进行相互兼容。用体系分类法的等级体系取代叙词法的范畴分类体系,用叙词表的字顺表取代体系分类表的类目相关索引。这一基本设计正是基于张琪玉先生所提出分类法主题法一体化的结合方案,《中国分类主题词表》的研制成功是对情报语言学核心理论的切实应用和实践验证。《中国分类主题词表》出版后二十多年我国图书馆,特别是公共图书馆,正是采用张琪玉先生所提出的分类主题一体化标引方案,开展文献标引实践,在书目数据库建设中取得了重要成果。

1999 年,张琪玉先生在出版的《张琪玉情报语言学》中又进一步提出:“理想的情报检索语言应是学科聚类系统与事物聚类系统的结合,先组式语言与后组式语言的结合,体系分类法与组配分类的结合,人工语言与自然语言的结合,号码标识与语词标识的结合,系统序列与字顺系列的结合,不变概念代码与可变概念体系的结合。这种情报检索语言应是分类法与主题法彻底一体化。”[2]《中国分类主题词表》编委会正是基于对张琪玉先生理论、观点和方法的高度认同,《中国分类主题词表》2005 年第二版、电子版以及 2009 年发布的 Web 版,都在不断应用这些理论、观点和方法,完善这部我国文献信息资源整序及知识组织、分类检索语言和主题检索语言兼容互换、分类主题一体化标引与检索的工具。《中国分类主题词表》曾于 1996 年荣获由国家科委、国防科工委、中国科学院、中国科协、国家自然科学基金会五部门联合颁发的“国家优秀科技信息成果二等奖”,1999 年又荣获“国家社会科学基金项目二等奖”。

二、分类表编制原理与《文献分类标引规则》国家标准制定

1984 年,张琪玉先生从文献标引实践与分类表词表编制实践共同处理的对象即文献主题研究出发,根据情报语言的分面组配理论,即概念的分析与综合原理,对文献主题的构成因素及层次结构进行分析研究归纳,形成和创造了一套文献主题结构理论,发表了“文献主题的构成因素及层次”一文[3],提出以学科为中心的文献主题的构成因素及层次结构,把文献主题区分为六个具体性递增、而必要性递减的层次和次序。张琪玉先生认为,该层次和次序可根据分类表词表编制与文献标引具体需要的专指度加以简化或减少某些层次表达。这套文献主题的构成因素及层次结构理论应用广泛,正如他所预言,可应用于分面组配分类法各分面的设置及各分面次序(分面公式)的确定,可应用于体系分类法分类标准的选择和划分次序的确定以及复分表的设置、多重列类法,可应用于叙词表编制过程中的选词工作等。张琪玉先生正是应用此原理,确定了“各种主题文献的分类标引规则”及主题分析原则,起草了国家标准《文献分类标引规则(草案)》。

1991 年张琪玉先生在发表“体系分类法的准则和惯例”[4-5]一文中,对阮冈纳赞的 33 条“分类规则”即《冒号分类法》的准则及《国际十进分类法》的 32 条“准则和条例”进行比较研究,提出体系分类法的四大准则和惯例,这四大准则下又包括体系分类法编制和使用的诸

多共同准则及惯例，如“以学科和专业为聚类核心准则”“以文献为分类对象准则”“文献依据和用户依据准则”“容纳古今中外文献准则”“力求反映当代科学技术成就和知识分类水平准则”“不违背概念逻辑准则”“规律性准则”“关于列类、类目隶属和序列的准则和惯例”“关于类名和类号的准则和惯例”“关于分类法使用的准则和惯例”等。这些准则不仅是分类表词表编制规则的核心，也是文献标引规则的要领。张琪玉先生同样把这些准则应用到国家标准《文献分类标引规则（草案）》的制定中，总结概括为文献分类标引的原则。张琪玉先生的这些研究与方案不仅对分类表编修影响重大，而且对文献标引规则、文献检索规则也有重大影响和指导性作用。

2003 年，张琪玉先生又发表《情报语言漫笔（H）》一文，在“分类表词表编制规则→文献标引规则→文献检索规则是一种演变过程”的内容中，他认为：文献检索规则的制定必须遵循文献标引规则，文献标引规则的制定必须遵循分类表词表编制规则。归根结底，分类表词表编制规则（特别是其类目内容范围划分规则）是决定的一环，文献标引规则和文献检索规则都是由分类表词表编制规则决定的。因此，分类表词表的编制规则必须以文献保证依据和用户保证依据为前提，分类表词表的列类和选词要与文献的客观存在和大多数检索者的需求尽可能取得一致。在用户依据方面，必须考虑如何处理标识的专指度、文献的集中与分散、用户在文献检索时的思路和方便性等问题[6]。该篇论文高度概括和说明了分类表词表编制规则、文献标引规则和文献检索规则三者共同遵循的原理。

由于种种原因，《文献分类标引规则（草案）》历经 10 多次修改，直到 2013 年年底才正式上报待批为国家标准，但《文献分类标引规则（草案）》涉及的理论与方法早已为各单位文献标引工作者所遵循，报批的《文献分类标引规则》国家正式标准也大量保留了张琪玉先生起草的《文献分类标引规则（草案）》的基本框架和核心内容。

三、分类法编制中的双表列类技术与《中图法》法律类的编制实践

自 1971 年成立《中图法》编辑组开始，至《中图法》第四版出版，张琪玉先生一直参加《中图法》编委会的工作，前后长达 29 年时间。他不仅亲自参与《中图法》多个版次的修订，而且对《中图法》体系分类法结构、文献主题结构等方面做过大量分析研究，归纳总结，提出关于《中图法》体系结构优化的方案及创新观点，其理论性研究成果为《中图法》编制修订起到了关键作用。如张琪玉先生 20 世纪 80 年代初发表的《体系分类法中集中与分散的矛盾》《体系分类法中的交替法》等学术文章，提出缓解体系分类法中集中与分散矛盾的多种方法，如双表列类法、多重列类法、设置交替类目法、互见法、冒号组配法、类目相关索引法、选择划分标准法等。《中图法》历版修订都在应用这些方法来解决其体系结构的不足[7-8]。

《中图法》作为体系分类法，同样存在线性体系之不足，也就是当同一类的事物共同具有几组属性，若只采用其中一组属性作为分类标准时，仅被用作分类标准的属性事物集中，其他属性未被用作分类标准而被分散，且无检索途径。张琪玉先生提出的“双表列类法”是解决其集中与分散矛盾的技术之一，在《中图法》第三版的法律类，采用了此技术。

《中图法》第二版中，法律类采取按地区集中文献，即按照“国家—法学部门”的引用次序划分排列。而采取双表列类技术后的第三版《中图法》，除保留原类目体系表外，新设第二

表则按学科、问题集中文献,即按照“法学部门—国家”的引用次序划分排列。双表列类技术在一定程度上解决了《中图法》因地区集中造成法律不能按法学部门集中文献所产生的矛盾,满足了法律专业单位用户的需求和增强了《中图法》体系列类的适应能力。

2002 年,张琪玉先生在《情报语言以及图书情报之杂思偶想录(2)》一文中,针对《中图法》社会科学部类几乎一律提前按国家区分,把中国文献集中在一起并置于显要位置不利于科研工作的体系特点,再次强调:在文献检索计算机化和使用电子版分类表的条件下,应扩大使用双表列类法,如法律类一样,增编一个先按学科区分再按国家区分的新分类表,将其与原有分类表建立对应关系,用新表作为按学科分类的检索入口,这样增加一个按新分类体系排列的类目索引。至于分类标引和分类排架,都不必变动[9]。双表列类这一思想的继承与发展也为当今《中图法》面临学科门户与浏览服务体系建设提供了更多的启示,同样双表列类技术为已被实践证明是有指导意义的理论方法。

四、索引学理论与《〈中图法〉(第二版)索引》的编制

1979 年张琪玉先生开始参与编制起草和综合审定《中图法》第二版工作,并主持编制《中图法》第二版索引。正因为此贡献,张琪玉先生成为 1985 年《中图法》荣获“国家科学技术进步一等奖”的五位代表人之一。《中图法(第二版)索引》于 1983 年出版,该索引是以《中图法》第二版(含《资料法》第二版)为基础编制的按主题途径查找类号的工具书,为《中图法》首部索引。多检索功能是该书的最大特点,该索引把《中图法》两个版本中全部有检索意义的概念形成索引款目,并且对同一概念尽可能建立多条不同入口的检索标目,以便从不同途径方便查找到类目,提供了分类法更多的主题查找功能,方便用户快速了解新版分类法及开展分类标引工作。在主持该索引编制过程中,张琪玉先生起草了《〈中国图书馆图书分类法索引〉编制规范》及《〈中国图书馆图书分类法(第二版)索引〉编制说明》,对索引的性质、功用、范围、结构以及索引款目形式、方法性指示做了科学研究和实用性的规定与说明。正如张琪玉先生自己所言,这部索引的编制,既是完成一部分类法的工具书,同时也是他对情报语言学研究的学术工作[10]。

张琪玉先生主持开展的索引编制工作为日后索引学的研究奠定了坚实的实践基础。张琪玉先生指出,情报检索语言的主要应用领域就是索引编制,情报检索语言就是欧美的“索引语言”。主题索引也就是应用情报检索语言的原理对文献内容高深度标引的检索工具,索引作为一种检索手段,为检索系统的重要组成部分,其原理结构、性能、检索效率等都是情报检索理论的研究对象,因此研究情报语言学也必须研究索引法。

从索引原理与情报语言应用实践结合的角度,张琪玉先生对索引学做了系统的研究。他认为:索引学的研究应包括索引原理、索引结构和设计、索引编制技术、文献微观标引、索引计算机化、索引法应用和索引使用法、索引评价、某些类型索引的专门研究以及索引发展史等几个方面。他指出:“我国目前的情况是,索引实践走在索引学的前面,我们遇到许多很好的、新型的索引,而却未见关于它们的编制方法和性能分析的详细记载。所以,索引学的第一个任务,就是要总结索引实践来丰富、充实自己。从学科理论建设的角度去分析研究现有的索引,从中提取基本的原理、方法和技术,应是索引学研究的重要课题。”[11]张琪玉先生

于2006年和2009年，先后出版了《图书内容索引编制法——写作和编辑参考手册》《张琪玉索引学文集》两部专著，为各类型索引编制提供了重要的理论和实践指导。

从张琪玉先生的情报检索语言研究思路、研究内容和研究成果看，他从未离开过现实存在的问题。他用敏锐的眼光去发现问题，提出解决问题的方案。他不仅是擅于总结的理论家，也同时是实践家，是一名擅于捕捉问题的索引员、标引员。没有《中国分类主题词表》《中图法》《〈中图法〉(第二版)索引》等知识组织工具的编制实践，也许不会有不断研究完善的情报语言学理论及索引学；没有分类表词表编制规则、文献标引规则、文献检索规则的结合研究，也不会有标引规则国家标准的诞生；没有情报语言学中一系列共性问题的研究成果和应用指导，也就不会有《中国分类主题词表》等新型工具或新技术的产生与推广。因此，我们说来源于实践并指导实践的情报语言学理论是最有效用和价值的理论。我们要把张琪玉先生的情报检索语言理论发扬光大，不断应用到实践中去，推进图书馆工作和图书馆事业发展，我们也希望我国图书馆学情报学领域有更多类似的理论产生和发展。

参考文献：

[1][2] 张琪玉. 张琪玉情报语言学文集[M]. 北京：北京图书馆出版社(今国家图书馆出版社)，1999.

[3] 张琪玉. 文献主题的构成因素及层次[J]. 图书情报知识，1985(1).

[4] 张琪玉. 体系分类法的准则和惯例[J]. 晋图学刊，1992(4).

[5] 张琪玉. 体系分类法的准则和惯例(续)[J]. 晋图学刊，1993(1).

[6] 张琪玉. 情报语言漫笔(H)[J]. 图书馆理论与实践，2003(2).

[7] 张琪玉. 体系分类法中集中与分散的矛盾[J]. 图书馆杂志，1982(1).

[8] 张琪玉. 体系分类法中的交替法[J]. 图书情报知识，1982(2).

[9] 张琪玉. 情报语言以及图书情报之杂思偶想录(2)[J]. 江西图书馆学刊，2003(4)

[10] 张琪玉. 中国图书馆图书分类法(第二版)索引编制说明[G]//中国图书馆图书分类法(第二版)索引. 北京：书目文献出版社(今国家图书馆出版社)，1984.

[11] 张琪玉. 关于索引学研究和索引工作开展的设想与建议[J]. 江苏图书馆学报，1993(1).

军用信息检索语言易用性研究

全军军用信息检索语言编管会办公室

摘　要:本文介绍了军用信息检索语言编管工作现状,论述了军用信息检索语言易用性研究的三个层面,分析了影响军用信息检索语言易用性的因素,提出了军用信息检索语言易用性研究的方向和军用信息检索语言编管工作改革创新的思路。

关键词:军用信息检索语言;易用性;理论研究

一、军用信息检索语言编管工作现状

军用信息检索语言是军事信息资源组织、存储与检索时用来对文献信息内容和信息需求进行主题标引、特征描述和逻辑分类,进而表达文献信息内容概念及其相互关系的一种规范化的人工语言,其职能是为军用信息检索系统提供语言保障。

中国人民解放军的信息检索语言编制管理工作以 1987 年 7 月中国人民解放军军用主题词表编制委员会的成立为标志,已经走过将近 27 年的历程。1991 年 5 月,该委员会改称"中国人民解放军军用主题词表编制管理委员会",由单一的"编制"职能扩展到"编制、管理"职能;根据军队信息化发展需要,又于 2011 年 5 月改称"中国人民解放军军用信息检索语言编制管理委员会",工作领域由单一的《军用主题词表》扩展到整个军用信息检索语言。该委员会主要负责全军军用信息检索语言的编制、管理、应用和科学研究工作。其办公室设在军事科学院,具体负责全军军用信息检索语言编制、管理和应用中的计划与组织协调、业务指导、理论研究等日常事务。27 年来,在中央军委和总部首长的关怀下,在全军军用信息检索语言编制管理委员会和军事科学院的领导下,在军内外专家和全军各有关单位的大力支持下,军用信息检索语言编制管理取得了可喜的成绩,共取得 60 多项成果,获得国家和军队科研奖励 28 项。代表性工作成果主要有:组织协调全军编制了《军用主题词表》并配发团以上部队、机关、院校和科研院所;完成了多项配套工具,形成了一套完整的编表理论和技术;编制了 24 部与《军用主题词表》相互兼容、结合使用、覆盖各军兵种的专业性主题词表,开创了主题词表应用系列化、兼容化的先河;研制开发了智能型的"军用主题词表应用管理系统"和"军用主题词表辅助标引系统",在国内率先实现了主题词表应用管理的电子化、智能化;编制了《军事信息资源分类法》,对传统分类法在网络环境下的创新和发展进行了探索;编修完成了 18 部信息资源管理领域的国家军用标准。这些成果对服务部队信息资源建设、提高信息资源管理利用效能发挥了重要作用,得到了国内信息管理和标准化领域同行的关注和好评。军用信息检索语言事业从无到有,从小到大,有了长足的进步,技术水平达到国内领先,为有效服务部队、机关、院校和科研单位发挥了重要作用。

二、军用信息检索语言的易用性

信息检索语言的检索效率既体现在“全”和“准”上，更体现在“快”“便”“省”上，检索速度要快、检索策略要简便、检索成本要低，检索效益要高。在军用信息检索语言编管实践中，我们把“以人为本”作为编管工作的重要原则，着力提高军用信息检索语言的易用性。我们认为，军用信息检索语言要人性化，注重用户体验，以满足广大用户的信息需求为宗旨，实现从面向专业人员到面向普通用户的转变。传统信息检索语言要以用户为中心，进行易用性改造。

基于上述理念，军用信息检索语言经过 27 年的编制、管理、应用实践，其易用性不断提高。目前，主要包括军用主题检索语言和军用分类检索语言两种类型。

军用主题检索语言主要包括 1 部大型综合性主题词表《军用主题词表》和《军用公文主题词表》《海军主题词表》《国防科学技术叙词表》等 23 部专业性主题词表、叙词表。各主题词表一般由字顺主表和若干索引附表组成，其中索引表数量少则一两部，多则四五部。索引表的多寡一般根据字顺表的具体展示结构、使用对象对词表的可能性需求、编表的时间周期长短等因素，选择编制其中一部分。可选择编制的索引表包括：范畴表、释义表、词族表、轮排表、汉英表、英汉表等。

军用分类检索语言主要包括 1 部大型综合性分类法《军事信息资源分类法》和 80 余部专业性分类法、分类表、代码表或分类代码表。各分类表一般由基本大类、简表、详表和若干复分表组成。复分表一般包括综合复分表、军兵种复分表、世界地区复分表、中国地区复分表、国际时代复分表、中国时代复分表、资源类型复分表等。

传统的信息检索语言以印刷版形式，分多卷出版专用工具书。用户需要依靠手工一遍遍反复查阅，查词、查义、查类目，分析文献主题，提炼主题概念，转换主题词、分类号，最后标引主题词、分类号。费时费力，文献标引工作的效率相对较低。因此，提高军用信息检索语言的易用性是军用信息检索语言 27 年来编制、管理、应用工作中的一个长期坚持不懈的努力方向和奋斗目标。

军用信息检索语言的易用性研究大致可以分以下三个层面。

1. 对于军用信息检索语言传统印刷版形式的计算机再现方式研究

（1）检索语言在计算机上以类似印刷版的形式再现

逐页浏览，逐词查询，可以更加方便的逐页定位、逐词定位，还可以任意放大或缩小显示字号。可以设计成多种电子图书格式，如网页格式、PDF 格式。

（2）主题词表的字顺主表及各索引附表的单屏幕多窗口再现

在计算机单一屏幕上的多个窗口中，以各自表的印刷版形式显示。可以从任意窗口查询主题词，在多个窗口的各表同步、联动显示，可成倍地提高词表查询效率，极大地提高词表易用性。

2. 对于军用信息检索语言多维语义信息的深层次揭示方式研究

（1）军用主题词表语义信息的多维度、立体化展示

单屏幕多窗口查询、定位，同步、联动显示、浏览，打破传统词表的线性流水式显示局限，

实现语义词表从多个维度,全方位立体化展示词表丰富的概念语义信息。

(2)军用主题词表动态化组版排版,集约化浏览显示

利用计算机技术,屏蔽无关概念语义信息,关注用户主题语义焦点,动态组版排版,形成一个临时性、小型独立词表,实现主题词表集约化显示浏览。排除无关干扰,集中用户精力,提高词表易用性。

(3)《军事信息资源分类法》的易用性设计

主要体现在多维揭示上,同时,在类目设置、分类表显示、分类表的使用和类名的选择上,为用户提供便利条件,不出现空链、死链。注重准确、充分地显示概念之间的语义关系,在分类表中完善各种注释,编制简明易用的《使用手册》。按照事物的不同属性设置类目,提供从多个角度揭示和检索信息资源的方法。以网状结构多方位、多层次地揭示知识的内在相关性,并根据用户浏览的需要,灵活地处理知识间的交叉关系。当一个知识门类具有多种从属关系时,采用交叉列类方法,即一个子类可以同时属于多个母类,以充分揭示主题概念之间的联系,既保持学科体系的完整性,又不分散同一内容的信息资源。类目的划分原则上遵循同一个标准,为了多视角地揭示知识的内在联系,类目划分不局限于单一标准的逻辑划分,而是根据需要同时使用若干标准进行划分,建立若干个从属母类的平行子系统。

3. 对于军用信息检索语言应用不同程度的自动化辅助标引研究

长期以来,我们试图把大量的词汇控制、转换等工作交给计算机后台去处理,让用户面对界面友好、易学易用的“傻瓜词表”,着力提高军用信息检索语言应用的便捷性和易用性。

(1)文献标引由人工提炼的主题概念自动转换为主题词

第1版的“军用主题词表应用管理系统”是半自动化的计算机辅助标引,即由标引员人工提炼文献的主题概念,再由计算机分析相对规范的主题概念,将其转换为词表中的正式主题词。

(2)文献标引由重点段落自动推荐出标引词

第2版的“军用主题词表辅助标引系统”较之“军用主题词表应用管理系统”而言,自动化程度明显提高。用户可以在电子文献中任意选取重点段落,可以是标题、文摘、文首段、文尾段、各章节悬置段、甚至全文。系统自动推荐标引词供用户选择。该系统基本上属于智能型傻瓜标引器,用户操作基本上仅限于点击鼠标。

(3)受控语言自然语言化,即与自然语言广泛接口,提高词表入口率

为提高转换效率、推荐准确率,需要大幅度提高词表入口率,词表的入口词越多越好,国外词表入口率可高达100%。《军用主题词表》第1版,即1990年版,词表入口率10%(非正式主题词数量/正式主题词数量×100%);修订后的第2版,即2002年版,其入口率增加至50%。计算机信息处理技术以及词表受控语言自然语言化技术的应用使《军用主题词表》和“军用主题词表辅助标引系统”的易用性、实用性明显提高。

三、影响军用信息检索语言易用性的因素

影响军用信息检索语言易用性效能发挥的薄弱环节主要表现在编管工作中“编”与“管”“研”与“用”的不均衡等方面。

1.“编”与“管”发展不均衡

军用信息检索语言在编制方面硕果累累,但动态管理没有及时跟进。由于军用信息检索语言编管工作网络建设滞后,还没有建立一套快捷、高效的信息发布机制,用户单位对于军用信息检索语言编管工作的需求和建议不能及时反馈,其实际应用效果参差不齐,难以实施有效跟踪和管控。

2.“研”与“用”发展不均衡

军用信息检索语言的推广应用有些方面还不及时、不到位,实际效果还没有准确评估。如何改变信息检索语言枯燥乏味的形象,使机关、院校和部队用户真正体验到各种易用性检索语言工具的乐趣,进而使军用信息检索语言编管工作有效贴近强军目标、服务军事斗争准备,还需要进一步探索。此外,现有各种军用信息检索语言编制管理系统、辅助标引系统在技术上国内领先,这些易用性系统如何走出军队,在国家信息化建设中一显身手,实现军地共享,也是亟待解决的问题。

此外,在易用性方面,《军用主题词表》中的附表、《军事信息资源分类法》中的复分表以及国家军用标准《军用主题词组织机构名称缩略规则》的计算机应用,如人名、地名、著作名、组织机构名、武器型号名等,都是值得认真考虑的内容。

四、军用信息检索语言易用性研究方向

目前,全军军用信息检索语言编管会办公室正在研制开发的项目有4项。

1. 文献智能化辅助分类研究

我国文献辅助分类、自动分类研究已经多年,一般为聚类研究,或者是几十个、至多是二百个类目的分类标引。而《军事信息资源分类法》这样八千多个类目的计算机自动分类实用系统还很少见诸报端。

2.《军用主题表》与《军事信息资源分类法》相互融合,编制《军用分类主题映射表》

建立类目对应主题词,类目标注主题词,扩展类目主题词,类目隶属主题词等映射关系,为分类号与主题词一体化同步标引和检索服务,也为计算机上的一体化同步应用做数据准备。

3. 建设百万条军事词汇大词库

使综合性主题词表与专业性主题词表更加紧密地结合与应用,并适时修订《军用主题词表》,使词表入口率提高到100%以上,提高主题词转换效率、转换准确率,使主题词表更加易于使用。

4. 建立检索语言分类号与主题词一体化同步标引和检索系统

文献标引过程中,分类号与主题词相互借鉴、相互印证,进一步提高主题词转换效率、转

换准确率,使主题词表更加实用。

五、军用信息检索语言编管工作改革创新思路

经过27年的发展,我们感到,在军用信息检索语言编管工作方面,我们必须开阔眼界,与时俱进,真抓实干,牢牢把握军队信息化建设大方向,与部队信息化建设需求接轨。对下一步工作的总体考虑是:聚焦强军目标,立足信息检索语言研究现状,瞄准国内外信息检索语言发展前沿,顺应信息检索语言发展趋势,紧贴军队信息化建设实际,深入开展理论研究,大力推动技术创新;以军用信息检索语言编管服务平台建设为契机,扎实推进军用信息检索语言网络化、电子化、智能化、易用化,不断挖掘军用信息检索语言成果推广普及应用新亮点;充分发挥军队信息检索语言编制管理常设机构的优势,继续发扬艰苦创业、与时俱进、开拓进取的精神,让"小核心、大外围""小机构、大科研"的组织模式和"强强联手""军地结合"的工作机制发挥更大的作用;科学规划、统筹管理,正确处理好"编"与"管"、"研"与"用"的关系,努力促进军用信息检索语言在标准化、信息化建设以及作战信息系统中发挥更大效益,探索军地科研成果共享,早日实现军用信息检索语言编管工作新的转型。

军用信息检索语言编管工作所取得的成绩和进步,是和南京政治学院上海校区军事信息管理系的关心指导,和我们对张琪玉教授学术思想的学习、领会分不开的。长期以来,全军军用信息检索语言编管会办公室与南京政治学院上海校区军事信息管理系有着良好的合作伙伴关系,军事信息管理系的老师们特别是张琪玉教授对我们许多课题都提出过很好的意见和建议。特别值得一提的是,张琪玉教授曾专门在学术期刊上撰文,宣传介绍"军用主题词表辅助标引系统"和《军事信息资源分类法》,并给予高度评价。在许多课题开题之前,我们都曾来军事信息管理系调研,听取老师们的意见。一些国家军用标准在征求意见过程中,也收到军事信息管理系老师们的意见。在此,我们对军事信息管理系全体老师特别是张琪玉教授表示衷心的感谢!我们希望和军事信息管理系一如既往地保持良好的合作伙伴关系,在课题立项、课题展开和结题把关上继续得到该系的支持,把军用信息检索语言编管工作做得更好。

参考文献:

[1] 张琪玉,侯汉青.情报检索语言实用教程[M].武汉:武汉大学出版社,2004.
[2] 张正强.对情报检索语言易用性问题的思考[J].图书馆,1994(2).
[3] 赖茂生,王婧,麦晓华.检索语言可用性评价初探[J].情报理论与实践,2012(8).
[4] 王磊,张新宇.情报检索进化之路——从情报检索的易用性谈起[J].情报科学,2003(6).
[5] 刘巧英.传统文献分类法在网络中的优势、缺陷及其发展[J].图书馆学研究,2004(5).
[6] 任福珍.情报系统的可近性和易用性与用户的情报需求[J].图书情报工作,1994(5).

张琪玉教授对自然语言检索的研究

司　莉　杨君正(武汉大学信息管理学院)

摘　要:张琪玉教授是我国情报语言学创始人,在情报检索语言领域做出了卓越贡献。本文总结了张琪玉教授在自然语言检索方面的学术思想,主要内容包括5个方面:提出自然语言在情报检索中的应用方式;对影响自然语言检索效率因素与对策的研究;对自然语言检索应用的评价;对自然语言检索控制措施的研究以及对自然语言检索发展前途的见解等。

关键词:自然语言检索;自然语言词表;张琪玉学术思想

从20世纪80年代开始,自然语言检索成为国外情报检索和自然语言处理领域的共同研究热点[1]。张琪玉教授是国内较早关注自然语言检索的学者之一。他对自然语言检索的研究最为全面、系统,其主要研究成果集中反映在《情报检索语言实用教程》[2]的第五章中。

张琪玉教授作为我国情报语言学的宗师,早在1983年就曾提出应该对自然语言检索进行研究,他在《情报检索语言》[3]一书中就专辟第七章介绍"关键词描述语言",是取自自然语言,而不做规范化处理,或极少量的规范化处理的一种主题法系统。关键词法是国外自然语言应用于情报检索最为成熟、最为普遍的一种方式。他在20世纪90年代开始将研究的重点转向自然语言检索,并发表了相关论文,如《自然语言在情报检索中的应用》《自然语言检索中各种因素对检索效率的影响》《关于自然语言检索问题》等。张琪玉教授在自然语言检索领域做出了卓越贡献。本文主要采用文献研究的方法,总结张琪玉教授自然语言检索学术思想,为当今自然语言检索的发展提供借鉴。

一、提出自然语言在情报检索中的应用方式

在情报检索中应用自然语言,其实质就是使用文献作者原来所用的语词,或文摘编写者原来所用的语词,或标引人员自拟的而不是取自词表的语词来作为文献检索标识[4]。

张琪玉教授认为自然语言在情报检索中应用的方式有:①关键词法;②文本检索;③单汉字检索;④以自然语言作为自由词进行补充标引,与情报检索语言结合使用;⑤以自然语言作为入口词(接口),利用计算机的换词功能,辅助情报检索语言;⑥自动赋检索词和自动赋分类号;⑦自动分类(自动聚类法);⑧自由标引。在之后的研究中,张琪玉教授又将自然语言在情报检索中的应用进一步归纳为6个方面:①关键词索引及以关键词为检索标识的文献数据库;②全文数据库;③搜索引擎及由搜索引擎自动建立的网络资源数据库;④自动甄别(知识本体语言);⑤自动标引;⑥自动分类。在实际的应用中已实现关键词索引及数据库、全文检索、搜索引擎,并且这三个方面的实质都是关键词检索。

二、影响自然语言检索效率因素与对策的研究

为了提高自然语言检索效率，张琪玉教授从情报语言学角度对自然语言检索效率的各种影响因素进行了深入探讨，包括检索依据的文本类型（文献题名、文献中的小标题和章节名、文献的摘要和正文）、检索用语的专指度、在文本的不同范围（句、段、节、篇）内进行组配检索、文本用词的不规范性、不同标引方法（不标引、自动抽词标引、人机结合抽词标引、自动赋词标引和自由标引）、对自然语言进行词表控制的程度等。

针对这些影响因素，张教授提出提高自然语言检索效率的对策。他认为应该[5]：①在自然语言系统中，对文本的题名、小标题和章节名、摘要、正文应分别标注，以便在抽词或检索时有所选择；②如果对文本进行抽词，应尽量抽取专指词；③检索用语优先使用专指词，需要扩检时再使用较泛指的词；④在进行组配检索时，最好在句、段范围内检索；⑤构造检索表达式时，尽量要把同义词、近义词、反义词、否定词等用“逻辑和”连接起来包括进去；⑥配备后控制词表是提高自然语言系统检索效率的重要措施；⑦应采用人工自由标引，以采用自由标引 + 文本字词匹配检索做补充最为理想。他的这些思想即便是在今天，对于改进目前的一些检索系统性能仍然具有指导意义。

三、对自然语言检索应用的评价

1. 关于关键词检索

张琪玉教授表示，目前仅在关键词检索的层次上自然语言检索已经实现。关键词检索是以出现在文献题名或正文及文摘中的描述文献主题内容的关键词为标目的字顺索引。起初，关键词索引是“用作检索刊物的临时性索引（期索引）”，后来“数据库的关键词检索”才被重视起来，用来“代替人工标引”。再后来，关键词则应用于“自动主题标引和自动分类研究的前期处理”。张教授在分析关键词索引应用的历程后，提出关键词目前主要用于[6]：①题录数据库；②全文数据库（文本数据库）；③自动抽取关键词，可用于全文数据库索引库的建库，以方便检索。

张琪玉教授认为关键词有很大的优点：“可以利用计算机抽取，速度极快，索引深度相当大，对标引人员要求最低。”同时关键词也有很大缺点：“不规范，检索效率不高，”“检准率有时很低，往往达到使用户无法容忍的地步。”[7] 自由标引的关键词检索效果较好，但不能自动抽取。自由标引的关键词与自动抽取（包括自动匹配）的关键词；题名中的关键词与正文中的关键词有很大差别；关键词与规范词在质量上更有很大差别。

2. 关于全文检索

全文检索是文本检索的一种，采用任意字词匹配检索技术，是关键词检索的一种应用。全文检索是目前关键词检索技术的主要用途。对于单纯的全文检索系统，张琪玉教授将其检索性能概括表示为“关键词检索 + 计算机辅助文本浏览”。

对于一些人认为全文检索可以满足一切的检索需要,可以替代所有其他检索方法的观点,张琪玉教授并不赞同。他认为全文检索系统能够适应的必须有一定的检索要求:①允许使用任意词乃至词的片断,从文本中进行匹配查找;②对于用专有名词表示的检索对象,以及出现的频率很低者检索效果相当好;③非常适合诗词等全文数据库检索。同样全文检索系统不能够适应的检索要求是[8]:①学科或专业的分类检索要求;②一族事物的族性检索要求;③被论述得过多的事物;④有较多同义词、准同义词的检索对象。因此,张教授认为:单纯的全文检索系统没有分类检索与正规的主题检索功能,所以它并不能取代主要的传统检索方法,它只是增加了一种检索功能——计算机辅助文本浏览功能,可以用关键词从文献原文中直接进行匹配并即时浏览阅读(即检即阅)。只有集成多种检索方法的检索系统,即目录体系、索引体系、具有多种功能的计算机检索系统,才能较好地满足多样性的检索要求。一个好的全文检索系统也必须是一个集成系统,是全文数据库和文献目录数据库的有机结合体。

3. 关于搜索引擎

搜索引擎的检索是在预先用搜索软件建立的网络信息资源数据库中进行检索。张琪玉教授指出:“搜索引擎建立的数据库属于全文数据库性质,所以,搜索引擎的检索实际上就是全文关键词匹配检索。”但是面对数量庞大的网络信息资源,不可能完全采用人工标引(如分类浏览检索),目前必然的选择是“自动搜索建立网络信息资源数据库和对数据库进行关键词检索”,然而关键词全文检索的现状“并不能令人满意”。

4. 关于自动标引和自动分类

自动标引是指自动抽取主题概念词标引,自动分类是在关键词中被确认为表达文献主题概念的词的基础上进一步将其归类。对于自动标引和自动分类的相关研究已经有近半个世纪,但是始终没有称得上突破性的进展。张琪玉教授认为自动标引和自动分类至今之所以未能实现的关键是:“计算机还不能识别文献的主题”。计算机要把文献中的关键词抽出来“是可以做到的”。但是要从所抽出的全部关键词中挑选出代表文献主题内容的词来“至今还做不好”。而自动分类是在关键词中被确认为表达文献主题概念的词的基础上进一步将其归类,故与自动标引的困难实质相同。

张琪玉教授认为,目前,自然语言在情报检索中的应用主要面临两个难题:一是“如何从自然语言文本中抽出(或者说确认)最能准确、充分地表达文献有价值内容的词以及这些词与检索课题有效匹配的问题”。这个问题的复杂性在于“文献作者的用词无明显的规律性”,并且“作为人类社会现象的自然语言”不可能用“纯自然科学的方法”去研究解决。二是克服自然语言由于不规范和缺乏语义关联性而对检索不利的问题。

四、对自然语言检索控制措施的研究

为了促进自然语言与情报检索语言相结合,张琪玉教授提出应该大量编制自然语言词表,并认为它在促进当代文献标引－检索用语言的进步中将起到关键性的作用,其原因有两点[9]:①自然语言词表是提高情报检索语言易用化的主要手段。要使情报检索语言"自然语言化",是离不开某种类型的自然语言词表的。用自然语言词表作为辅助的情报检索语言标引和检索将是一个重大的进步。②自然语言词表是对自然语言加以控制的主要形式。在自然语言词表辅助下的自然语言检索,相对于无自然语言词表辅助的自然语言检索来说,检索效率必然会有较大提高。所以,张教授认为有自然语言词表控制的自然语言检索将会是一个重大的进步。张琪玉教授关于自然语言检索控制措施的研究主要体现在《论后控制词表》《积极为自然语言与情报检索语言的结合创造条件——建议大量编制自然语言词表》《自然语言与人工语言对应转换:情报检索语言走向自动化之路》等文章中。

1. 自然语言接口用对应表

自然语言接口实际上是在情报检索语言检索系统之前安置一个自然语言语词与情报检索语言语词的对应表,其前端(被转换的源词字段)为自然语言的语词,后端(所转换成的目标词字段)为情报检索语言的语词。检索人员(或标引人员)使用自然语言的语词表达检索课题(或文献主题)进入系统,通过对应表自动转换成情报检索语言的语词在系统中进行实际的检索(或标引)。张琪玉教授认为,对应表只是一个附加部分,并不影响原有的标引工具和标引数据,是有利无弊的,可普遍采用。

张教授提出,为使对应表一目了然以便于管理,并简化转换,可将词表正式词也作为一个自然语言词重复列入对应表,做成"词表正式词→词表正式词"对应款目。词表的双语种对照索引也可编入对应表,它其实就是入口词表的机读版。在对应表中,自然语言与情报检索语言的对应可以有一对多的关系,通过人工辅助转换。

2. 自动抽词词典

汉语的自动抽词系统,绝大多数都是使用抽词词典的。张琪玉教授指出,"抽词词典不但是抽词标引系统实际投入使用所不可缺少的条件,而且对抽词质量还具有重大影响。抽词词典越丰富和完善,抽词的完全率和正确率越高"[10]。因为"只有抽词软件而无抽词词典,是不能建立自动抽词标引系统的"。而编制抽词词典比编制抽词软件需要许多倍的工作量。张教授认为,自动抽词标引技术(此项技术也是自动赋词、自动赋号、自动分类等的基础)难以普及的主要原因就是目前缺乏抽词词典,所以当前迫切需要大量编制汉语自动抽词词典。

3. 自动赋词赋号用对应表

自动赋词赋号标引系统是对自动抽词标引系统的改进,使自动抽出的自然语言语词转换成情报检索语言语词(检索词或分类号)。其所用的对应表的前端(被转换的源词字段)为自动抽词所抽出的自然语言语词,后端(所转换成的目标词字段)为情报检索语言语词(检索词或分类号)。张琪玉教授认为,"自动赋词标引系统和自动赋号标引系统可以分别建立,也可以合而为一"。自动赋词赋号标引系统可使用"现有的词表或分面分类表",也可"仿照词表和分类表的编制原理,对自动抽词所抽出的自然语言语词作有限范围的控制(如只对同义词作规范控制,或纳入粗略的分类体系)"。

自动赋词赋号标引系统还可以在赋予文献检索词或分类号的同时,仍保留自动抽词过程所抽出的原词,兼取人工语言与自然语言的优点。这样的系统用于检索时,检索者既可使用检索词或分类号检索,也可使用自然语言检索。张教授指出,“使用现有词表的自动赋词系统和使用现有分面分类表的自动赋号系统”,从检索角度看“也都是一种自然语言接口”。

4. 自动分类用对应表

张琪玉教授指出,自动分类与自动赋词的不同之处在于,它使用体系分类法,自动分类得到的分类号可区分出主要分类号和非主要分类号,各个分类号的组配又可表达比原有类目更多和更专指的概念。其所用词表是一种词与分类号的双向对应表,由分类号-词对应表和词-分类号对应表两部分组成。

其中分类号-词对应表的编制法是:“假定使用中图法,需先将中图法的分类表改造成分面分类表,但原有分类号不需要改变。把自然语言语词对应到相应的分面中。由于文献主题一般都是由多个主题因素构成的,各个主题因索在体系分类表中都有其对应的类目。”

词-分类号对应表的编制法是“将分类号一词对应表的款目倒转过来,按词的字顺排列,供自动分类标引用”。

张教授认为,在自动分类标引过程中,“将从文献题名中自动抽出的词通过与词-分类号对应表核对,赋予(中图法)的分类号,建立分类号索引,提供分类检索途径。同一题名中的词因为分属于不同的分面,其分类号也就有多个。词仍应保留,建立关键词索引,提供主题检索途径”。在对应表中“如果能将等同关系词选定一种词形为正式词,其余为非正式词,提供非正式词转换成正式词的功能,则更好”。

5. 后控制词表

张琪玉教授在《论后控制词表》[11]一文中提出,为自然语言检索系统配备后控制词表,是提高其检索效率的有效措施。后控制词表的性质类似于入口词表,它是一种转换工具,是一种扩检工具,是一种罗列自然语言检索标识供选择的工具。

张教授总结后控制词表的特点在于:“其中的控制词(也可以是分类号)并非直接用于标引,而是对作为文献检索标识的自然语言词进行控制(建立等同、等级、相关关系)。因此,在后控制词表中,标引-检索用词是自然语言,非标引-检索用词却是人工语言,这与在一般词表中的情形正好相反。后控制词表必须在检索系统中实有的自然语言检索标识的基础上进行编制(即必须以作为检索标识的自然语言原词为基础),以达到最大的覆盖率。否则将会大大降低其控制功能。”[12]后控制词表较理想的结构模式是“分类词表+字顺/轮排表”。分类词表可以设置“大类→小类→控制词→自然语言词”的等级。后控制词表的编制过程包括“初始阶段和完善阶段”两个阶段。初始阶段是“后控制词表编制成形,内容还不很丰富,但可以投入使用”;完善阶段是“在使用过程中词汇不断增补积累和体系不断调整细化”。后控制词表的体系可“用现成的分类表或词表作为框架,将关键词填入”,也可“对积累到一定数量的关键词进行归纳整理,形成系统”。

6. 词素词表

张琪玉教授指出,汉语的词素词表“具有自然语言入口功能”,它在标引文献时,文献主题概念可“全部用自然语言词自由表达”。若“表达文献主题概念的自然语言词”与“词表中的叙词”一致,或与“词表中的入口词(同义词和被组代词)一致”,都可“立即自动转换成叙词,自动将叙词登录入标引结果字段”;若“表达文献主题的自然语言词在词表中没有对应的叙词或入口词,该系统便会对自然语言词进行词素分析,利用词素相似性匹配原理,自动推荐一批含有相同词素的叙词供选择,通过人工判别,选定合适的叙词(包括若干叙词的组配)进行标引;若所推荐的词均不合适,则可将自然语言词作为自由词进行标引并同时作增补记录”。

汉语的词素词表首次见于《军用主题词表》应用管理系统,张琪玉教授总结其在应用词的相似度匹配原理是,“以相同词素的个数为统计单位,并结合叙词词素的位置特征(如词素在词尾、在词首、在词中)及长度特征进行加权,可调整权值来扩充或压缩推荐词的数量以方便选择,并加入同义词素避免遗漏等,从而使所推荐的词更有针对性和全面性”。他认为这种方法,在无形中提高了词表的入口率,无疑使标引工作更为容易。

五、对自然语言检索发展前途的见解

在图书情报界中,很多人对于自然语言检索的观点是:自然语言检索是发展方向,信息检索要走自然语言道路;人工语言(情报检索语言)不适应网络环境,自然语言不亚于人工语言;目前自然语言虽有缺点,但人工智能可使其达到完善,满足一切检索要求。张琪玉教授则审慎地提出:自然语言的未来与情报检索语言的未来在某种意义上可以说是同一个问题。从一方面看,自然语言不可能全面取代情报检索语言、淘汰情报检索语言,情报检索语言还将继续发展;但从另一方面看,在计算机检索的条件下,自然语言有许多重要的优点,故它也必然会更进一步得到发展[13]。

张教授认为,没有任何控制的自然语言是“不可思议的”,至今也没有找到“在计算机环境下不加控制的利用自然语言”的十分有效的方法。因此他总结道:“网络检索不能唯一地使用自然语言。自然语言的前途仍然要走向控制、规范,当然,控制的方法会与过去人工语言所采用的方法有所不同。”[14]

张琪玉教授强调:自然语言检索系统与情报检索语言检索系统之间的关系并不是决然对立的。两者各有优点而不可能互相取代,应该使两者相互结合或融合。自然语言或情报检索语言的未来将是自然语言的情报检索语言化或情报检索语言的自然语言化。未来发展的大趋势是“情报检索语言的自然语言化、自然语言的情报检索语言化”,大方向是“走两者结合之路”。在两者完全融合的新型情报检索语言普及以前的趋势可能是下列三种情况并存:①情报检索语言与自然语言在一个检索系统中并用;②情报检索语言增加自然语言成分;③自然语言适当引进情报检索语言的原理与方法和增加情报检索语言成分。

对于未来的研究方法,张琪玉教授表示,由于人工语言和自然语言都不可取代,因而未来对两者的研究都要重视。要“从情报语言学的角度”来深入研究“自然语言检索中存在的问题”,把“情报语言学的原理和方法”引进“自然语言检索的研究”,并且要“重视利用情报检索语言已往所积累的成果”,也要“积极研究情报检索语言在网络环境下应用中所遇到的新问题,寻找改进方法”,特别是“吸取自然语言的优点来弥补情报检索语言的不足之处”。对于这两方面的研究,张教授相信:“自然语言和情报检索语言应朝着并且必然会朝着从两者的初步结合到完全融合。”

张琪玉教授对自然语言检索的研究为自然语言检索在中国的发展和普及奠定了坚实的基础,他高屋建瓴地提出的情报检索语言的自然语言化、自然语言的情报检索语言化思想,始终引领着情报检索语言研究与实践的发展方向,为我们提供了丰富的研究课题,激励后辈在该领域不断探索与拓新,他的学术思想和学术精神也值得我们继承和发扬。

参考文献:

[1] 曹树金,罗春荣,汪东波. 开创情报语言学的新天地[J]. 中国图书馆学报,1999(5).
[2] 张琪玉. 情报检索语言实用教程[M]. 武汉:武汉大学出版社,2004.
[3] 张琪玉. 情报检索语言[M]. 武汉:武汉大学出版社,1983.
[4] 张琪玉. 情报语言学基础[M]. 增订二版. 武汉:武汉大学出版社,1997.
[5] 张琪玉. 自然语言检索中各种因素对检索效率的影响[J]. 情报理论与实践,1997.
[6] 张琪玉. 关于自然语言检索问题[J]. 图书馆论坛,2004(12).
[7] 张琪玉. 网络信息检索工具增强关键词检索功能的措施[J]. 图书馆杂志,2001(1).
[8] 张琪玉. 全文数据库、全文检索与全文标引[J]. 图书馆理论与实践,2002(6).
[9] 张琪玉. 积极为自然语言与情报检索语言的结合创造条件——建议大量编制自然语言词表(上)[J]. 图书馆杂志,1999(9).
[10] 张琪玉. 自然语言与人工语言对应转换:情报检索语言走向自动化之路[J]. 中国图书馆学报,1996(1).
[11] 张琪玉. 论后控制词表[J]. 图书情报工作,1994(1).
[12] 张琪玉. 积极为自然语言与情报检索语言的结合创造条件——建议大量编制自然语言词表(下)[J]. 图书馆杂志,1999(10).
[13] 张欣毅,张京生. 走向自然语言与情报检索语言结合之路:与我国著名情报语言学家张琪玉教授的通讯访谈[J]. 图书馆理论与实践,2001(2).
[14] 张琪玉. 情报语言学的若干研究心得和收获——张琪玉学术思想自述[J]. 图书情报工作,2009(10).

张琪玉对自然语言检索发展前途的见解*

韩爱萍　王崇良　彭莲好(湖北科技学院图书馆)

摘　要:自然语言同情报检索语言一样,也是一种语言工具。目前已广泛应用于因特网、搜索引擎、校园网和全文数据库检索等领域。张琪玉认为:在计算机检索日益发展的条件下,自然语言具有不可阻挡的发展前途。特别是在互联网络的检索环境中,它将成为一种必然的优先选择。从20世纪80年代初开始,张琪玉就关注自然语言检索问题,并从11个方面对自然语言中重点、难点问题阐明独特的见解。因此,本文拟对他提出的自然语言检索发展前途诸多方面问题进行梳理和总结。

关键词:张琪玉;自然语言检索;情报语言学

一、引言

所谓自然语言检索,张琪玉认为是指用户使用作者原来所用的语词,或文摘编写者原来所用的语词,或标引人员自拟的而不是取自词表的语词来作为文献检索标识[1],进行文献检索,搜集文献信息资料的一种检索语言。目前,它已在国际、国内广泛应用于因特网、搜索引擎、校园网和全文数据库检索等领域,成为情报检索中一个重要的研究方向和一种重要的发展趋势,具有不可阻挡的发展前途。

自然语言检索,始于20世纪50年代开始的情报检索计算机化。是情报检索计算机化使自然语言检索得以实现。如果没有计算机对文献原文的处理,就不可能有自然语言检索的产生。计算机检索与自然语言检索的产生是母与子的关系,它们之间紧密相连、相辅相成、密不可分。

在我国,对自然语言检索的重视、研究与探讨,始于20世纪80年代初期。张琪玉是我国较早关注自然语言检索的主要学者,也是对自然语言检索研究最为全面、系统的学者。他对自然语言检索的研究与探讨,可以用两句话来形容:“既肯定又否定,既呼吁又亲自参与研究”。其研究概况大致如下:

一是呼吁。20世纪80年代初期,张琪玉在创制情报检索语言时,就关注到自然语言检索问题。他在《论情报检索语言的研究、创制与普及》一文中,呼吁我们在研究情报检索语言的同时,应注意对自然语言检索的研究[2]。20世纪90年代末期,张琪玉在《世纪之交中国情报语言学发展之路》一文中,分析研究了论述自然语言检索者文章,发现大多数文章作者

* 本文系国家社科基金一般项目“张琪玉学术思想研究”(批准号:13BTQ049)研究成果之一。

只是将自然语言与人工语言做笼统的比较，真正“深入考察自然语言性能者不多见”。如是，他再次呼吁：情报语言学研究者应当积极参与自然语言检索的研究，当前亟须从情报语言学角度深入研究自然语言检索方法，把情报语言学的原理和方法引进自然语言检索的研究[3]。

二是肯定。自然语言检索方式的产生是我国情报检索领域的重大变革和重大突破。由于自然语言检索在检索过程、检索方法上的方便快捷以及检索范围和应用领域的不断扩大，受到人们的青睐。张琪玉对自然语言检索是持肯定态度，他在多篇文章中阐明了自己的观点。20 世纪 90 年代末期，他在《张琪玉与情报语言学学科建设》一文中明确指出：在计算机检索日益发展的条件下，自然语言具有不可阻挡的发展前途。特别是在互联网络的检索环境中，它将成为一种必然的优先选择[4]。

三是否定。自然语言检索有其突出的优点，又有其明显的缺点，这是个不争的事实。但有些文章作者片面地、言过其实地夸大自然语言检索的功能和作用。他们的主要代表性观点是：自然语言检索是发展方向，信息检索要走自然语言道路；人工语言（情报检索语言）不适应网络环境，自然语言不亚于人工语言；目前自然语言虽有缺点，但人工智能可使其达到完善，满足一切检索要求[5]；自然语言将替代情报检索语言或最终将替代情报检索语言，情报检索语言或情报检索语言研究已经过时[6]。对于这些文章作者提出的某些观点，张琪玉并不以为然，并持否定态度。因为他坚信，如果那些论点是正确的话，全世界的情报检索早已全面自然语言化了[7]。事实胜于雄辩，直至今日，这种情况并未在现实生活发生，说明那些论点虽然振奋人心但言过其实[8]，令人难以信服。

四是亲自参与研究。20 世纪 90 年代中后期，张琪玉基于他所创制的情报语言学的原理和方法，亲自参与到自然语言检索研究方阵中去，并将“研究重点转向了自然语言”。他从理论与实践两个方面，多途径、多角度研究探讨了自然语言检索中诸多方面的问题。如“自然语言检索应用方式问题”“检索效率问题”“应用难题问题”“自由标引问题”“后控制词表问题”“汉语关键词法问题”“题内关键词索引问题”“自动抽词标引难以普及问题”“自动抽词与自动分词问题”“自然语言接口问题”以及“自然语言走向问题”等。这些研究取得了实质性进展，其主要研究成果集中反映在他撰写的《情报语言学基础》增订二版第十二章书中[9]，使我国自然语言检索进一步的探讨与研究步入良性轨道，做出了巨大的贡献。

二、关于自然语言检索应用方式的见解

张琪玉认为，自然语言在情报检索中应用方式应是多种多样的。但从目前自然语言检索提供给人们的检索方式来看，是有限的，并不是无限的、万能的，它不能满足人们一切检索要求，这是客观存在的不争事实。

然而，有些文章作者，无限放大自然语言检索的功能和作用，误导人们对自然语言检索性能的正确判断。张琪玉为了消除、纠正人们对自然语言应用于情报检索方式的片面理解，他在《自然语言在情报检索中的应用》一文中对自然语言在情报检索中应用方式进行了全面总结、阐述与说明。他认为现阶段主要有八种应用方式[10]：一是关键词法；二是文本检索；三是单汉字检索；四是以自然语言作为自由词进行补充标引，与情报检索语言结合使用；五是以自然语言作为入口词（接口），利用计算机的换词功能，辅助情报检索语言；六是自动赋

检索词和自动赋分类号;七是自动分类(自动聚类法);八是自由标引。他通过分析与专门探讨研究,提出了自己的理解和认识,明确指出:自然语言检索目前仅在关键词检索的层次上已经实现(但还不是非常成熟,不是无可指摘)。至于自动甄别、自动标引和自动分类,严格地说都还没有走出实验室进入广泛应用[11]。张琪玉的研究与探讨,不仅使人们明确了自然语言的应用领域、研究方向,而且开阔了人们的研究视野。

三、关于自然语言应用难题的见解

对于自然语言检索问题的专门研究,在国际上已有70多年的历史,在我国也有40多年的历史。然而,无论在国际还是在国内,研究过程中都遇到难题,进展非常缓慢,难度极大。

20世纪90年代末期,张琪玉在《情报检索语言的发展趋势(与吴建中的对话)》一文中,探讨研究了自然语言在我国情报检索中应用的两大难题。他认为在现阶段,主要表现在两个方面[12]:一是如何从自然语言文本中抽出最能准确、充分地表达文献有价值内容的词,以及这些词与检索课题有效匹配的问题。并进一步指出这个问题的复杂性在于文献作者的用词无明显的规律性,以及作为人类社会现象的自然语言不可能用纯自然科学的方法去研究解决。这个问题同机器翻译的性质类似。如果去追求百分之百的自动化,至少在短期内是无希望解决的。如果采用人机结合的方法,则可以较为容易一些;二是克服自然语言由于不规范和缺乏语义关联性而对检索不利的问题。并进一步指出克服这个难题也是不能完全用自动化方法的,使用后控制词表可能解决这个问题。除此以外,对中文来说还有一个汉语分词的问题。汉语分词的研究在我国已取得很大进展。但这个问题的解决,只是达到了拼写文字国家的起点水平,拼写文字中未解决的上述两个问题仍有待我们去解决。

张琪玉关于自然语言在情报检索中应用难题的系统分析和专门探讨,不仅为我们指明了自然语言检索存在问题的方面,而且提出了解决问题的着力点和主攻方向。其目的就在于要我们正确把握自然语言检索研究的方向。

四、关于自然语言检索效率的见解

"检索效率"概念,是20世纪80年代初期张琪玉在创制情报检索语言学科时在国内首次提出的。它有效地打破了当时我国在情报检索语言理论研究领域停滞不前的状况。张琪玉本人第一个跳出当时毫无结果的"三性"(思想性、科学性、实用性)争论的怪圈,第一个按情报检索语言的本质属性来研究和阐述情报检索语言。他认为:分类法也好,主题法也好,其他文献内容的检索方法也好,都是在寻求更佳的检索效果中创制出来的,其核心问题就是检索效率[13]。检索效率是情报检索语言的本质属性和唯一目的,它的主要内容是提高检全率和检准率。

张琪玉基于他对情报检索语言中"检索效率"的理解和认识,在研究自然语言检索效率时,一方面,秉承他对检索效率的立场和观点,将其原理和方法引进自然语言检索效率中来;另一方面,呼吁人们"当前亟待我们从情报语言学角度对自然语言检索效率的各种影响因素作深入一步的研究”[14]。因此,张琪玉在《自然语言检索中各种因素对检索效率的影响》一文中,从六个方面具体论述了影响自然语言检索效率的主要因素[15]:一是检索所依据的文本类型(如文献题名、文献中的小标题和章节名、文献的摘要和正文)对检索效率的影响;二是检索用语的专指度对检索效率的影响;三是在文本的不同范围内(如句、段、节、篇)进行组配检索对检索效率的影响;四是文本用词的不规范性对检索效率的影响;五是不同标引方法(如无标引、自动抽词标引、人机结合抽词标引、自动赋词标引和自由标引)对检索效率的影响;六是对自然语言进行词表控制的程度对检索效率的影响。通过探讨与研究,张琪玉发现了影响自然语言检索效率的主要原因:一是自然语言缺少控制;二是自然语言用词不规范性,存在大量同义现象、多义现象和含义模糊现象;三是未显示语词(或概念)之间的关系,词汇无语义关联。要想使自然语言获得较高的检索效率,张琪玉在文章中提出了六条原则,并特别指出:配备后控制词表是提高自然语言系统检索效率的重要措施。

张琪玉的发现与研究,对于我们正确认识和深入了解自然语言检索存在的问题以及探寻有效的改进检索方法和提高检索效率极具启发性。

五、关于自由标引的见解

自由标引是情报检索中应用自然语言的一种方法。主要是指标引人员在对文献的情报内容进行主题分析之后,按照一定规则自拟标引用词来表达文献主题的一种方式。它具有检准率较高、标引速度较快、标引成本低的特点。我国不少单位在报纸文献、期刊文献的大型篇名数据库建设中采用了这种不依据词表进行主题标引的方法。它极大地促进和推动了我国数据库建库工作的广泛开展,缩短了数据库建库时间,降低了数据库标引难度,受到了人们的青睐和关注。

20世纪90年代中期,张琪玉在《论自由标引》一文中[16],从六个方面对自由标引进行了全面阐述:一是自由标引概念;二是自由标引的优点及适用范围;三是自由标引种类;四是自由标引基本方法;五是自由标引要点;六是自由标引系统配备后控制词表的必要性。通过探讨与研究,张琪玉明确指出:自由标引绝不是简单地将文献题名改造成标引用词。标引措词应由标引人员根据标引规则独立做出,不必拘泥于文献作者的原有用词,不必过多去考虑标引用词的一致性,而应重点考虑标引用词的确切性。自由标引不适于手工检索系统,在计算机检索系统中,不仅可配备后控制词表,也可设置同义、近义词参照和自动换词功能。如果想获得较高的检准率,可采用“标题词加子标题或说明语形式”,如果想获得较高的检全率,主要是通过“后控制词表”来做弥补。

张琪玉对自由标引的全面阐述,非常有益于我们在理论上准确认识、深入了解自由标引,在实践中正确采用、使用自由标引。

六、关于后控制词表的见解

后控制词表的性质类似于入口词表,它是一种转换工具,是一种扩检工具,是一种罗列自然语言检索标识供选择的工具[17]。后控制词表,一般说来,主要是作为主题标引的辅助手段,对全文系统检索中的相关关系进行控制。

自然语言检索系统在实际检索中存在很多弊端,其根源主要是缺乏相对有效的控制,而后控制词表则是解决自然语言检索低效率的主要措施。对于自然语言检索中存在的诸多方面问题,张琪玉是非常清楚的。早在20世纪80年代初期,他就提出了"后控制词表"概念,并认为它可以提高自然语言检索性能。后来,他非常重视对后控制词表的探讨与研究工作。并在《论后控制词表》一文中[18],全面系统地论述了后控制词表的控制机理、控制程度、编制特点、各种编制方式及其在控制上的差别,提出并用实例说明了一种"分类词表+字顺/轮排表"的后控制词表结构模式,详细说明了利用后控制词表检索文献的三种(直接用自然语言检索标识、利用分类词表、利用字顺/轮排表)具体方法。提出文献检索系统包括标引阶段的控制和查检阶段的控制。提出文献检索系统有四种模式:一是"标引控制+检索控制"模式;二是"标引控制+检索不控制"模式;三是"标引不控制+检索控制"模式;四是"标引不控制+检索不控制"模式。其中第三种"标引不控制+检索控制"模式属于后控制模式,所使用的词表称为"后控制词表"。其控制方法有截词检索和配备后控制词表两种。张琪玉还特别指出:后控制词表只用于检索而不用于标引,故其分类体系改变灵活,可进行较大的调整,对检索系统不会引起重新标引的问题。后控制词表必须在检索系统中实有的自然语言检索标识的基础上进行编制,它是后控制词表的关键所在。

张琪玉关于后控制词表的探讨与研究,不仅在理论上使人们明确了后控制词表的原理和控制机理,而且在实践上使人们明白了后控制词表的结构模式和具体文献检索方法,为自然语言检索在我国理论探讨和实践应用方面指明了研究方向。

七、关于汉语关键词法的见解

关键词法,张琪玉认为是一种"准情报检索语言"。就其实质而言是一种自然语言检索法,主要适用于目录索引编制过程自动化的需要。其优点主要表现在:专指度较高、检索途径比较多、不用人工标引、缩短时差、没有标引失真现象,因而受到人们广泛关注和高度重视。

20世纪90年代初期,张琪玉在《汉语关键词法探讨》一文中[19],首先论述了关键词法在我国的实用价值。如在外文文献的标引、中文报刊文献的标引、档案标引等方面。其次分析研究了汉文文献题名进行自动抽词的进展与问题。张琪玉认为:在进展方面,以王永成编制的"部件词典"最为成熟,由他主持编制的多种自动分词软件已通过鉴定并交付使用;在问题方面,抽词词典数量很少,其编制工作还跟不上需要的,要"化整为零",分别解决;再次强调并指出人机结合进行抽词的技术路线目前仍有现实意义,它是一种合理的过渡办法,既可达到提早实用的目的,又可为接近完全的自动抽词创造条件;此外专门讨论了人工抽词-计算机整理方式以及计算机抽词-人工干预方式的具体问题,比较分析了人工抽词、人工干预和自动抽词三种方式的各自优缺点,发现了计算机抽词-人工干预方式和自动抽词方式实际上都是自动抽词,又都要人工干预,其区别仅在于前者是"初级阶段",人工干预多,而后者是"成熟阶段",人工干预少;最后详细阐明了抽词词典、规范词典和后控制词表的编纂对发展汉语关键词法的重要意义。

八、关于题内关键词索引的见解

题内关键词索引，能较好地解决自然语言检索中关键词法应用于汉语特殊问题的需要，回避汉语分词难题以及改造题名数据库问题，因而受到张琪玉的高度重视。他在多篇文章中探讨研究了题内关键词索引，并且亲自编写应用程序，利用计算机对汉语题内关键词索引的多种编制方法进行了编制试验，取得了成功。

20 世纪 90 年代初期，张琪玉在《人—机结合的题内关键词索引可回避汉语分词难题》一文中[20]，提出了"含糊抽词"可回避汉语分词难题的观点。所谓"含糊抽词"，是指只要能分辨出题名中哪个词或词素具有检索意义，也就是可以作为检索入口和能字面成族的，就把它作为关键词排到检索入口，而不须再考虑一个词抽到何处结束的问题，并用实例加以例证。他还特别强调：题内关键词索引是一种"含糊抽词"办法，这种方法实际上是"最长抽词"与"词素轮排"的结合，它保留了上下文，虽然"含糊抽词"，关键词的明确性却是很好的，并适于浏览。

20 世纪 90 年代末期，张琪玉非常重视汉语题内关键词索引的编制工作。他在《汉语题内关键词索引的一种编制方法》[21]《汉语题内关键词索引的另一种编制方法》[22]和《汉语题内关键词索引的第三种编制方法》[23]三篇文章中，介绍了自己用 WPS 和 dBASE 结合使用或单独使用 dBASE 编制题内关键词索引的三种简易方法及实现程序。

21 世纪初期，张琪玉在《改造题名的汉语题内关键词索引数据库》[24]一文中，又提出了汉语题内关键词索引的第四种编制方法，即从改造题名入手，采用一些情报检索语言的原理和方法加以控制，必然会提高关键词索引数据库的质量。并从题名改造的内容、关键词索引数据库的编制法要点和关键词索引数据库的检索性能等方面阐明了自己的基本思路和构想。

九、关于自动抽词标引难以普及的见解

汉语自动分词是汉语自动抽词标引的"开路先锋"，它是实现汉语自动抽词标引的前提和基础。

20 世纪 90 年代末期，张琪玉在《缺乏抽词词典是自动抽词标引难以普及的主要原因》[25]一文中，对汉语自动抽词标引难以普及的主要原因进行了剖析。他认为：近 20 年来，我国学者对汉语分词（从文本中自动抽出关键词）技术做了许多研究，提出了不少分词方案，但见于实际使用者不多。原因并不是这些方案都经不起实践考验，而主要是缺乏抽词词典。因为只有抽词软件而无抽词词典是不能建立自动抽词标引系统的。目前缺乏抽词词典，已成为限制抽词标引技术推广应用的瓶颈。在此基础上，张琪玉分析研究了目前缺乏抽词词典的两条主要症结：一是我国从事汉语分词研究的，大多为计算机专业工作者。他们只管抽词软件的编制，至于编制抽词词典并非自己分内的事，也非自己所专长；二是图书情报工作

者深入参与抽词软件研制项目合作者不多,对抽词原理和对抽词词典的要求缺少研究,很少想到自己可以来做编制抽词词典的工作。因此,张琪玉特别指出:编制抽词词典是适合图书情报工作者的研制课题,我们图书情报工作者应当积极地来承担编制抽词词典的任务,并且可将编制抽词词典与建立实际需要的数据库相结合。

十、关于自动抽词与自动分词的见解

21 世纪初期,张琪玉在《自动抽词与自动分词》[26]一文中,对自动抽词与自动分词进行了比较研究。他认为两者既有联系又有区别:自动抽词是用计算机从文献文本中抽出标引用词,而自动分词是用计算机将一个句子切分成词或词组。汉语的自动抽词,必然包含自动分词过程。但汉语自动分词并不等于自动抽词,它只是自动抽词所必需的一个前期处理过程。汉语自动分词仅要求识别出组成句子的各个词或词组,或者进一步区分出实义词和非实义词并排除非实义词。而汉语自动抽词则还要求从作为自动分词结果的实义词中识别出核心词,排除对文献的标引和检索无用或用处不大的那些词和词组。

通过比较研究,张琪玉认为:目前要达到比较准确的自动分词是比较容易的,但要达到比较准确的自动抽词(自动抽词标引)却难度极大。无论是汉语还是其他语言,在自动抽词标引方面,除编制题名关键词索引比较成熟外,可以说都还没有突破性的进展,都还没有达到令人满意的水平。因此,张琪玉认为,目前要想提高自动抽词检索效率,取得突破性进展,达到令人满意的程度。其主攻点应放在对自动抽词相关问题的深入、系统研究方面,要特别重视和加强对下列相关问题进行研究:一是学科或主题领域特征词的研究;二是文献的结构、叙述模式和表述主题用词规律的研究;三是分类表词表及标引成果和术语整理成果的利用;四是主题概念词的同义归并、等级归并和学科归并的研究;五是后控制词表的引入;六是人工标引规律和规则的研究以及人工标引质量与自动标引质量的比较研究;七是人机结合措施的采用。

十一、关于自然语言接口的见解

20 世纪 90 年代末期,张琪玉在《积极为自然语言与情报检索语言的结合创造条件——建议大量编制自然语言词表》(上/下)[27-28]两篇文章中,明确指出:自然语言接口可以说是在情报检索语言的自然语言化中最简易可行的一种方式。它实际上是在情报检索语言检索系统之前安置一个自然语言语词与情报检索语言语词的对应表,其前端(被转换的源词字段)为自然语言的语词,后端(所转换成的目标词字段)为情报检索语言的语词。检索人员(或标引人员)使用自然语言的语词表达检索课题(或文献主题)进入系统,通过对应表自动转换成情报检索语言的语词在系统中进行实际的检索(或标引)。

21 世纪初期,张琪玉又在《自然语言接口的对应词表》[29]一文中,进一步探讨研究了自然语言接口的对应词表,他认为:自然语言与人工语言的对应词表是自然语言接口的核心和关键所在,它决定着自然语言接口的质量。并从三个方面对对应词表进行了阐述与说明:一是对应词表的收词范围;二是对应词表收词的特殊性;三是对应词表的对应规则与对应关系符。在检索系统中,自然语言词、控制词、分类号之间是可以相互转换的。关键技术就是把自然语言加到(对应到)分类表或词表中去。如我国编制的《中国图书馆图书分类法》第二版索引和第四版索引以及第四版光盘版,都是一种自然语言接口的对应词表。

张琪玉还特别指出:在检索系统中配备自然语言接口,并不需要改动原有的分类表和词表,也不需要对文献做重行标引。使用自然语言接口只会使检索系统"增值",不会使它"贬值",可以说是有利无弊的[30]。它是自然语言与人工语言自动转换的前提,也是情报检索语言走向自动化的必由之路,具有广泛用途,可以取得较大的社会效益。

十二、关于自然语言走向的见解

从20世纪80年代初期开始,张琪玉就一直持续关注着自然语言走向问题。他不仅呼吁人们要重视和加强对自然语言的研究,而且还要把情报语言学的原理和方法运用到自然语言研究中去,同时还从辩证法的角度,要人们正确认识、把控自然语言。

从目前的发展趋势看,自然语言同情报检索语言一样,也是一种语言工具。但它是一种有争论的检索语言,关于它的走向倍受人们关注与重视。张琪玉在其撰写的专著和论文中,通过深入探讨和专门研究,在我国首次发现了自然语言的未来与情报检索语言的未来从某种意义上看,可以说是同一个问题,即"自然语言的情报检索语言化或情报检索语言的自然语言化"[31]。究其原因,他认为主要表现在三个方面:一是自然语言不可能全面取代情报检索语言,淘汰情报检索语言,目前只是自然语言发展的初级阶段;二是在计算机检索快速发展条件下,自然语言已表现出许多重要的优点,但它要得到更进一步发展,必然会回归到利用人工语言的控制原理和方法上来,与人工语言结合;三是在情报检索计算机化的当今时代,人工语言也必须走向自动化,必须进行改革,主动与自然语言结合,实现自然语言化。

张琪玉一直认为:自然语言检索系统与情报检索语言系统并不是决然对立的,它们各有长处和短处,可以并行发展,可以互相结合,互相补充[32]。并提出了"既然两者各有优点而不可能互相取代,为什么不可以使两者结合或融合呢?"的观点[33]。他认为:在当今的客观条件下,情报检索语言的自然语言化,自然语言的情报检索语言化,是两者发展的大趋势,是两者结合的大方向,它们必然会朝着从两者的初步结合到完全融合的方向发展。

未来的检索语言将既是情报检索语言,但不是现今的情报检索语言模式;它既是自然语言,但也不是现今的自然语言检索模式;它既具有自然语言的优点而优于现今的情报检索语言,又具有情报检索语言的优点而优于现今的自然语言[34]。这种新型的情报检索语言模式,在两者没有完全结合或融合之前,张琪玉认为将以下列三种方式并存:第一种方式是两者并用;第二种方式是人工语言增加自然语言成分或自然语言增加人工语言成分;第三种方式是两者的对应转换[35]。

自然语言检索要想获得较高的检索效率,得到人们的认可和认同,成为一流的语言工具。走向控制与规范是前提,实现与人工语言对应转换是关键,采用后控制词表、自然语言接口等方法措施是基础,突破自动抽词标引瓶颈是重中之重。

参考文献:

[1][10] 张琪玉.自然语言在情报检索中应用[J].情报理论与实践,1996(3).

[2] 张琪玉.论情报检索语言的研究、创制与普及[J].图书情报知识,1983(4).

[3] 张琪玉.世纪之交中国情报语言学发展之路[J].图书馆杂志,1997(增刊).

[4][6-8][13][32][34] 张琪玉.张琪玉与情报语言学学科建设[G]//.张琪玉.张琪玉情报语言学文集.北京:北京图书馆出版社(今国家图书馆出版社),1999.

[5] 张琪玉.关于自然语言检索问题[J].图书馆论坛,2004(6).

[9][31][33] 张琪玉.情报语言学基础[M].增订二版.武汉:武汉大学出版社,1997.

[11] 张琪玉.情报语言学的若干研究心得和收获——张琪玉学术思想自述[J].图书情报工作,2009(20).

[12] 张琪玉.情报检索语言的发展趋势(与吴建中的对话)[J].图书馆杂志,1996(4).

[14-15] 张琪玉.自然语言检索中各种因素对检索效率的影响[J].情报理论与实践,1997(5).

[16] 张琪玉.论自由标引[J].图书馆学刊,1995(5).

[17-18] 张琪玉.论后控制词表[J].图书情报工作,1994(1).

[19] 张琪玉.汉语关键词法探索[J].图书馆论坛,1993(1).

[20] 张琪玉.人—机结合的题内关键词索引可回避汉语分词难题[J].图书馆杂志,1993(4).

[21] 张琪玉.汉语题内关键词索引的一种编制方法[J].图书馆理论与实践,1998(1).

[22] 张琪玉.汉语题内关键词索引的另一种编制方法[J].图书馆理论与实践,1998(4).

[23] 张琪玉.汉语题内关键词索引的第三种编制方法[J].图书馆杂志,1999(11).

[24] 张琪玉.改造题名的汉语题内关键词索引数据库[J].图书馆理论与实践,2003(3).

[25] 张琪玉.缺乏抽词词典是自动抽词标引难以普及的主要原因[J].图书与情报,1998(2).

[26] 张琪玉.自动抽词与自动分词[J].图书馆杂志,2002(3).

[27] 张琪玉.积极为自然语言与情报检索语言的结合创造条件——建议大量编制自然语言词表(上)[J].图书馆杂志,1999(9).

[28] 张琪玉.积极为自然语言与情报检索语言的结合创造条件——建议大量编制自然语言词表(下)[J].图书馆杂志,1999(10).

[29] 张琪玉.自然语言接口的对应词表[J].图书馆理论与实践,2003(2).

[30] 张琪玉.我国情报语言20年来的进步与向21世纪前进的目标[J].图书馆,1999(4).

[35] 张琪玉.情报检索语言走向自动化之路与《中图法》发展新目标[J].北京图书馆馆刊,1996(1).

张琪玉教授对中国索引学会和中国索引事业的贡献

郭丽芳(复旦大学图书馆)
温国强(中国索引学会秘书处)

摘　要:张琪玉教授是当代著名的图书馆学家和情报语言学家。他认为,索引是使用情报检索语言及其原理和方法编制的一个检索系统。自20世纪90年代起,他积极投身于中国索引学会活动和中国索引事业发展中。本文从他创立中国索引学会,创办《中国索引》杂志,推动中国索引事业标准化进程,指明中国索引学会转型与发展之路,倡导索引走向社会、走向大众、走向生活,重视各类型索引知识和技术的研究与实践等方面阐述张教授对中国索引学会和中国索引事业的贡献。

关键词:张琪玉;中国索引学会;中国索引事业;索引;贡献

众所周知,张琪玉教授是当代著名的图书馆学家和情报语言学家。他在图书馆学、情报语言学取得巨大成就的同时,将研究延伸到索引学领域并同样取得了丰硕的成果,极大地推动了我国当代索引学的发展[1]。

张教授认为,索引与情报语言关系密切,索引是作为情报语言学主要研究对象的情报检索语言的两个主要应用领域之一,是使用情报检索语言及其原理和方法编制的一个检索系统[2]。因此,早在20世纪60年代,张教授就关注到索引问题,发表了《新型文献索引》等相关论文,并于20世纪80年代在武汉大学图书情报学院给研究生开设了"索引法"课程[3]。

自1991年中国索引学会成立以来,张教授就积极投身到中国索引学会活动和中国索引事业发展中来。他与葛永庆、潘树广、王明根、朱天俊、冷福志、陈光祚、罗友松、林仲湘等人共同创立中国索引学会[4],历任副理事长、学术顾问;创办《中国索引》杂志,历任主编、名誉主编;指导国标《GB/T 22466—2008 索引编制规则(总则)》的制定,推动中国索引事业标准化进程;提出"现代的索引就是数据库"的重要论断,指明中国索引学会转型与发展之路;倡导索引走向社会、走向大众、走向生活,推动中国索引学会网站的创建;注重微观研究,重视各类型索引知识和技术的应用与实践。有鉴于此,本文拟从以上六个方面阐述张琪玉教授对中国索引学会和中国索引事业的贡献。

一、创立中国索引学会,提高学会学术水平

1. 主持学会学术会议并多次做大会主旨报告

中国索引学会于1991年12月24日由葛永庆等人在上海发起成立。早在中国索引学会前身中国索引学社于1989年9月成立起,张教授就给予了热切的关心和指导[5]。参与中

国索引学会创立后，张教授担任了第一、二、三届理事会副理事长，以极大的热情投身到学会各项活动中来。如，学会成立一年后即于1992年12月8—10日在上海顺利召开了首届年会，张教授时任空军政治学院档案系主任，于百忙中抽出时间出席大会并主持了学术报告交流会议。此后，张教授多次主持年会开幕式、专题学术报告会等，并做大会主旨报告。

张教授还多次带头撰写学术论文并亲自参加会议交流，从而大大提高了会议的学术水平。如，曾撰写《推广文献索引计算机编制法是促进我国索引事业发展的一项重要措施》《关于我国实施索引员资格认证和专业培训的思考》《索引事业繁荣的标志》等文并参加第一次、第三次、第四次全国会员代表大会期间的学术研讨会；论文《报纸文献是一种极为丰富而未被充分开发的信息源——关于发展报纸文献索引和数据库的思考》在1998年召开的"全国新闻数据库与报纸索引技术研讨会"上获一等奖[6]，论文《告别手工索引时代——一名中国索引学会会员的思考》在1999年召开的学会第四届年会暨学术研讨会上获得二等奖，论文《汉语题内关键词索引的第三种编制方法》同时获得优秀奖[7]。

2. 引领学会开展各种形式学术活动

学会成立伊始，张教授即作为学会学术权威，带领广大学会会员开展了各种形式的学术活动。张教授平时积极参加学会研究部、编纂部、培训部工作会议，配合学会各项工作开展，多次在学会学员培训班上讲授索引学理论、索引编纂方法以及索引编制技术等，并于1993年2月兼任学会研究部（学术研究委员会前身）主任，主持研究部工作，期间学会研究部提出了关于索引理论、索引历史、索引技术与方法等方面的30多项索引学研究课题，并于学会秘书处编制的《索引通讯》上公布，有力地促进和加强索引理论与实践的研究。

1998年5月7日，学会第二届第二次理事会议在上海召开，为加强学术领导全面组建学会机构，会议决定成立三个专业委员会：学术研究委员会、编译出版委员会、教育培训委员会，积极开展各项活动。张教授应邀担任学术研究委员会主任，在张教授的指导下，学术研究委员会下设索引计算机化研究第一分委员会（人工语言机编索引）、索引计算机化研究第二分委员会（自然语言机编索引）、报纸索引研究分委员会、年鉴方志索引分委员会、古籍索引研究分委员会等，以分委员会的形式全面、深入地开展各项专题学术研究活动。

3. 负责"全国索引成果展评会"工作

1993年5月，张教授发起并负责学会首届"全国索引成果展评会"工作。在张教授的领导下，历经工作组一年的筹备，首届"全国索引成果展评会"于1994年5月23日在上海图书馆揭幕。开幕式由张教授主持。这次展评会展出的内容包括书本式索引、电子索引——数据库、索引编制软件、索引专著四部分，通过这次展览可以看出我国索引工作者的观念正在进步，索引功能的完善、检索效率的提高以及索引使用方便性等日益受到重视，一些索引精心设计别出心裁，而且我国索引技术正在向现代化迈进，展品中有不少是机编索引，还有十余种计算机编制索引的软件进行现场演示，引起参观者的很大兴趣。展评会展出一周后顺利闭幕，会后经张教授等专家的评选，共评出3项特等奖、18项优秀成果奖和23项成果奖。这次展评会在我国索引史上尚属创举，引起了国内外新闻媒介的广泛关注，上海人民电台、《文汇报》《社会科学报》《情报资料工作》《图书馆杂志》《图书馆学百科全书》等先后做了报道，日本《亚洲太平洋地区图书出版杂志》、美国《索引家》、德国《索引》等期刊也做了专题报道[8]。

2005年10月26—28日中国索引学会年会在复旦大学召开,同期举办了第二次索引成果展,39家单位(个人)送展索引作品近百件,展示了世纪之交我国索引事业取得的丰硕成果,这同样凝聚着张教授的心血。

二、创办《中国索引》杂志,制定办刊方针

1. 主持会刊《中国索引》

为加强学术交流,提高索引工作水平,推动索引事业发展,中国索引学会决定主办会刊《中国索引》,并将其定为季刊。2000年年初,张教授主持的学术研究委员会即开始着手筹划会刊出版工作,并将此列为学会2000年工作计划。2001年,张教授与葛永庆、张贤俭等在上海多次召开座谈会,或商谈筹办会刊出版事宜,或在沪高校、社科院和上海市高校图工委等有关负责人范围内征询办刊意见,争取各方力量的支持。

2002年9月,上海市新闻出版局召开全市内刊清理会议,学会常务副理事长葛永庆于会后与该局商谈出版会刊事宜并获准用《中国索引》作为刊名出版[9]。张教授于2002年10月撰写了会刊发刊词,在学会编辑的《索引通讯》2002年总第24期上刊出。2002年12月,张教授还亲自拟定"索引与数据库论坛""索引史话与史料""中国索引学会之页"等20条会刊栏目[10],很多栏目沿用至今,非常具有前瞻性。

张教授在《振兴索引学术研究,根本在于拓宽研究领域》一文中指出:学会在专业刊物《中国索引》创办之时,仔细研究了办刊方针,确定该刊"围绕文献、信息和知识的检索(索引的主要功能就是检索功能)这个核心,全方位地刊登相关的文章和资料""不囿于传统索引,而且更着重于文献数据库""对传统索引与检索工具、文献数据库与计算机检索系统、网络信息检索工具(俗称搜索引擎)"以及其他相关文章"均所欢迎"的方针。也就是说,拓宽索引学术研究领域既是办刊方针,也是振兴学会学术研究活动的根本方向。学会将循着这个方向开展活动,希望全体会员能振奋精神,放开视野,积极参与索引学术研究,推动我国索引事业更快进步[11]。

2003年3月31日,中国索引学会会刊《中国索引》创刊号出版。张教授被学会聘为《中国索引》主编,直至2005年6月底因健康原因辞去会刊主编职务,转任名誉主编至今。

2. 关心和支持《中国索引》的生存与发展

无论是在担任主编期间,还是担任名誉主编期间,张教授都非常关心和支持会刊《中国索引》的生存与发展。《中国索引》是学会主办的一本专业性很强的学术期刊,但由于是内刊,长期稿源较为匮乏。为了保证《中国索引》发文的学术质量,张教授担任主编期间坚持每期审稿都要召开编辑部会议,认真审议来稿并提出修改建议,深入研究读者反馈意见以进一步提高办刊水平。

同时,张教授采取主动向国内外索引专家多渠道地约稿、组稿等方式来拓展稿源,甚至亲自动笔为会刊撰写稿件。截至2014年6月,张教授在《中国索引》上共发表论文56篇,其中为"索引与数据库漫笔"栏目分期连载文章36篇,坚持了整整9年。"这种长时间专注索引学研究、高密度发表深入研究的索引学论文的情形,张教授很可能是我国第一人"[12]。

十余年来,《中国索引》在图书情报领域得到承认,并取得重大发展。在2012年11月举行的中国图书馆学会第七届全国图书馆学期刊评比中被评为表彰期刊,实属不易。目前,全国图书馆学期刊共有60种,其中内刊29种,这是第一次有3种内刊获表彰[13]。

三、推动中国索引事业标准化进程

在索引品种日益呈现多样化、传统索引正在快速向数据库转化的时代大背景下,为提高中文索引和数据库的编制质量,促进知识和信息的快捷检索和有效利用,张教授以及葛永庆、侯汉清、黄秀文、张贤俭等索引专家多次呼吁制定中国索引标准,与国际索引标准接轨。张教授不仅较早地提出了中国索引标准的基本框架,而且在制定《GB/T 22466—2008 索引编制规则(总则)》的过程中实际担当了总顾问的角色。

2005年年初,张教授发表了《四种索引标准综述》一文,介绍国际上较为成功的四种索引标准,即国际索引标准草案、中国台湾索引标准、美国国家索引标准和英国国家索引标准,比较分析了各种索引标准的特色,并提出了适合中国国情的完整的索引标准体系[14]。在此基础上,中国索引学会于2005年下半年提出了制定《索引编制规则(总则)》的建议。该建议迅速得到了国家标准化管理委员会的批准,当年正式启动了制定中国索引标准《索引编制规则(总则)》的项目。在《索引编制规则(总则)》起草过程中,多次征求并充分采纳吸收了张教授的评审意见和修改建议。《索引编制规则(总则)》(草稿)如期完成后,由项目负责人侯汉清教授统一审校、合成,于2006年6月寄送给张教授等学会领导审阅。在吸纳了张琪玉教授等一批专家意见的基础上,起草小组做了全面的审视和修改,最终完成了中国索引标准《索引编制规则(总则)》(送审稿)的修订工作。为了确保送审稿的质量,修订稿在提交前又再次征求了张琪玉教授的意见,这些宝贵的修改建议被充分采纳吸收到了《索引编制规则(总则)》(送审稿)中。2007年12月14日,中国国家标准《GB/T 22466—2008 索引编制规则(总则)》顺利通过了文献标准委员会组织的"国家标准审查委员会"审议,于2009年2月10日颁布,并定于4月1日起实施。《光明日报》《解放日报》《文汇报》、英国《索引家》杂志等报刊相继做了报道[15]。张琪玉教授等老一辈索引工作者的夙愿终于得以实现。

四、指明中国索引学会转型与发展之路

1. 提出"现代的索引就是数据库"的重要论断

张教授认为,索引工作现代化的实质就是索引编制和使用的计算机化。用计算机编制索引是索引技术发展的高级阶段。用计算机生产的索引产品有多种载体形式,其中以数据库(数字化索引)和印刷型索引为多见。特别是数据库,由于有许多无与伦比的特点,因而发展迅速,数量已远远超过了印刷型索引。传统索引已部分被网上文献数据库取代,纷纷上网的文献数据库正在占据索引事业的主要地位,是索引事业现代化的标志和成果,从其收录规模和检索功能看,已远远超过传统索引而成为我国索引事业的主要部分[16]。

因此,在张教授看来,数据库在检索功能上相当于一个传统的索引体系。数据库包含许

多字段,一部分字段相当于文献款目的各种著录事项,另一部分字段相当于文献的各种检索标识项(如分类号、主题词、题名、著者等)。后者一般是每一字段生成一个索引,通过索引对数据库进行检索。所以,一个含有分类号、主题词、题名、著者字段的数据库相当于分类索引、主题索引、题名索引、著者索引四套卡片式索引,或相当于一种按详细分类排列正文并附有主题、题名、著者三种索引功能的检索工具[17]。更重要的是,由于计算机所具有的强大的运算能力,使得高效率的引文检索以及文献之间的跨越式检索得以实现,数据库对文献或知识的发现功能得到了极大的发挥。因此,与传统索引系统相比,数据库是索引系统发展过程中更为高级、更为先进的形式。正是基于以上认识,张琪玉教授早在 2001 年就提出了"现代的索引就是数据库,现代的索引工作者就是数据库建造者"的著名论断[18],极具远见卓识。

2. 启动中国索引学会战略转型

随着"现代的索引就是数据库"思想的广泛传播,学会内部逐渐形成了必须实现学会战略转型、跟上现代化步伐的共识。为此,在 2013 年 6 月举行的"常务理事会工作会议"上,学会做出了"中国索引学会"更名为"中国索引与数据库学会"的决定,并于 7 月向业务主管单位中共中央编译局递交了学会申请更名为"中国索引与数据库学会"的报告。9 月 4 日,学会收到了中共中央编译局《关于同意中国索引学会变更名称的函》,学会更名申请获得主管单位中共中央编译局的批准。11 月 2 日,学会更名为"中国索引与数据库学会"的决议在中国索引学会第四次全国会员代表大会上通过。目前,学会正在等待民政部民间组织管理局的批复。不管更名申请是否能获批,学会战略转型的方向已经明确。

会员是学会的立会之本。目前,北京同方知网、北京万方数据、北京世纪超星、重庆维普资讯、上海图书馆《全国报刊索引》、中国电信集团号百公司等一批实力雄厚的数据库公司已先后加入中国索引学会成为单位会员,数据库与网络信息检索机构已经成为中国索引学会和中国索引事业发展中一支新生力量。张教授相信,积极推动学会转型,顺应了当前中国索引事业的发展趋势,必将有利于引导广大索引与数据库工作者高度关注现代索引技术与方法,有利于我国索引事业的现代化建设。

五、倡导索引走向社会、走向大众、走向生活

在 2004 年中国索引学会学术年会上,张琪玉教授提出了"让索引走向社会、走向大众、走向生活"的行动目标。他在大会学术报告《索引要走向社会》中提到,索引是利用知识与信息不可缺少的工具,是对浩如烟海的知识和信息进行浓缩式的、提纲挈领式的纪录和系统组织,可以大大提高检索效果,还能进行文献普查、发明查新、科学和文献计量、研究文化学术历史、调查和核实某人或某机构的学术成果、指导阅读等。同时,索引与人们工作和生活的关系十分密切,索引原理具有广泛适用性,如藏品索引、仓库索引、商店商品索引、户籍索引、员工索引、学生索引、电话索引(电话号簿)、地址索引、邮编索引、公交路线索引、街道索引、商店索引、景点索引、动物园里的动物索引、植物园里的植物索引等[19]。

张教授还在促进索引走向社会、走向大众、走向生活方面做了大量实际工作:

(1)在会刊《中国索引》上发表了一系列相关专题文章,包括《索引服务是中国索引学会

走向社会的主要道路》[20]《推广实用性较大的文献索引与数据库》[21]《关于我国实施索引员资格认证和专业培训的思考》[22]《索引员署名的意义》[23]等讨论索引应用于社会生活问题的文章;《论索引的两大基本类型》[24]《索引的结构》[25]《20 世纪 20 ~30 年代我国的索引运动:回顾与启示》[26]等许多普及索引学知识的文章;《关于图书内容索引的稿酬》[27]等探讨索引应用于社会生活涉及市场经济问题的文章;《〈年鉴索引编纂问题及其解决方案〉一文的启示》[28]等倡导学会应鼓励会员开展索引服务活动的文章。

(2)积极推动中国索引学会网站(http://www. cnindex. fudan. edu. cn)的创建,力促学会通过网络为社会进行索引服务,促进我国索引事业的发展。张教授担任《中国索引》主编期间,编辑部同时负责中国索引学会网站的筹划、建设和维护工作。在张教授的指导下,从 2003 年会刊编辑部成立开始筹备,经过近一年的努力,中国索引学会网站于 2004 年 11 月成功开通,并正式投入运行。学会网站设有“学会简介”“学会工作”“学会刊物”“会员”“索引与数据库”“国际交往”等栏目,主页设计简洁明了,一直沿用至今,已有 130 万余人次访问量[29]。从各种反馈信息来看,该网站达到了服务会员、服务社会、向世界展示中国索引学会风采的目的。

六、重视各类型索引知识和技术的研究与实践

张教授既有宏观视野,也注重微观研究。在索引领域中,他对中国索引学会工作和中国索引事业做了不少宏观指导,提出了许多全局性的战略建议,同时,也十分重视对各类型索引知识和技术的应用和实践,以及对具体索引品种进行深入细致的评析,以期提高索引系统的检索效率。张教授对专题、图书、期刊、报纸、工具书、古籍、少儿读物、笔记和日记、引文、群书、虚拟文集等的索引都有不同程度的研究、实践和探索,这里重点讨论张教授对图书内容索引、期刊索引、报纸与新闻索引以及工具书索引等的研究与实践。

1. 图书内容索引

图书内容索引又称专著索引,一般置于书后,作为原书的一个组成部分随书出版,故习称为“书后索引”或“书末索引”。在张教授看来,图书内容索引以一书所讨论的各个局部主题和所涉及的具有信息价值的各种主题因素(如人物、机构、地区、事件、生物、矿物、产品、设备、工艺、方法、公式、数据、著作等)为索引对象,可比图书章节目录更深入地提示图书内容,并向读者提供与该书章节目录系统不同的内容查检途径。图书内容索引的主要功用是大大加快查检图书中某一特定内容所在位置的速度,并减少查检中的遗漏,从而成百倍地节约时间。这种索引对于充分发挥被索引图书的学术价值和实用价值,提高该书的品位具有重要意义[30]。国外正式出版的图书,一般都附有内容索引,而我国图书一般缺乏内容索引。为此,1997 年 12 月,张教授等曾以中国索引学会名义致函中国图书奖评奖委员会,呼吁学术界、出版界重视索引,并建议将图书内容索引作为衡量参加评奖的学术著作质量的重要标准之一。

张教授不但研究探讨图书内容索引的概念、意义和编制方法,还身体力行地亲自给自己的著作编制图书内容索引。如,张教授编著的《图书内容索引编制法——写作和编辑参考手册》,系统、全面地介绍了图书内容索引的基本知识和结构,图书内容索引的编制过程、编制

方法和标引方法，以及人名、机构名、地名、事件名等各种索引的编制法要点，并列举了大量的典型实例，书后还附有本书内容索引的两个方案：简约方案和周详方案。两个方案的标引深度基本相同，但繁简程度不同，检索功能自然也有差异。简约方案可节约篇幅，但检索效率较低；周详方案篇幅较大但检索效率较高。两个方案优缺点正好相反，各适于不同的需要和具体条件，可作为比较、研究的实例供制订索引设计方案参考[31]。张教授的其他学术著作如《张琪玉索引学文集》书后也列有亲自编制的内容索引[32]。

2. 期刊索引

张教授认为，期刊与期刊论文索引，两者是不可分割的。期刊资源离开了索引，将无法利用；期刊论文索引离开了期刊资源，也将无利用价值[33]。在国外，较为正规的刊物都会在期刊出版满一年或一卷，在最后一期附上一个年度索引或卷索引。我国期刊提供这种年度索引的也日渐增多，但普遍存在索引品种单一和索引编制方法不科学等质量问题。编制期刊年度索引较好的方法，是采用自由标引法编制主题索引，可再加一个著者索引[34]。

因此，张教授自创办《中国索引》杂志并担任主编以来，一直要求编辑部在编辑年度索引时提供主题索引和著者索引，十多年来一直坚持至今。针对国内期刊年度索引的落后状况，张教授呼吁图书情报界有责任改进，图书情报专业期刊应率先改进树立榜样。为此，2004 年 9 月 9 日，张教授以会刊编辑部的名义向各图书情报学期刊编辑部发出了《关于改进图书馆学情报学期刊年度索引的倡议》[35]。

3. 报纸与新闻索引

报纸文献指报纸上登载的消息、文章、广告等一切文字和图像资料，是非常重要的信息源，具有特殊的参考价值和史料价值。索引和数据库是开发报纸文献信息源的主要手段，有鉴于当时有关的索引和数据库还很少，报纸文献信息资源远远没有得到充分开发利用。因此，张教授建议建立一整套特殊的著录规则和标引规则，采用自然语言标引的自由标引法来标引报纸文献，建立报纸文献数据库[36]。

张教授认为，报纸数据库建设和索引编纂如何能满足读者检索需要，是一项亟待解决的重要课题。在张教授的倡导下，1998 年 10 月 20—25 日，中国索引学会与《人民日报》《解放军报》在安徽省黄山市联合举办了“全国新闻数据库与报纸索引技术研讨会”。各地报社、电台、电视台以及图书情报和科研单位等近 70 位代表出席。会议收到论文 39 篇（其中 5 篇是数据库成果），共评选出一等奖 7 个、二等奖 18 个、三等奖 14 个。会后，《人民日报》《解放军报》《新华日报》、中央人民电台以及黄山电视台等均对该研讨会做了及时报道，在社会上引起较大反响，推进了我国报纸数据库建设与新闻索引编纂事业的发展。

4. 工具书索引

工具书的便于查考功能，是它不同于其他类型图书的最主要之处。特别是多数工具书具有多种潜在功能，需要深入分析每种工具书的各种功能，才能充分利用这些工具书。因此，张教授提出编制“工具书之工具书”的设想，即把每一部工具书的全部功能，包括各种显见功能和潜在功能都分析、挖掘出来，采用主题法对每种功能予以标引，编成“工具书功能索引”[37]。

有鉴于此，在张教授的提议下，1993 年 3 月 20 日，中国索引学会向国家新闻出版署提出了“关于请规定新出版工具书、学术著作、资料性图书必须附书后索引的建议”，该建议引起了有关部门的重视。如 1997 年 5 月 8 日，中国地方志指导小组下发了《关于地方志编纂工作的规定》，第三章第十六条明确规定“全书要附有索引”，这项条文是首次用法规形式对方志索引做出的规定性要求。2008 年 9 月 16 日，中国地方志指导小组制定了《关于地方志书质量的规定》，第三章第十一条列出了“述、记、志、传、图、表、录、索引”八体，至此索引成为新编地方志不可或缺的有机组成部分[38]。鉴于近年发布的地方志纂修有关法令、法规并未对索引如何编制做出具体技术规范，2014 年上半年，中国索引学会向全国信息与文献标准化技术委员会提交了“关于我会组织起草《地方志索引编制规则》的建议”。建议书将《地方志索引编制规则》列为《GB/T 22466—2008 索引编制规则（总则）》的细则之一。相信在张琪玉教授的指导下，制定《地方志索引编制规则》的任务一定能够圆满完成。

综上所述，在中国当代索引事业发展史上，张琪玉教授是中国索引学会的创立者、《中国索引》杂志的创办者、中国索引标准化的倡导者、中国索引事业发展的指导者、索引服务社会的传播者、索引知识技术的研究者和实践者。张教授对中国索引学会和中国索引事业的重要贡献很值得我们后来者研究和学习，他对索引事业孜孜不倦的探索精神，启迪我们索引界的同人，只有脚踏实地的用心投入索引工作和研究，才能真正有所成就。

参考文献：

[1][3][12] 曹树金，姚瑶. 中国当代索引学的精髓——张琪玉教授的索引学思想研究[J]. 图书馆论坛，2009(6).

[2] 张琪玉. 索引工作者需要懂一点情报语言学[J]. 中国索引，2008(3).

[4] 葛永庆. 在 2011 年中国索引学会年会暨成立 20 周年庆典大会上的讲话[J]. 中国索引，2011.

[5] 葛永庆. 关于筹组“中国索引学社”的回忆[J]. 中国索引，2005(3).

[6-7][9] 中国索引学会秘书处. 中国索引学会成立 20 周年大事记：1991—2011(二)[J]. 中国索引，2012.

[8] 中国索引学会秘书处. 中国索引学会成立 20 周年大事记：1991—2011(一)[J]. 中国索引，2011.

[10] 张琪玉.《中国索引》栏目[G]//张琪玉索引学文集. 北京：国家图书馆出版社，2009.

[11] 张琪玉. 振兴索引学术研究，根本在于拓宽研究领域[J]. 中国索引，2003(2).

[13] 中国索引学会秘书处.《中国索引》获第七届全国图书馆学表彰期刊奖[J]. 中国索引，2012(4).

[14]《中国索引》编辑部. 四种索引标准综述[J]. 中国索引，2005(1).

[15] 中国索引学会秘书处. 中国索引学会成立 20 周年大事记：1991—2011(三)[J]. 中国索引，2012(2).

[16] 张琪玉. 中国索引事业：当前格局与问题[J]. 中国索引，2005(4).

[17-18] 张琪玉. 现代的索引就是数据库[J]. 图书馆杂志，2001(12).

[19] 张琪玉. 索引要走向社会[C]//2004 年度中国索引学会年会暨学术讨论会论文集. 上海：中国索引学会，2004.

[20] 张琪玉. 索引服务是中国索引学会走向社会的主要道路[G]//张琪玉索引学文集. 北京：国家图书馆出版社，2009：34-35.

[21]《中国索引》编辑部. 推广实用性较大的文献索引与数据库[J]. 中国索引，2004(2).

[22] 张琪玉. 关于我国实施索引员资格认证和专业培训的思考[J]. 中国索引，2009(1).

[23] 张琪玉. 索引员署名的意义[J]. 中国索引，2006(2).

[24] 张琪玉. 论索引的两大基本类型[J]. 中国索引，2006(3).

[25] 张琪玉. 索引的结构[J]. 图书馆学刊，2002(1).

[26] 余晖.20 世纪 20～30 年代我国的索引运动:回顾与启示[J].中国索引,2004(3).
[27] 张琪玉.关于图书内容索引的稿酬[J].中国索引,2008(1).
[28]《中国索引》编辑部.《年鉴索引编纂问题及其解决方案》一文的启示[J].中国索引,2003.
[29] 中国索引学会.中国索引学会网站首页[EB/OL].[2014－06－20].http://www.cnindex.fudan.edu.cn/.
[30－31] 张琪玉.图书内容索引编制法——写作和编辑参考手册[M].北京:化学工业出版社,2007.
[32] 张琪玉.内容索引[G]//张琪玉索引学文集.北京:国家图书馆出版社,2009.
[33] 张琪玉.索引与期刊[J].中国索引,2005(3).
[34] 张琪玉.期刊年度索引亟须改进[J].图书馆理论与实践,2003(6).
[35]《中国索引》编辑部.关于改进图书馆学情报学期刊年度索引的倡议[J].中国索引,2004(3).
[36] 张琪玉.报纸文献是一种极为丰富而未被充分开发的信息源——关于发展报纸文献索引和数据库的思考[J].图书馆杂志,1999(2).
[37] 张琪玉.工具书功能索引——关于编制“工具书之工具书”的设想[J].图书馆杂志,1992(2).
[38] 衡中青.制订《新编地方志索引标准》的可行性分析及技术性建议[J].中国索引,2010(4).

情报检索语言在临床信息系统和放射医疗信息交流中的应用

洪 漪(美国医学信息分析有限公司)

摘 要:情报检索语言在医疗信息交换和管理中位于数据处理的核心地位,是医疗数据库和信息系统的语言保障,对医疗信息管理的规范化起着举足轻重的作用。本文通过作者的实际工作经验简要介绍了情报检索语言在临床信息系统和放射医疗信息交流中的应用,并着重介绍国际通用的医疗信息检索语言在国外的应用情况。

关键词:情报检索语言;医疗信息管理;临床信息系统;电子病历;放射医疗信息

一、前言

早在武汉大学读本科时我就选修了张琪玉教授主讲的情报检索语言课程,继而考上张老师的研究生,毕业后留校任教,在张老师和曾蕾师姐先后离开武大后接过检索语言的教鞭,一教就是11年。1998年赴美在威斯康星大学信息研究学院拿到硕士学位后,凭借在武大师从张琪玉老师时打下的检索语言研究和教学功底顺利获得威斯康星医学院的全职工作,然后在职攻读医疗信息学的博士学位。经过7年的寒窗苦读总算完成学业,获得来之不易的博士学位后继续从事与检索语言相关的实际工作,可以说30年来从未离开过情报检索语言领域。如果说我从小学到博士断断续续长达20余年的求学生涯中得到了此生受益不尽的知识财富,那么从情报检索语言的专业学习和工作经验中获得的则是实实在在的安身立命的本领,使得我在异国他乡得以安居乐业。张琪玉老师的言传身教及其严谨的治学态度、忘我的工作精神、理论与实际相结合的研究方法对我的职业发展影响至深,借此机会对恩师表示由衷的敬意和最真诚的感谢!

张琪玉先生所创建的情报语言学理论体系的前瞻性和国际性使其紧跟时代的步伐,与世界情报检索语言的研究和发展接轨,并在很多领域处于领先地位。比如说张老师一再强调从检索效率的角度研究信息的组织和管理,主张采用自然语言和受控语言相结合的方式以适应计算机检索发展的要求,这在当前互联网的海量信息和大数据环境下具有重要的指导意义。我30年前学的分类主题一体化的原理和方法还在当前的实际工作中经常运用,从检索语言的学习和研究中逐渐形成的严密逻辑及系统化的思维方式使我受益匪浅,在数据模型的构建、数据库管理以及规范化术语服务的工作实践中如鱼得水。在国外的这些年尽管没有专门进行情报检索语言的学术研究,但一直有意识地将检索语言应用在实际工作中,下面就简要介绍一下情报检索语言在临床医疗信息管理中的应用,由于对国内的情况不太了解,此文着重介绍国外的应用情况。

随着信息技术的不断进步和互联网的普及以及各种现代化医疗卫生技术的发展,医疗信息管理的数字化越来越受到重视。以临床医疗信息为核心的电子病历(EMR)的研发应用成为医疗信息化建设的重要组成部分,情报检索语言在医疗信息管理中的应用越来越广泛,在电子病历系统、计算机化医嘱管理系统、重症监护系统、决策支持系统、医学实验和临床检测系统、疾病监测系统、医疗影像系统以及医院数字化管理等系统中起着语言保障的作用,是沟通各个医疗信息管理系统的桥梁,其中在以电子病历为核心的临床医疗信息系统中的应用最为普及。

二、国际通用的医疗信息管理标准

医疗信息管理中所涉及的国际通用的标准和规范可以划分为四个层次(见表1):第一层是医疗信息系统集成架构规范,对医疗信息系统模块及数据处理流程进行统一定义,描述了几个系统间沟通交互的基本机制,如 IHE(Integrating the Healthcare Enterprise);第二层是医疗数据交换格式标准,对医疗信息和数据交换格式进行定义,如 HL7(Health Level Seven International)和 DICOM(Digital Imaging and Communications in Medicine);第三层是医疗数据文档结构标准,对数据文档结构进行统一定义,描述每一条数据的属性和结构模型,如 CDA(Clinical Document Architecture);第四层是医疗信息检索语言规范,对医疗术语本身进行规范化的语义描述,如关于某种疾病的分类代码或者关于患者症状的术语描述[1]。CDA 结构化文档和 HL7 信息交换中采用的规范术语和代码就来自于标准化的医疗信息检索语言。

表1　医疗信息管理中所涉及的国际通用的技术标准和规范的层次

层　次	类　型	描　述	实　例
1	医疗信息系统集成架构规范	对医疗信息系统主要模块、功能、数据处理流程的规范	IHE
2	医疗数据交换格式标准	对医疗信息系统间数据交换格式的规范	HL7,DICOM
3	医疗数据文档结构标准	对医疗数据模型、数据属性、文档结构的规范	HL7 RIM,CDA 和 C-CDA
4	医疗信息检索语言规范	对医疗信息检索语言及医疗术语的规范	ICD,SNOMED,LOINC,UMLS 等

1. IHE

IHE 在医疗环境中为信息系统的集成定义了一个共同的技术框架,用于系统中医疗信息的交互和传递。IHE 强调的是数据的传输而不是数据的格式或系统的结构,该集成系统的医疗信息管理和传递是在标准化的医疗数据交换格式和临床信息文本结构的支持下完成的。目前国际上包括美国、加拿大、英国、法国、德国、澳大利亚、日本、中国等在内的 17 个国家成立了 IHE 协调委员会,负责 IHE 的测试、培训、推广以及与当地医疗卫生机构的协作。

2. HL7

HL7 是医疗信息系统间数据传输的重要标准，包括患者信息管理、各类医疗保健服务（手术、检查、化验、用药等）、医嘱、财务、检验、日程计划、医保报销等方面的数据交换格式，几乎涵盖了医疗信息管理的所有方面。目前，90% 以上的美国医院都在使用 HL7 标准，包括加拿大、澳大利亚、德国、荷兰和日本在内的许多其他国家也采用了 HL7，我国部分医院也已使用这些标准。HL7 China 于 2006 年 5 月成立，是 HL7 组织的国际会员之一，是唯一代表中国参与“HL7 International”活动的成员。

3. DICOM

DICOM 是医疗影像信息学领域的国际通用标准，包含医疗数字图像的采集、归档、传输及查询等方面，提供了应用于网络环境的影像信息服务支持。DICOM 中国小组于 2007 年成为 DICOM 国际标准委员会会员。DICOM 标准的最新版本可以在网上（http://medical.nema.org/standard.html）免费获取。

4. CDA

CDA 是在 HL7 的 RIM（Reference Information Model）模型的基础上形成的世界通用临床医疗信息文档结构标准，CDA 第二版已被 ISO 采用，成为世界通用的标准。CDA 的集成版 C-CDA 将分散各处不同来源的文档结构标准集中在一起，形成了一个统一的开发应用指南，是基于信息共享的集成医疗信息系统的基础性标准。

三、国际通用的医疗信息检索语言

图 1 列举了一些国际通用的医疗信息检索语言，本文着重介绍其中在临床医疗信息系统中应用最为广泛的几个医疗术语系统。

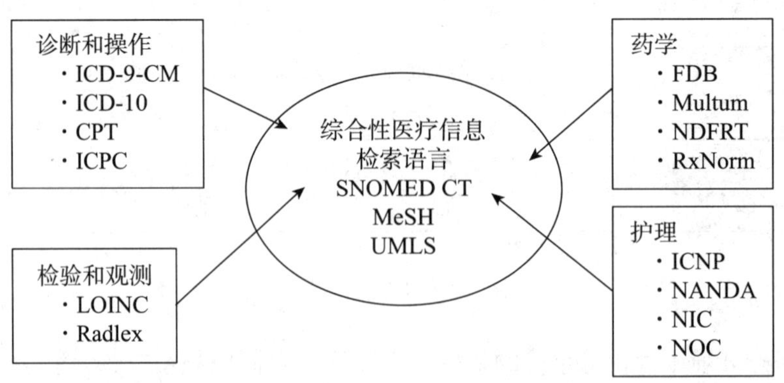

图 1　国际通用的医疗信息检索语言

1. 国际疾病分类法（ICD）

ICD 的英文全称是 International Classification of Diseases，是 WHO 制定的国际统一的疾

病分类法，它根据疾病的病因、病理、临床表现和解剖位置等特性，将疾病分门别类，使其成为一个有序的组合，并用编码的方法来表示。世界通用的是第 10 次修订本，统称为 ICD-10，美国医疗卫生机构通用的是第 9 次修订本的临床版 ICD-9-CM，要求 2015 年 10 月 1 日起全部转用 ICD-10-CM。基于长期采用 ICD-9-M 的现有系统的转换需要，一段时间内，仍处于 ICD-9-M 和 ICD-10-CM 两者并用阶段。ICD 除了用于病案分类编码以及医疗保险付费管理外，还可以用来建立患者信息库、电子病历、医院信息管理系统、病案统计信息管理系统、医生工作站，进行医学信息统计分析。表 2 展示了美国最新的 ICD-10-CM 临床版诊断编码类别（http://www. icd10data. com/ICD10CM/Codes）

表 2　ICD-10-CM Diagnos is Codes

• A00 – B99	Certain infectious and parasitic diseases
• C00 – D49	Neoplasms
• D50 – D89	Diseases of the blood and blood – forming organs and certain disorders involving the immune mechanism
• E00 – E89	Endocrine, nutritional and metabolic diseases
• F01 – F99	Mental, Behavioral and Neurodevelopmental disorders
• G00 – G99	Diseases of the nervous system
• H00 – H59	Diseases of the eye and adnexa
• H60 – H95	Diseases of the ear and mastoid process
• I00 – I99	Diseases of the circulatory system
• J00 – J99	Diseases of the respiratory system
• K00 – K95	Diseases of the digestive system
• L00 – L99	Diseases of the skin and subcutaneous tissue
• M00 – M99	Diseases of the musculoskeletal system and connective tissue
• N00 – N99	Diseases of the genitourinary system
• O00 – O9A	Pregnancy, childbirth and the puerperium
• P00 – P96	Certain conditions originating in the perinatal period
• Q00 – Q99	Congenital malformations, deformations and chromosomal abnormalities
• R00 – R99	Symptoms, signs and abnormal clinical and laboratory findings, not elsewhere classified
• S00 – T88	Injury, poisoning and certain other consequences of external causes
• V00 – Y99	External causes of morbidity
• Z00 – Z99	Factors influencing health status and contact with health services

2. 国际系统医疗术语——临床术语（SNOMED CT）

SNOMED CT 的英文全称为 Systematized Nomenclature of Medicine—Clinical Terms，是当前国际上广为使用的一种临床医疗术语标准，对于临床医疗信息的标准化和电子化起着十分重要的作用。SNOMED CT 的数据结构如图 2 所示[2]：

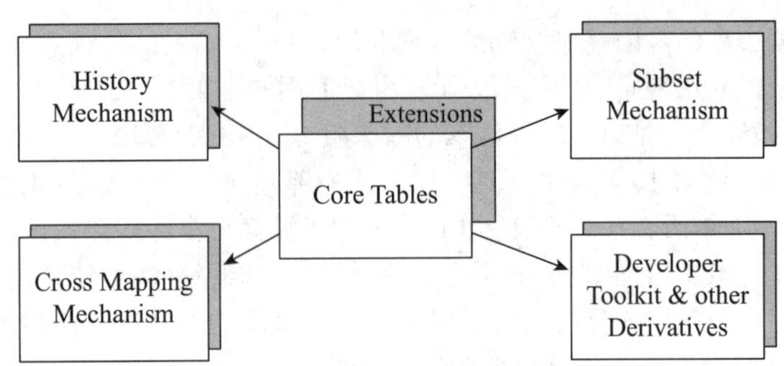

图 2　SNOMED CT 的数据结构

①核心表(Core Tables):核心表包括概念表、描述表与关系表。

②历史机制(History Mechanism):用于记录 SNOMED 术语的历史演变并将其应用程序升级到新发布的 SNOMED CT 版本。

③子集(Subset):定义 SNOMED CT 概念、描述或关系的较小集。

④交叉映射(Cross Mapping):将 SNOMED CT 映射到一个目标分类或编码方案,如 ICD – 9/ICD – 10。以便能够在某些特定目标或情况下,让 SNOMED CT 已被编码数据能够使用目标编码方案表达。

⑤扩展(Extensions):用来补充而不是代替术语核心内容,扩展内容与核心内容应能区分开来。如一个国家的药品扩展,包含所有的在特定国家都可用的药品概念。

⑥开发工具包和其他派生表(Developer Toolkits & Other Derivatives):开发工具包和派生表能够直接帮助开发者满足客户需求,如索引、导航树、同义词表等。

SNOMED CT 包含 30 多万条医学概念,所有概念通过一定的语义关联在一个层级结构中分类展示,同一个医学概念可能隶属多个类别。图 3 显示了“Headache(头痛)”这个概念在 SNOMED CT 层级机构的位置。

3. 观测标识符逻辑命名与编码系统(LOINC)

LOINC 的英文全称是 Logical Observation Identifiers Names and Codes,目前有 163 个国家采用 LOINC,中国也是其中之一。其最新版本是将于 2015 年 12 月 21 日发布的 LOINC 2. 54,包含 78 959 条术语。LOINC 数据库包括实验室和临床观测两部分,旨在促进医学实验和临床观测指标信息的交换与共享,其主要内容为 LOINC 代码和 LOINC 全称,LOINC 全称包括组件(Component)、属性种类(Kind of Property)、时间特征(Timing)、体系(System)、等级类型(Type of Scale)、方法(Method)六部分[3],如表 3 所示。

表 3　LOINC 代码和全称样例

LOINC 代码	LOINC 全称(component:property:timing:specimen:scale)
2951 – 2	SODIUM:SCNC:PT:SER/PLAS:QN
2164 – 2	CREATININE RENAL CLEARANCE:VRAT:24H:UR:QN
1514 – 9	GLUCOSE^2H POST 100 G GLUCOSE PO:MCNC:PT:SER/PLAS:QN
17863 – 2	CALCIUM. IONIZED:MCNC:PT:SER/PLAS:QN
2863 – 9	ALBUMIN:MCNC:PT:SNV:QN:ELECTROPHORESIS

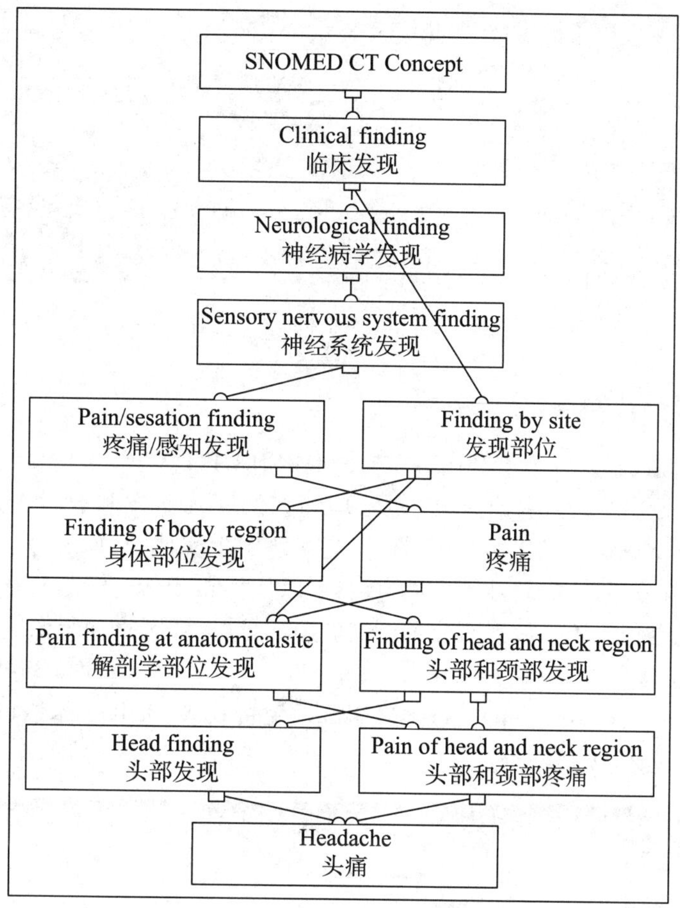

图 3　SNOMED CT 的层级机构

LOINC 术语可以在网上免费查询，图 4 显示了“CBC(Complete blood count)”的英文查询结果(https://search.loinc.org/search.zul? query = CBC)。

Options　Help　loinc.org　Go Premium!　Set Language

LOINC From Regenstrief　CBC　Search

1 /2　[1-8/11]

LOINC	LongName	Component	Property	Timing	System	Scale	Method
69742-5	CBC W Differential panel, method unspecified - Blood	CBC W Differential panel, method unspecified	-	Pt	Bld	Qn	
74412-8	CBC W Differential panel - Cord blood	CBC W Differential panel	-	Pt	BldCo	Qn	
57021-8	CBC W Auto Differential panel - Blood	CBC W Auto Differential panel	-	Pt	Bld	Qn	
57782-5	CBC with Ordered Manual Differential panel - Blood	CBC W Ordered Manual Differential panel	-	Pt	Bld	Qn	
57022-6	CBC W Reflex Manual Differential panel - Blood	CBC W Reflex Manual Differential panel	-	Pt	Bld	Qn	
47288-6	CBC WO Differential panel - Cord blood	CBC WO Differential panel	-	Pt	BldCo	Qn	
55429-5	Short blood count panel - Blood	Short blood count panel	-	Pt	Bld	Qn	
58410-2	Complete blood count (hemogram) panel - Blood by Automated count	Complete blood count (hemogram) panel	-	Pt	Bld	-	Automated count

Search generated 11 hits in 0.008 secs.　Copyright© 2015 Regenstrief Institute Inc.

图 4　英文 LOINC 数据库的查询结果

图 5 显示了关键词“血清”在中文 LOINC 术语查询界面的查询结果(http://www.cnehr.org.cn/documents/gwyj/CLISOL/Results_Keywords.asp)。

基于关键词的中文LOINC数据库搜索结果

第 1 条记录 到 10 条记录 （总共 171 条LOINC术语记录）
下一页 最后一页

LOINC_NUM	COMPONENT	PROPERTY	TIME_ASPCT	SYSTEM	SCALE_TYP	METHOD_TYP	CLASS	CLASSTYPE	ORDER_OBS	STATUS
LOINC代码	成分	属性类型	时间特征	体系	标尺精度	方法类型	细类	大类	医嘱/指标	状态
23167-0	BORGPETERSENII 钩端螺旋体 血清型 BALLUM AB	任意浓度	时间点	血清	等级型		微生物学	1	观测指标与医嘱均可	
23168-8	BORGPETERSENII 钩端螺旋体 血清型 BALLUM AB	任意浓度	时间点	血清	等级型	凝集试验	微生物学	1	观测指标与医嘱均可	
23193-6	BORGPETERSENII 钩端螺旋体 血清型 SEJROE AB	任意浓度	时间点	血清	等级型		微生物学	1	观测指标与医嘱均可	
25940-8	BORGPETERSENII 钩端螺旋体 血清型 SEJROE AB	稀释系数、稀释倍数(滴度)	时间点	血清	定量型	补体结合试验	微生物学	1	观测指标与医嘱均可	
31476-5	BORGPETERSENII 钩端螺旋体 血清型 SEJROE AB	任意浓度	时间点	血清	定量型		微生物学	1	观测指标与医嘱均可	
25866-5	BORGPETERSENII 钩端螺旋体 血清型 SEJROE AB	稀释系数、稀释倍数(滴度)	时间点	血清	定量型		微生物学	1	观测指标与医嘱均可	
23194-4	BORGPETERSENII 钩端螺旋体 血清型 SEJROE AB	任意浓度	时间点	血清	等级型	凝集试验	微生物学	1	观测指标与医嘱均可	
23209-0	BORGPETERSENII 钩端螺旋体 血清型 TARRASOVI AB	任意浓度	时间点	血清	等级型	凝集试验	微生物学	1	观测指标与医嘱均可	
23208-2	BORGPETERSENII 钩端螺旋体 血清型 TARRASOVI AB	任意浓度	时间点	血清	等级型		微生物学	1	观测指标与医嘱均可	
34463-0	CALIFORNIA 血清群 病毒 RNA	任意浓度	时间点	全血	等级型	探针.扩增.靶向 扩增	微生物学	1	观测指标与医嘱均可	

下一页 最后一页
第 1 条记录 到 10 条记录 （总共 171 条LOINC术语记录）

图 5　中文 LOINC 术语查询结果

4. 放射医疗辞典（RadLex）

RadLex 是北美放射医疗学会（RSNA）在 SNOMED CT、LOINC 和 UMLS 等规范化词汇的基础上编制的标准化放射学术语集，以便处理和查询医疗影像和放射医疗信息。RadLex 2014 年版收录了 46 000 多条医疗影像术语，包含解剖学实体、临床发现、图像的获取与展示、影像形态、放射报告组成、属性等几类术语，可以从相邻、子类、超类 3 种方式用图形表达术语之间的关系，有利于统一放射医疗术语的应用，促进放射医疗和影像信息的共享。RadLex 的最新版本可以在 National Center for Biomedical Ontology（NCBO）BioPortal 网站上（http://bioportal. bioontology. org/ontologies/RADLEX）免费获取，RadLex 术语也可以在网上（http://www. radlex. org/）免费浏览查询（见图 6）。

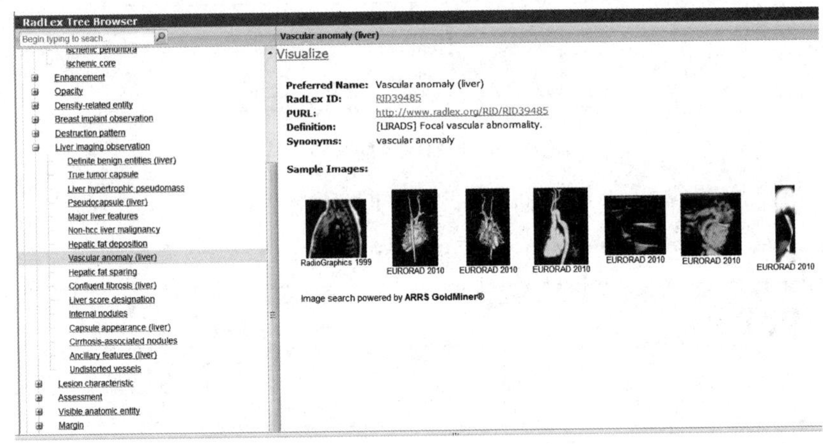

图 6　RadLex 术语浏览查询

5. 一体化医疗术语系统（UMLS）

UMLS（Unified Medical Language System）是美国国立医学图书馆（NLM）研究和开发的计算机化集成医疗情报检索语言系统，既可以充当医疗术语翻译、自然语言处理及术语规范化的工具，也可以实现跨数据库检索的词汇转换，为用户提供多用途的标准化电子医疗词典，使得不同来源的具有相同语义的术语拥有标准格式，有利于医疗信息检索语言的一体化。

UMLS 包括元词表(Metathesaurus)、语义网络(Semantic Network)和专家词典(SPECIALIST Lexicon)三个部分。其中元词表是生物医疗概念、术语、词汇及其含义、等级范畴的广泛集成,而语义网络则是为建立概念术语间错综复杂的关系而设计的,是为元词表中的所有概念提供语义类型及相互关系结构的工具。只要获得许可证,就可以在 NLM 的网站上免费下载和浏览查询 UMLS 的元词表、语义网络和专家词典。如图 7 所示,在元词表中,表达同一概念的术语(L0001621、L0181041、L1279026)通过一个唯一概念标示符(C0001621)连接在一起。

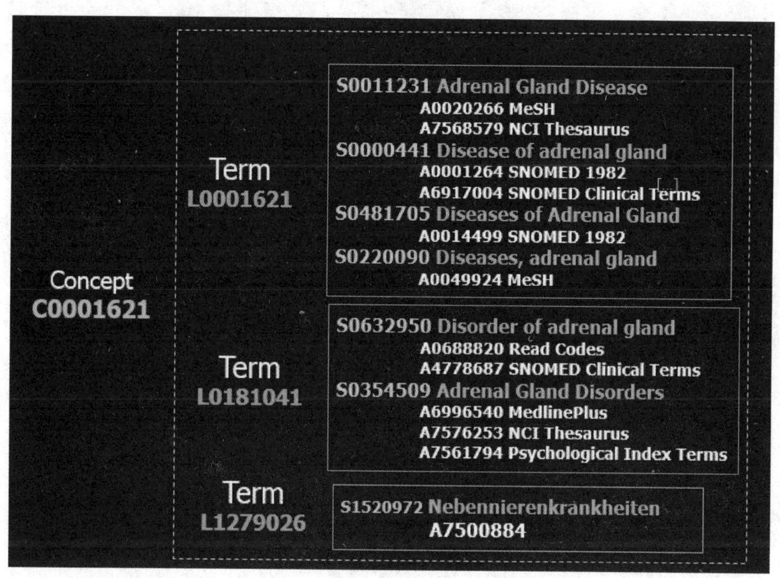

图 7　UMLS 元词表的语义关联

四、情报检索语言在临床医疗信息系统中的应用

情报检索语言在临床医疗信息系统中的应用主要包括以下方面:电子病历、临床决策支持、电子处方、临床试验、临床指南等,其中在电子病历中应用最为普及。在电子病历的开发中,情报检索语言可以用来提供术语服务,规范术语的定义和应用,减少术语使用的随意性,便于临床信息的共享和交流。图 8 显示了 SNOMED CT、ICD、CPT 及药物检索语言在患者鉴定与就医、临床记录及医保账单中的应用,其中 SNOMED CT 和药物检索语言主要用于临床记录,ICD 和 CPT 除了用于临床记录之外还是医保账单的重要组成部分。

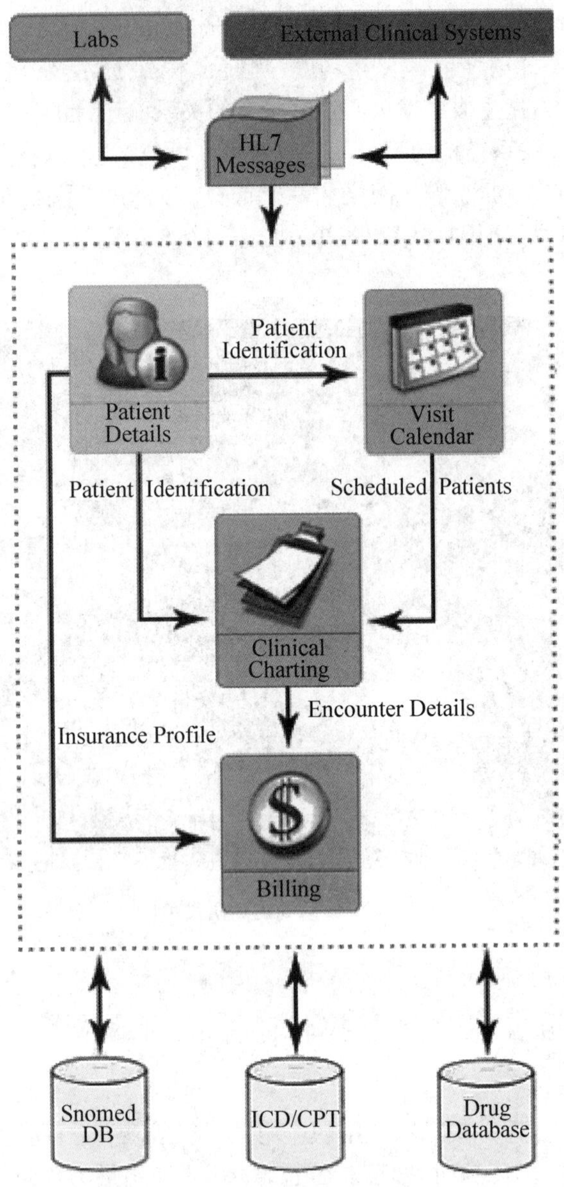

图 8　医疗信息检索语言在电子病历中的应用

规范化医疗术语的应用除了提高临床信息记录的完整性、准确性和一致性以外，还可以通过其语义关系网络构建符合临床诊疗固有规律的概念分类框架体系，对临床医疗知识体系进行较为合理的纵向切分，实现依据概念分类体系进行的概念逐级收录和显示，为基于标准化术语的知识组织和知识库的建立奠定基础，从而为用户提供系统的术语服务。图 9 取自 SNOMED CT 技术安装手册，揭示了 SNOMED CT 从新版发布、安装更新、数据管理、子集和交叉映射表的创建和维护到词条查询、层级浏览、概念显示、参照系统和历史记录的检索等整个流程及其在电子病历和术语服务中的应用[4]。

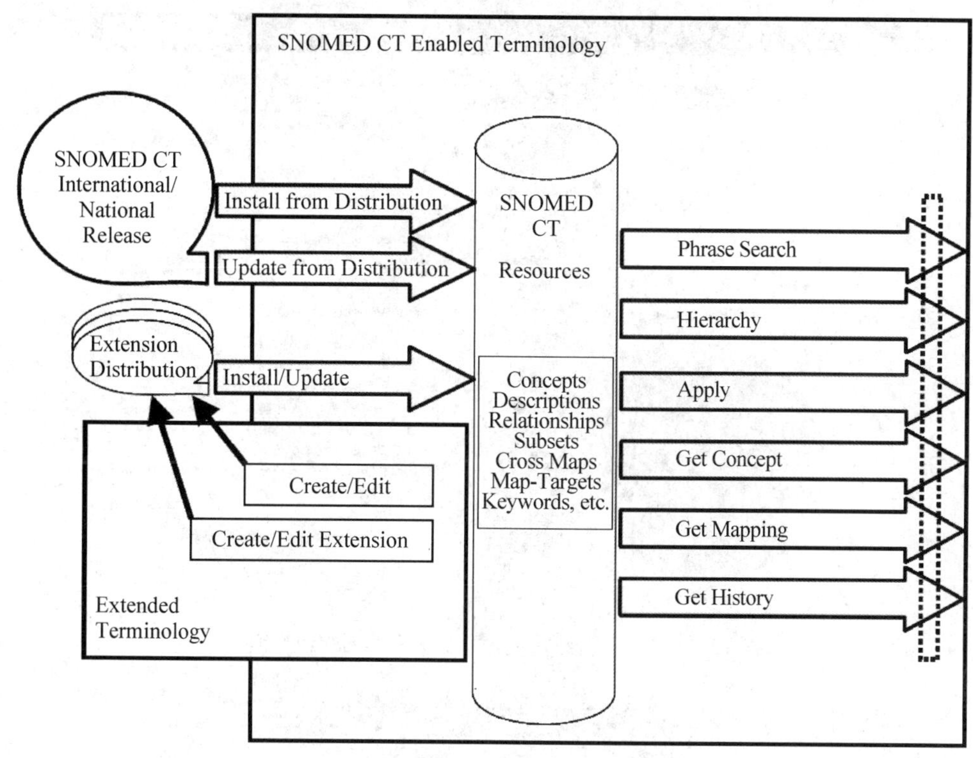

图 9　SNOMED CT 术语管理与服务流程

五、情报检索语言在医疗影像和放射医疗信息交流中的应用

在美国国家生物医疗影像和工程研究院(NIBIB)的资助下,RSNA 发起了推广结构化放射医疗报告的倡议,为此创建了基于 Radlex、SNOMED CT、LOINC 以及 UMLS 等规范化医疗术语集的放射学报告模板电子图书馆(http://www.radreport.org/index.php)[5],作为 RSNA Reporting Committee 的成员和项目协调员,我有幸全程参与了这一对放射医疗信息标准化有重大影响的项目。下面是 RSNA 放射医疗报告模板电子图书馆的截图(见图 10)。从图 10 可以看出,该电子图书馆目前收入了 269 个放射医疗报告模板,除了 221 个英文模板外,还有少数其他文种的模板。此电子图书馆向公众开放,放射医师和研究人员可以从其网站上免费下载模板。如果想了解 RadLex 更详细的信息,可进行 RSNA 在线游(http://www.radreport.org/tour)。

在这个放射医疗报告模板电子图书馆中,所有模板都有普通文本和 XML 两种格式,并用 RadLex 进行标引,如果找不到相应的 RadLex 代码,就用 SNOMED CT 和 LOINC 做补充标引,标引过程是通过放射学家 Dr. Kahn 设计开发的半自动标引工具 RadMap 完成的(见图 11)[6]。

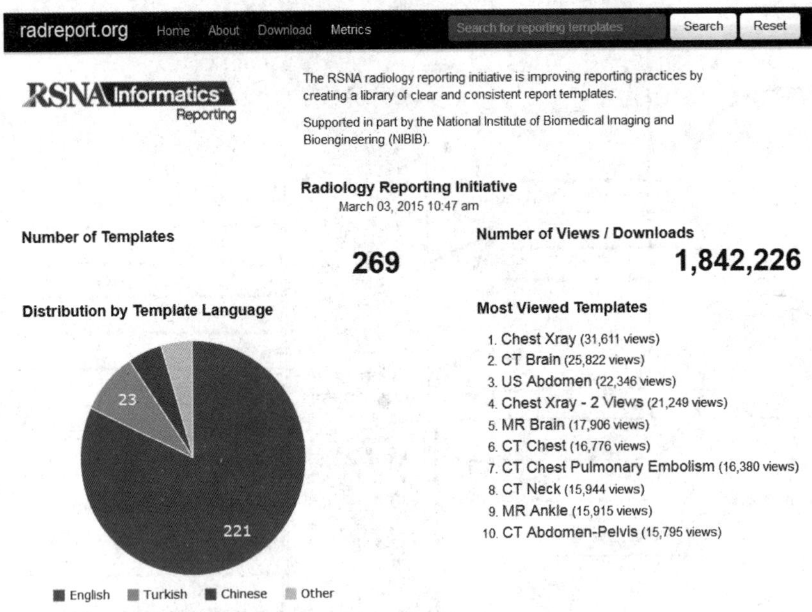

图 10　RSNA 放射医疗报告模板电子图书馆统计网页

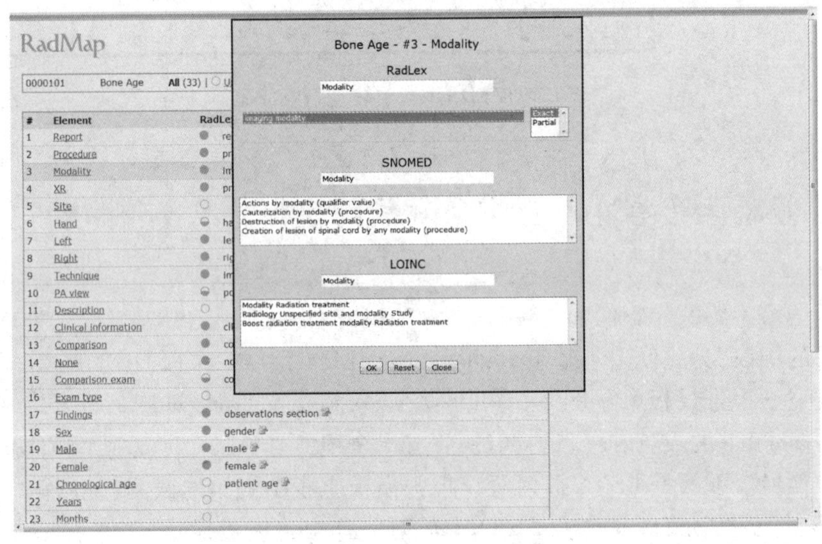

图 11　RadMap 放射医疗术语标引工具

图 12 显示了用 RadLex 标引后形成的含有 RadLex 代码的 XML 格式模板。

```
<define name="Technique">
    <element name="Technique" radlex:id="RID28482" radlex:match="Partial">
        <text/>
    </element>
</define>

<define name="Findings">
    <element name="Findings" radlex:id="RID28486" radlex:match="Exact">
        <element name="Right_kidney" radlex:id="RID5825 RID205" radlex:match="Exact">
            <ref name="Kidney_data"/>
        </element>
        <element name="Right_ureter" radlex:id="RID5825 RID229" radlex:match="Exact">
            <ref name="Ureter_data"/>
        </element>
        <element name="Left_kidney" radlex:id="RID5824 RID205" radlex:match="Exact">
            <ref name="Kidney_data"/>
        </element>
        <element name="Left_ureter" radlex:id="RID5824 RID229" radlex:match="Exact">
            <ref name="Ureter_data"/>
        </element>
        <ref name="Urinary_bladder"/>
        <ref name="Other_stuff"/>
    </element>
</define>

<define name="Kidney_data">
    <element name="Renal_calculi" radlex:id="RID205 RID4994" radlex:match="Exact">
        <ref name="Calculi"/>
    </element>
    <element name="Hydronephrosis" radlex:id="RID34393" radlex:match="Exact">
        <ref name="Severity"/>
    </element>
    <text/>
</define>
```

图 12　含有 RadLex 代码的 XML 格式模板

综上所述,规范化检索语言的应用影响到临床信息系统的方方面面,具体来说,检索语言可以起到以下作用[7]:

①改进用于临床医疗服务的数据的质量,提高电子病历记录的完整性、准确性和一致性;

②促进计算机辅助临床决策系统的开发,如内容详尽的临床警示和提醒系统,提高电子医嘱系统的决策支持水平;

③提高临床试验和疾病管理数据数据收集的效率和一致性;

④便于临床指南等临床信息文档的快速传递;

⑤通过对生命体征、症状、用药、检验和健康问题列表等详细临床信息的规范化描述提高疾病监控水平;

⑥有利于电子病历、临床决策支持和其他医疗信息系统的集成;

⑦通过规范术语的使用,改善临床医护人员的交流。

参考文献:

[1] 医疗信息系统不同层次技术标准及规范[EB/OL].[2015-04-13].http://blog.csdn.net/lc7404/article/details/9322573.

[2] IHTSO. SNOMED CT Starter Guide[EB/OL].[2015-04-13].http://www.snomed.org/starterguide.pdf.

[3] Regenstrief Institute, Inc. and the Logical Observation Identifiers Names and Codes (LOINC) Committee. LOINC® Users' Guide-December 2014[EB/OL].[2015-04-13].https://loinc.org/downloads/files/

LOINCManual. pdf.

[4] International Health Terminology Standards Development Organisation. SNOMED CT® Technical Implementation Guide January 2015 International Release(US English),2015.

[5] Hong Y,Marcia LZ,Zhang J,Dimitroff A,Kahn CE Jr. Application of Standardized Biomedical Terminologies in Radiology Reporting Templates[J]. Information Services & Use,2013,33(3—4).

[6] Hong Y,Zhang J,Heilbrun ME,Kahn CE Jr. Analysis of RadLex Coverage and Term Co-occurrence in Radiology Reporting Templates[J]. Journal of Digital Imaging,2012,25(1).

[7] Giannangelo,Kathy,Susan H. Fenton. "SNOMED CT Survey:an Assessment of Implementation in EMR/EHR Applications." Perspectives in Health Information Management/AHIMA[J]. American Health Information Management Association,2008(5).

我和情报检索语言的故事

——兼述检索语言在中国资本市场的应用

李　为(中国证监会信息中心)

摘　要:本文回忆与评述20世纪80年代张琪玉教授在武汉大学的教学与思想,讲述20年来作者在中国证监会如何实践张琪玉情报语言学思想,及应用情报检索语言取得的成绩。文章还概述了中国资本市场的起源、结构、规模,中国证监会的职能,资本市场信息的特点,资本市场检索语言的构成、特点、应用前景和发展方向。作者认为可扩展的商务报告语言XBRL是一种创新了的情报检索语言,并介绍了XBRL语言的技术框架和功能。文章指出,张琪玉教授20世纪80年代关于情报检索语言发展和应用的一系列论述及预测,经过资本市场的实践和应用,都被证明是可行的和正确的。在移动互联网时代,情报检索语言会继续沿着标准化、兼容化和一体化方向取得长足的发展。

关键词:张琪玉;情报语言学;检索语言;证监会;资本市场

一、　误入"歧途"

讲述我进入资本市场的故事是我的博士生导师彭斐章教授几年前给我留的作业。他希望我写一下我如何进入资本市场,在资本市场做了什么。2014年6月恰逢张琪玉老师85岁生日及其学术思想研讨会的召开,感谢南京政治学院军事信息管理系所给的这次机会,让我向老师汇报,对自己的专业成绩交一张答卷。

我是1985年考取武汉大学情报检索语言方向研究生的,是因为偶然的机会认识了刘迅(20世纪80年代图书馆界思想活跃的优秀青年学者),他动员我报考武汉大学,并为我做了最初的辅导。这之前,我对自己没有任何学习规划和职业规划。那一年,张琪玉教授招了8个学生。我报考这个方向是因为这个方向的名字吸引了我。80年代"情报"是个很新的名词,"检索语言"又沾了"语言"二字,我本科学英语,成绩不错,我想我学得了英语也学得了情报检索语言。预考前我用足了在外语系背单词的功力,把张老师的书几乎都背了下来,还密密麻麻写满了字,标记出了重点,后来这本教材一直是我随手翻阅的宝书。我当时在长春气象仪器研究所情报室做翻译,碰巧找到一本美国著名情报学家兰开斯特的书,讲控制语言的。我把这本书也背了下来。考试的其他科目都是自学的。当时图情类的教材非常少,目录学参考书都是武汉大学彭斐章老师寄给我的(入学后我才知道他当时是图书情报学院院长,后来成为我的博士生导师)。通过笔试后我到武汉大学参加复试。刘迅的好友沈继武老师(图书馆学知名学者、曾任武汉大学图书馆馆长)和我素未谋面,却去车站接了我,安排我到珞珈山招待所,给我提供了许多帮助和指导。我提了一旅行袋的书到珞珈山上,但一本也没有用上。还是背下来的那两本书让我通过了面试。

在研究生3年课程的学习中,记得张琪玉老师总是滔滔不绝地给我们讲课,常常是四节课一起上,他讲情报检索语言从不知疲倦。张老师的讲授有着很强的超前性。记得1986年研二的时候,他就让我们研究术语学和标准。10年后我从事资本市场信息工作,才真正懂得了术语学和标准的意义。资本市场的行情系统、交易系统、网站的检索系统如果没有或不搞术语和标准,其混乱程度是不可想象的。张老师还非常重视我们的实践课,他要求我们上计算机课,那时计算机还不普及,我们要向机房约上机时间。他还要求我们为武大图书馆的刊物做主题标引,并按照标引的结果给我们学分。在武大我们阅读量非常大,国外的、前沿的语言学及社会科学的著作都有浏览,珞珈山下梅园入口的小书店是我们常常去的地方。研三的时候,张老师去了上海空军政治学院,我被分到彭斐章教授名下继续学习,彭老师带我到毕业。我的硕士学位论文为《科技文摘索引系统的方法和实践》。1988年硕士毕业后先是去了地质部情报所,后去了中国广播电视出版社。有趣的是在这两个地方我还是用我的本科所学的专业英语。

二、攻读博士

在地质部情报所,中国地质图书馆馆长吴宁生老师对我在思想和学术上有不少教诲和帮助。虽然我没有从事很专业的图书情报工作,但却有很多机会学习。我在地质部做了两年地质文摘英文版的编辑。地质部情报所的编目、叙词表编制和图书馆的工作非常专业,我在那里读了不少图书情报的专业文章。1993年,我开始师从彭斐章教授攻读博士学位,研究方向是当代目录学,这门学科与情报检索语言有着很多关联和重叠的关系。论文开题的时候,我们在彭老师家里讨论,彭老师非常民主,当我提出目录学领域没有人做与资本市场跨学科的研究,彭老师便鼓励我做资本市场信息方面的课题。1994年刘道玉校长推荐我去中国证监会实习,我带着这个课题进入中国证监会。在中国证监会有幸得人民银行研究生部(被誉为"中国金融黄埔军校",后并入清华大学金融学院)创始人、中国证监会第一任主席刘鸿儒教授(曾被称为"中国华尔街的教父")指导,完成了我的博士论文《国际资本市场信息监管》,论文题目是刘鸿儒教授为我指定的。我这篇论文主要分析和论述了国内财经外资讯系统的现状及应用。

20世纪90年代初还没有互联网,信息很难获取。因为我外语好,被安排在国际部实习。1994年中国证监会最早的办公地址在北京的保利大厦。国际部有美国知名财经系统彭博终端。那一年中国的国企刚刚走出境外,开始在香港上市,被称为H股(指在内地注册、香港上市的中国企业),1993年第一批9家登陆香港试点,1994年第二批22家。过去20年,H股为国企改制、国际化及融资提供了平台,也为港股带来了结构性变化。20年前的1993年7月15日,青岛啤酒(600600)在香港联合交易所(以下简称为"港交所")成功挂牌上市,拉开了境内企业赴港上市的帷幕。经历1997年的香港回归、亚洲金融风暴以及2008年的全球金融危机,香港H股几经"沉浮"。到2013年7月经历了20年的风风雨雨,在港交所主板及创业板上市的H股已经达到176只,总的集资额高达1.92万亿港元,市值翻了231倍,在香港市场占有了一席之地。我是 1994 年 9 月去实习的。我在国际部的主要任务是收集境外媒体对中国企业上市情况的报道。凭着我对信息捕捉的敏感力，我很快与国务院港澳办公室建立了联系。当时港澳办有很多香港报纸，其中《信报》常常报道在香港上市的 H 股公司的新闻与分析。主管金融的朱镕基总理非常关注 H 股信息，证监会要经常向他汇报。在国际部时，我们的签报抬头常常是直接写“镕基同志”，这对今天的国家机关报文来说是不可思议的。当时港澳办信息部负责人田荣礼主任带领的团队，根据我提出的需求专门为中国证监会定制了《H 股信息》专报，报道中国企业在香港上市的情况及相关信息。每天早晨田主任的传真件到保利大厦证监会国际部。我是第一个接收传真件的人。这份传真件很重要，中国证监会国际部先传阅，然后传到海外上市部。当时的信息统计部每天派一个年轻人到国际部复印一份专报。有一次专报没有转到海外上市部，据说那天总理恰巧问了相关传闻而海外上市部完全不知，由此挨了批评。第二天早晨我到了办公室发现自己的桌子上留了一张愤怒的字条，是海外上市部主任李小雪留的。当时国际部的领导汪建熙为我去海外上市部做了解释，这件事才平息。《H 股信息》在相当长一段时间里成为中国证监会对中国海外上市公司信息监管的主要信息渠道。特别是香港回归前后，《H 股信息》是中国证监会海外上市部向国务院报送信息时的重要参考。中国证监会搬到方庄办公后，李小雪看好我的信息资源开发利用能力，说服了周道炯主席调我去他的部门，如果不是当时的信息部徐雅萍主任强力拦截我就被调入海外上市部了。当时信息部与海外上市部在一层楼办公，我的主任只要在楼道碰到李小雪就会严厉警告对方不许挖墙脚。

初入证监会的时候我在国际部工作，国外各大投资银行送的研究报告非常多，有 100 多种。我为国际部建立了小型报告系统，并定期出一些文摘。由于各国都想到中国资本市场分得一羹，国际部有很多的英文资料。记得法国里昂投资银行的报告大家都很喜欢，插图和精美的设计十分吸引人，对中国的分析也很抓眼球。我的大部分时间可以研究这些资料，并同时研究英美的各种信息系统，如路透和彭博。研究国外让我发誓要为培养中国路透和中国彭博的旗舰信息公司而努力。我边实习边做研究，所以我的研究既有理论的基础更有实践支持。为做这个课题我读了大量金融和证券方面的书籍与资料，在目录学专业方面同样补习了很多内容。1996 年我的论文完成，刘鸿儒教授去武汉大学参加了我的论文答辩，并做答辩委员会主席。我的论文被评委一致通过，获得了 A + 的成绩，得到理学博士学位。

三、学以致用

1995 年我正式成为中国证监会的工作人员。中国证监会 1997 年前还是国务院直属的副部级事业单位，1998 年成为正部级，并确立了全国证券期货市场监管部门的地位。在全国设立了 36 个派出机构。在中国证监会 20 余年，我经历了国际业务部、信息中心等机构，做过两届（4 年）中国股票发行审核委员会（发审委）委员。审核过 400 多百家拟上市公司的材料，每次审核都有几皮箱的审核材料要看。由于掌握了情报检索语言的理论与方法，我能够很好地使用国内外的财经系统，发现拟上市公司法律及财务方面的问题，还有社会责任问题（如环保方面）。我们那个审核小组曾被市场称为“死亡之组”，因为从我们组通过审核很困难。曾经有没通过发审会的企业跑到证监会找我们的组长讨说法。我们组里有留法回来的环保局副局长以及机械部的局长。环保问题我们常常会一票否决。还有对拟上市企业的研发项目及再融资项目的先进性、前瞻性和市场前景的研究判断,也是因为懂得检索,可以很快从招股说明书中发现问题。我是张老师情报语言学思想在资本市场的实践者。在中国证监会工作数十年常常会向张老师讨教及讨论专业问题,经常打电话,也有书信往来。只要出差去上海,我一定会去看望张老师。前些年张老师身体还尚好的时候,他甚至去深圳为信息公司员工做标引培训。上海交易所信息公司也请张老师做过顾问。

我在中国证监会长达20余年的工作期间,主要为中国证监会做了三方面的工作:一是建立了监管需要的较完备的资讯体系;二是创建了中国证监会国际互联网站,推动了政务信息公开;三是推进了上市公司信息披露电子化和国际化的进程。

20世纪90年代末我为中国证监会建立了“中国资本市场报刊检索系统”,在这个系统中我将主题法及分类法各种检索方法设计了进去。系统建成后,在很长时间里成为中国证监会查询上市公司信息披露的重要来源。为利用好国内证券公司的研究报告,我又建立了“中国证券市场研究报告数据库”。中国证监会成立之初几乎每一个部门都会收到国内外证券公司的大量研究报告,这些报告有许多数据和对行业的分析文章,但是这些宝贵的资料没有系统地加以整理,真正用的时候什么都找不到。为了利用好研究报告资源,我通过招标创建了“中国证券市场研究报告数据库”,当时中国科技情报所的刘明工程师与我一起设计了数据库的结构。这个数据库既可用自然语言也可以用人工语言检索。这个系统建好后在一段时间里成为开放的系统,放到证监会网站上,人人可查询。后来成为内部报告系统。主要收集了各派出机构和证监会机关的研究报告。为了快速提供监管信息,我还为中国证监会设计了一个特供系统,即证监会资讯服务系统,供机关及全国36个派出机构使用。这是一个按中国证监会监管任务量身定制的系统,在我负责资讯系统的时候,每年我都会根据每个部门的任务更新栏目。这个系统可以按监管辖区查询上市公司、证券公司、基金公司和期货公司的新闻及舆情信息。

为提高中国证监会网站及自建数据库的检全率和检准率,我主持编撰了《中国金融叙词表》(我的师妹李国秋负责这个项目的执行),使中国证监会特供系统及相关数据库能多途径检索到被监管对象的新闻和各种信息。在这个词表的编撰过程中,我和师妹把张老师情报检索语言中的分类主题一体化的十八般武艺都用上了。李国秋是项目负责人,她曾做过证券公司研究员。词表项目验收时我们请了曹树金做答辩委员会主席,邓顺国为委员,中国证监会首席律师陈大刚、上海证券交易所总工白硕参加了验收答辩,大家一致认为《中国金融叙词表》既有学术价值又有使用价值。

我为中国证监会创设国际互联网门户网站是1998年,当时设计的网页是绿色的,象征着透明和诚信。这个网站一开始就对政务信息公开和上市公司信息披露有着重大的意义。在这个平台上我们发布了中国证监会的法律法规、各业务部门的信息,尝试过B股信息披露(中英文);从2006年到2008年,把证监会网站打造成了信息发布、在线服务和与投资者互动的平台,中国资本市场开放的窗口和连接广大投资者散户的桥梁。在中国政府网站政务公开评比与排名年度大会上,连续3年获得国办(国务院办公厅)、国信办(国务院信息化办公室)表彰,在每年的政府部委网站排名中不断提升名次。2008年5月1日中国政府信息公开条例即将实施前,我作为国务院秘书一局聘请的目录学专家,参与制定了《政府信息公开目录指引》项目。《政府信息公开目录指引》被国办作为文件下发到各部委和地方政府,并为中国政府网和各部委及地方政府网所实施。这是我国政务信息公开第一个定位系统的指引。包括:核心元数据、分类标准、索引号编码规则、内容概述规则和目录格式规范。2008 年年初,在《政府信息公开条例》即将实施前,政府机构没有人懂得如何做信息公开目录指引,各部委及地方政府的公开目录做得很乱,国办有关领导非常着急找专家。在这个时候我请陈传夫教授给国办写了建议,国办马上找到我们,组建了专家小组。中国证监会信息中心张野主任(计算机博士)、初壮处长(计算机博士)和我接受了任务,我们在 3 个月时间内常常加班加点的工作,也经常到国办加班。这个项目做完后国务院秘书局专门发了函件表彰我们,被表彰的专家有陈传夫、魏云波、罗春荣、曹树金等。在这个项目中武汉大学陈传夫教授贡献最多也最大,他多次往返武汉与北京,多次提交顶层设计和目录款目设计方案,其意见与建议得到国办秘书局领导的认可和赞同。我的师姐曾蕾恰好回国讲学,她在元数据处理方面也提交过完整的建议和方案,给予该项目极大支持。师妹罗春荣、魏云波为这个项目做了很多有益的工作,提交了很多珍贵的资料。师弟曹树金并没有全程参加,仅参加了早期的分类标准方案设计,也提出过有建设性的意见和建议。国办《政府信息公开目录指引》这个项目是在与计算机学派吵吵闹闹的过程中完成的,其实是自然语言派与人工语言派的争吵。在我最苦恼的时候我的师姐曾蕾心平气和地告诉我要学会用计算机的语言与他们交流,我接受了她的意见,学会了沟通,在项目组坚持到最后。这个项目的结果是自然语言与人工语言的融合及一体化,我们完成的《政府信息公开目录指引》成为中国政府信息公开定位系统的标准性文件。2008 年 5 月 1 日前的最后一天,即《政府信息公开条例》正式实施的前一天,项目组全体成员与国办秘书局三位领导刘智勇、张建成局长、张庆广处长在中国证监会信息中心会议室欢聚一堂,我们前一天还在争吵,今天却一起点起了蜡烛,举起了香槟,为共同完成了国家的重大任务而欢笑。《政府信息公开目录指引》的落实也促进了证监会的信息公开。指引文件下达后,我在《政府信息公开目录指引》的大框架下,专门为证监会网站信息公开栏目编制了主题词表、机构词表、区域表、服务对象主题分类词表和文种分类表,使投资者能够从多个途径检索到中国证监会的信息。这些都是我对张老师情报语言学思想的实践。

四、XBRL 故事

我在资本市场应用情报检索语言不得不讲讲 XBRL 的故事。这是我参与推进中国资本市场电子信息披露进程的一段值得纪念的往事。

XBRL(Extensive Business Reporting Language)的中文含义为可扩展的商务报告语言,其实是一种基于 XML 的计算机可读语言,被誉为“21 世纪的财务报告语言”,1999 年由美国注册会计师牵头,30 多家机构共同发起了将 XBRL 建成会计及审计界的国际标准语言。XBRL 国际组织 1999 年指导委员会第一次会议以来全球已有很多国家和机构加入进来,目标是将 XBRL 建成编制财务报告和交换财务数据的标准。XBRL 对于资本市场的意义在于极大提高市场信息披露的透明度,促进散户投资者合法权益的保护,提高资本市场监管效率。XBRL 语言由于具备情报检索语言的四个功能,其实质也是一系列概括文献情报内容的概念及其相互关系的概念标识系统,我视其为资本市场的检索语言。

2002年,我在中国资本市场信息披露体系建立之初最早发现了这个语言,推荐了这个语言,使得上海证券交易所(以下简称为“上交所”)在其上市公司信息披露电子化系统建设中做出了重要的战略决策。其后在中国证监会的支持下,我又推进了XBRL语言标准化在中国资本市场应用的进程。上市公司信息披露制度是资本市场的重要组成部分。在国际资本市场美国证监会的电子信息披露监管系统EDGAR(Electronic Data Gathering, Analysis, and Retrieval System,即电子化数据收集、分析及检索系统。1996年,美国证监会规定所有在美国上市的公司,都必须向这个系统报送其年报、中报、季报及临时性公告信息,供监管人员和投资者查看)一直是中国资本市场电子信息披露系统规划的标杆。20世纪90年代末至21世纪初中国证监会一直在研究美国的电子信息披露系统,并开始规划中国的系统。这个项目得到了世界银行的支持,世界银行组成了国际化的专家小组为中国证监会做中国上市公司信息披露体系研究。2002年秋,研究课题完成,在中国证监会北京郊区验收会议上,项目专家、英国伦敦交易所前总裁把一本XBRL语言入门的英文原版书送给我。我读完后非常兴奋,我认为这是一个新型的检索语言,可以用于上市公司信息披露的检索。我把这本书借给了上交所信息公司的董事长赵小平博士,他组织上交所很快翻译了这本书,在迅速把这项技术用于上市公司信息披露数据库的建设后,取得一个又一个成绩。在互联网上有一篇《上交所XBRL应用》的文章,2007年发表在《金融运筹学通讯专刊》上的,文章回忆到

> XBRL-非结构化数据的解决方案。
>
> 上海证券交易所早在2000年初就提出了“三新”的总体发展框架,即新一代交易系统、新信息系统和新网站,并先后聘请全球顶级咨询公司BCG和金融信息业巨头路透集团进行互联网战略咨询和信息战略实施规划的咨询,这两项咨询在今天看来也十分前卫。
>
> 当路透专家的规划成果出炉时,摆在上证所管理层面前的是一幅全方位的交易所信息系统架构图。“在路透的战略规划图中,‘非结构化数据管理’与总线之间是一道粗粗的连线,意味着这部分内容的重要级别很高。”当时在信息中心主持工作,现任上证所信息网络有限公司董事长赵小平说,“‘9·11’事件后,国际反恐专家来上证所讲课,一开口就指出,反恐的难点不是结构化数据,而是非结构化内容。”由此开始了部署信息系统实施战略方面的研究。
>
> 对比当时的上证所信息系统——最重要的数据仓库未建,非结构化数据管理系统是空白。上证所以Word文档保存的非结构化信息超过300万页,法定须保存20年以上,它们主要是上市公司各类公告,而上市公司潜在的风险和潜在的价值都在其中。如何对这些信息进行存储和快速查询,一直是摆在上证所领导面前挥之不去的难题。
>
> 2002年秋天,事情有了转机,在证监会信息中心任职的李为博士向上证所推荐了*Essentials of XBRL*这本书。“此书可以说是XBRL的入门必读书之一,一读之下,立刻发觉XBRL就是解决非结构化数据问题的对症之‘药’”。赵小平说。他立刻召集上市部、信息中心、负责数据仓库项目建设的新信息系统组的骨干力量组成读书小组,研读该书,将该书的核心部分翻译成中文;而且还为读书小组的每个业务骨干都配备了一名资深技术顾问,对书中所涉及的技术问题答疑解惑。至此上证所未来非结构化数据处理的技术雏形已经形成。

上交所最初的XBRL应用就是上市公司信息披露。上交所于2004年自主开发了上市公司XBRL分类标准。该标准于2005年9月通过了国际组织认证,是国内首个通过认证的分类标准。同时,按照“试点先行、稳步推进”的原则以及“摘要—全文”“定期公告—临时公告”的路径,上交所逐步开展了沪市上市公司的XBRL信息披露应用。2004年年初,上交所选择118家上市公司开展年报摘要试报,并在一季报全面推广,730家上市公司参与了报送,占当时沪市上市公司数量90%以上。2005年,上交所开始年报全文报送。2008年,开始部分临时公告的试报。2001年起,上市公司XBRL定期公告实现同步披露。2010年,根据中国证监会15号编报规则的修订情况对报送系统进行升级,并已在2009年年报报送中使用。2010年年末上交所已累积2万多份上市公司定期报告实例文档。上海证券交易所推出的上市公司XBRL网站(http://listxbrl. sse. com. cn/ssebrl/companyInfoAction. do),可方便提取上市公司财务报告数据,进行同行业财务数据比较和本公司历史数据比较。这是上交所的故事。

中国的XBRL技术起步早、应用广、一直处于国际领先地位。2004年中国证监会便开始组织并指导上海、深圳证券交易所积极探索XBRL技术在上市公司信息披露中的应用。2007年,中国证监会信息中心主任的徐雅萍博士在一次行业标准会议的演讲中谈道:“经过几年的努力,我们终于找到一个能有效披露上市公司信息的技术语言——XBRL标准,并有了初步的试点和成果,这一标准的核心意义是提高公司报告的效率,包括传输、检索、分析,进而增强中国企业的透明度,为吸引外资、走向世界、扩大公司知名度等提供有效的支持。这期间,由世界银行立项支持的、‘中国上市公司信息披露体系研究’同步进行。在研究的过程中,证监会、交易所以及信息公司几乎不约而同地将视点转向了XBRL标准。”然而中国证监会、两个交易所在推行这个检索语言标准统一的过程是曲折的,我亲历与目睹了很多挫折,其中有证监会业务部门之间的矛盾,交易所与交易所的矛盾,财政部与证监会的矛盾。在制定统一标准及实施的过程中各种利益与问题的交织与碰撞,中国资本市场XBRL标准统一与应用还有很长的路要走。

我的另一段有趣的经历是,带着中国的XBRL成绩走向国际舞台的经历。20世纪初,中国资本市场有过很多重大改革,如股权分置改革、上市公司治理、上市公司重组、证券公司综合治理等。一次我们国际部的一位领导私下告诉我,他觉得奇怪的是,每次陪同中国证监会领导与美国的高层外事活动,都发现美国证监会主席及高官见到尚福林主席(中国证监会第五任主席)都不提以上那些成就,只对中国资本市场XBRL的推行感兴趣。他们认为中国证监会很牛,可以用法规强行推行XBRL的报送,而且他们认为中国的技术超过美国。美国人认为这是中国资本市场的最大成就。这种“墙内开花墙外香”的现象引起了中国证监会的重视。事实是上交所与深交所各搞一套标准,结果形成两个市场和两套数据,非常不方便投资者,对中国资本市场的形象也有影响。中国证监会没有高度重视XBRL标准在整个资本市场的统一与实施。2008年6月8日,美国证监会主席Chris Cox请中国证监会参加一个小型XBRL国际圆桌会议,介绍中国的经验。中国证监会派我和上交所信息中心石晓成博士参加会议。当时会议定在10日,日期很紧,美国证监会向美国驻中国大使馆打了招呼,仅用一个晚上就做好了我的公务护照并办好了签证,石晓成本身持美国护照,所以很快到北京与我会合。我们9号飞华盛顿D. C,我几乎来不及准备材料,多亏深圳交易所上市部的苏梅为我提供了深交所的最新进展情况,还有证监会信息中心初壮处长,及XBRL中国地区主席刘世平博士为我准备了相关资料,我才能在飞机上写出会议发言的提纲。第二天一大早便到了火车站旁的美国证监会的会议室。那天美国证监会请了全美著名财经女主持人主持会议。我和晓成在会上介绍了中国深圳及上海交易所 XBRL 的应用及中国证监会对这个项目的认识及努力。我们发言后台下提问很多,晓成因为在美国读的博士,英文非常流利,把上交所的成绩讲得头头是道。而我对美国证监会的情况很熟悉,因为他们的 Cox 主席正在全美全力推进他的 XBRL 雄图大略,做过很多鼓动人心的演讲,我熟读过他每一次演讲的文章,我在回答问题时可以自如地引用他的讲话。我们的发言和回答获得了热烈的掌声。那天我们很开心,虽然非常疲惫,晚上我们还是按要求为新华社等国内媒体写了报道。2008 年 6 月 10 日《中国经济参考报》也做了题名为《成绩瞩目 我国成功应用 XBRL 于资本市场》的新闻报道。在此摘要一下。

> 美国证券交易委员会 10 日在其设在华盛顿的总部召开了"财务报告中的互动数据"——XBRL(可扩展的商业报告语言)应用国际圆桌会议。由于中国资本市场在推广 XBRL 应用上已取得令人瞩目的成绩,会议特邀中国证监会和上海证券交易所(上证所)的有关人员出席。XBRL 是 eXtensible Business Reporting Language(可扩展的商业报告语言)的缩写,是 XML 即"可扩展的标记语言"(Extensible Markup Language)于财务报告信息交换的一种应用,是目前应用于非结构化信息处理尤其是财务信息处理的最新标准和技术。XBRL 自 1998 年诞生以来,在国际上迅速发展。研究表明,XBRL 技术增加了公司财务报告披露的透明度。据中国证监会和上证所的代表介绍,在中国证监会的大力推动下,中国沪深两个交易所早在 2002 年即开始了 XBRL 的研究和应用推广,到 2005 年沪深两市的所有上市公司已实现了用 XBRL 对定期报告的全文和摘要进行披露。国际 XBRL 组织已先后认可上证所开发的一般上市公司、基金和金融类上市公司的分类标准。另据介绍,在中国基金信息披露应用 XBRL 方面,中国证监会已有明确的计划,上证所参与实施,选择有代表性的公司进行了 2008 年一季报的信息填报,结果良好;在公司首发和再融资方面的 XBRL 分类标准建立方面,证监会正牵头有关方面进行深入研究;上证所今年年初开始了金融类上市公司财务信息披露;沪深两个交易所正在进行临时公告信息披露的研究。上证所代表还特别介绍,上证所在推进互动数据过程中,形成一整套有中国特色、拥有核心知识产权的自主创新成果。上证所开发的分类标准既能处理财务报表等结构化数据,又能处理大量非结构化数据。在中国新版企业会计准则发布后,上证所有关分类标准及时得到修订和更新,目前这些标准完全满足新会计准则下信息披露的要求。会议对国际上上市公司和基金信息披露与监管中互动数据实践的情况进行了深入的交流和探讨,与会代表探讨了相关应用案例并分享了成功经验。应邀出席会议的还有来自西班牙、瑞士、印度、荷兰、以色列、日本、加拿大等国的监管机构、交易所、金融服务部门以及国际会计准则委员会的代表。美国证券交易委员会主席考克斯在会上致辞并参加了讨论。

从美国证监会回国后我写了一篇很长的文章《XBRL——监管的革命》(后将部分稿件发表在《中国证券市场导报》上)报送给证监会领导,文章介绍了各国 XBRL 推行的现状,中国的成绩及问题,论述了这个语言对监管的意义与作用,提出了在中国推行及普及 XBRL 的若干意见与建议。这篇文章得到证监会的重视，很快成立了 XBRL 工作领导小组。此后的3年中，这个小组制定了一系列的技术标准。2009 年出版了《资本市场 XBRL 分类标准制定工作手册》。领导小组的成立推进了标准统一的进程，也推进了 XBRL 在交易所及基金公司的应用。深圳证券交易所 2009 年推出的 XBRL 信息服务平台（http://xbrl. cninfo. com. cn/）是面向中小投资者，以 XBRL 标准化数据为基础，集展示、分析及下载上市公司信息等功能于一身的信息服务平台，提供 XBRL 动态信息和上市公司财务报告信息，投资者可以非常直观、方便、快捷地查到定期报告中的财务指标，并且可以对同一家公司多年财务指标或多家公司某个财务指标进行比较和展示。上交所推出的上市公司 XBRL 网站（http://listxbrl. sse. com. cn/ssebrl/companyInfoAction. do），可方便提取上市公司财务报告数据，进行同行业财务数据比较和本公司历史数据比较。中国证监会 2009 年推出了基金信息披露网站（http://fund. csrc. gov. cn/），是中国基金信息披露义务人按照法规规定，以 XBRL 文档形式向中国证监会报备并对外信息披露的专用网站。基金投资者可以在这个网站上查询全行业基金的定期报告、净值公告及临时公告。在领导小组的部署下中国证监会 IPO（股票首次发行）的 XBRL 信息披露系统也已经做好。2013 年中国证监会成立了电子信息披露中心，专门做中国资本市场 XBRL 统一标准及技术推广。由于我在推动中国 XBRL 应用的努力及成绩，2008 我被美国 XBRL 组织和 XBRL 国际组织的领导推荐到 XBRL 国际组织中做执委会委员，是当时中国唯一的执委会委员。3 年中我推荐了中国资本市场的技术专家到国际组织参与活动，填补了技术委员会没有中国专家的空白。并成功推荐了中国投资者保护基金的代表进入执委会，使 XBRL 国际组织可以听到更多的中国声音。2010 年在中国开办 XBRL 第 21 届国际会议，会议期间，我发现 XBRL 国际组织在中国人进入的选举程序上非常不透明，有一系列的利益交换安排，我愤然辞职，退出了这个组织，不再参与仅仅是美国人主导的游戏。但是我还在关注中国资本市场的 XBRL 标准统一、市场数据统一的问题。

20 多年来我是张老师情报检索语言的实践者，20 多年来我一直认为情报检索语言是最有用的学问，它让我在工作和事业中取得了很多成绩。我把情报检索语言的原理与方法都用在了中国证监会资讯系统建设、中国证监会门户网站，及中国上市公司协会门户网站的建设与管理中，得了业界的认可，为实现资本市场公开、公正、公平的“三公原则”做了一份贡献。一切的成绩都离不开张老师所传授的情报检索语言、离不开彭斐章老师给我的机会和鼓励，还有武汉大学信息管理学院同人及情报检索语言方向同人的帮助与支持。情报检索语言是我一生受益的专业和技能。重温张老师的十几年前的书和文集，我依然认为：张老师的情报语言学在学术界是独树一帜的，即具有很高的理论性、前瞻性，也具有很强的实践性和指导性。其思想和观点是超前的，在互联网及移动互联网时代，情报检索语言研究、创新、应用及发展依然可以沿着老师阐述的路径去开拓、去丰富；情报检索语言应用的前景是非常广阔的。一脚踏入情报检索语言的天地，我觉得自己是幸运的。身临其境看到许多矿苗和火苗。我也热爱这个专业并为此而骄傲，为自己的导师而骄傲。范并思教授多年前就说过：“在张琪玉之前国外还没有人能在‘情报检索语言’书名下将情报检索语言理论的内容讲述得如此系统而精密。”事实是，直到今天依然没有。今天重温张老师 20 世纪 80 年代及 90 年代的学术文章，我有两个最大感受：惊叹老师的预见性，惊叹老师的思想可以穿越时光。

五、中国资本市场

1. 发端

中国资本市场发端于30年前的股份制改革,是30年来中国改革开放的产物。上海交易所于1990年12月9日成立,深圳交易所于1991年7月3日成立。中国资本市场起步与发展的动力来源于混合的三股力量:政府发展经济的愿望、投资者致富的热望和企业对资本的渴望。资本市场的发展,对中国经济和社会产生了日益深刻的影响。资本市场的发展推动了企业的发展壮大和行业的整合,改善了国有企业运营与国有资产管理的模式,促进了民营企业的发展,上市公司日益成为中国经济的重要组成部分。资本市场的发展也推动了中国金融结构的转型,提高了直接融资比重,增强了金融体系的抗风险能力,改善了金融机构的盈利模式,提高了其运作水平。与这些成就同样重要甚至更为重要的是,中国资本市场在自身的建设和发展过程中,引领了中国经济和社会发展中的许多变革。资本市场的发展带动了股份制公司在中国的普及,推动了现代企业管理制度在中国经济体系中的确立,完善了相关的法律制度和会计制度,并促进了中国社会信用体系的逐步建立。同时,资本市场开始走入中国社会的千家万户,财富效应初步显现,理财文化悄然兴起。

中国资本市场的发展,从开始的第一天起,就站在中国市场经济改革和发展的前沿,而从资本市场改革发展过程中探索到的经验,同样也是中国经济改革宝贵经验的重要组成部分。1992年中国证券委及证监会成立。1998年中国证监会成为全国证券期货市场的监管部门。在全国设立了36个派出机构,建立了集中统一的证券期货市场监管体制。随着证券市场主导权从地方转向中央,中国证券期货市场进入了快速发展阶段。在集中监管体系和深沪两个全国性交易所平台建立的背景下,中国证券市场上市公司数量、总市值和流通市值、股票发行筹资额、投资者开户数、交易量等都进入了一个较快发展的阶段。1999年7月,《证券法》的实施以法律形式确定了资本市场的地位,规范了证券发行和交易行为,将资本市场纳入更高层次的发展轨道。2004年,《证券投资基金法》的实施促进了证券投资基金的发展。2004年1月,国务院出台《关于推进资本市场改革开放和稳定发展的若干意见》(俗称“国九条”),2004年5月国务院印发了《关于进一步促进资本市场健康发展的若干意见》(国发〔2014〕17号,以下简称为《若干意见》)。《若干意见》是贯彻落实党的十八大和十八届二中、三中全会精神、全面深化资本市场改革的纲领性文件,从经济社会发展全局的高度,对新时期资本市场改革、开放、发展和监管等方面进行了统筹规划和总体部署,对于指导当前和今后一个时期资本市场各项工作具有重要意义。

2. 结构

近年来我国已初步建立起主板、中小板、创业板、代办股份转让系统构成的多层次资本市场体系,在逐步适应我国散户投资者、金融机构及中小企业多元化的投资与融资需求。

3. 规模

截止到2013年,沪深两市股市总市值达到23.90万亿元,成为全球仅次于美国的第二大市值市场。资本市场若干大数据如下:中国资本市场有7家交易所(3家证券交易所、4家期货交易所)、4个协会(中国证券业协会、中国期货业协会、中国上市公司协会、中国证券投资基金业协会)、1个中国证券投资者保护基金公司、1个登记结算中心(简称中登公司)、1个证券金融股份公司(简称融资融券公司)。截至2014年7月8日,中国资本市场有2545家上市公司。其中上海交易所上市公司有962家,上市股票1006只,上市证券3250只。深圳交易所上市公司有1583家,上市证券有2409只。北京的交易所叫作全国中小企业股份转让系统(俗称"新三板",2012年11月成立),截止到7月10日有827家挂牌公司。四家期货交易所是:上海期货交易所、中国金融期货交易所、郑州商品交易所、大连商品交易所。截至2014年6月2日全国期货市场交易品种共42只。根据中国期货业协会的报告,截至2012年年底全国共160家期货公司,期货公司员工总数31 210人。根据中国证券投资基金业协会的报告,基金公司2014年5月的数据是:中国境内共有基金管理公司91家,其中合资公司48家、内资公司43家。2012年年底77家基金管理公司人员有11 425,公募基金数量1680只。2013年根据中国证券业协会的统计,证券公司115家。证券从业人员共222 902人。投资者的统计来自于肖钢主席在证监会加强中小投资者保护工作会议上的讲话(2014年1月6日):我国拥有全球数量最多、最活跃的个人投资者群体,股票、债券、期货投资者9000万人,公募基金投资者6000多万人,其中99%以上是投资金额少于50万元的中小投资者,占我国城镇人口的14%。

2013年是中国资本市场发展历程中具有重要意义的一年。在这一年里,重启IPO,既恢复了资本市场的基础功能,也保持了市场的平稳运行;推动"新三板"上线,标志着中国多层次股权市场建设工作取得了实质性进展;恢复国债期货上市,为促进中国利率市场化改革提供了有力支持。

2013年也是中国证监会发展历程中具有重要意义的一年。通过一年的改革建设,中国证监会稽查执行能力得到进一步提升,自主摸索出一条"主动"立法、"高效"执法、"制约"审查、"紧密"协同的新路子;对外开放步伐稳步扩展,QFII和RQFII总额度明显增加;投资者保护机制也更为健全。2014年7月2日中国证监会在其门户网站上公布了2013年年报。这份年报总结了中国证监会在2013年的成绩和下一步的打算。2013年证监会不断深化行政审批制度改革,大力精简行政审批事项,已形成2013年至2015年行政审批事项精简方案。2013年重启新股发行是广为关注的大事,2013年6月中国证监会发布《中国证监会关于进一步推进新股发行体制改革的意见(征求意见稿)》,但恰逢资金市场"钱荒"袭来,资本市场出现大幅波动,上证综指一度跌至1800多点,重启工作不得不推延。随后股指企稳回升,市场总体向好。2013年11月,中国证监会发布发行改革意见,在暂停13个月后重新启动新股发行上市工作,并为建立健全以信息披露为中心的新股发行体制,推进股票发行注册制改革做了准备和铺垫。2013年以全国中小企业股份转让试点扩大至全国为标志,我国多层次股权市场建设工作取得实质性进展。优先股试点的推进有利于深化企业股份制改革,为发行人提供灵活的直接融资工具,进一步丰富证券品种;国债期货为管理利率波动风险提供了基础性工具,截至2013年年底,我国已有40个期货品种,交易量连续居于世界前列。2013年证监会将监管重点转移至稽查执法,全年共新增立案调查190件,移送公安机关案件41件,同比分别增长68%和20%;全年审结案件142件,同比增长88.4%;做出处罚决定79项,罚没款总额达7.28亿元。2013年国务院办公厅出台《关于进一步加强资本市场中小投资者合法权益保护工作的意见》,构建了符合中国实际的投资者保护政策体系,是中国资本市场发展的一个重要里程碑。2013 年,中国证监会不断推进建立保护中小投资者合法权益的政策体系,推动国务院办公厅出台中小投资者保护的制度体系,引导上市公司提高现金分红政策的合理性、稳定性和透明性;探索建立多元化投资者服务方式,开通"12386"热线服务,建立投资者舆情监测机制和调查机制,整合完善投资者互动平台,构建统一的投资者互动服务体系,健全和完善各类投资者服务组织,畅通沟通交流渠道;积极开展投资者教育;推动投资者合法权益维护服务;探索建立违法责任主体先行补偿机制和多元化赔偿机制。证监会现任主席肖钢认为"我们相信,中国资本市场发展迎来了难得的历史机遇,必将成为实现中国梦的重要载体"。然而市场认为"尽管成果斐然,但仍有诸多想法未落于实践。万众期待的 IPO 注册制依旧在谋划之中;公募基金注册制也依然只是处在理论高度;《证券法》的修订和《期货法》的出台仍尚需时日"。

4. 中国证监会

中国证监会成立于 1992 年 10 月,是中国证券期货市场的管理机构。为国务院直属正部级事业单位,依照法律、法规和国务院授权,统一监督管理全国证券期货市场,维护证券期货市场秩序,保障其合法运行。2006 年被批准参照《公务员法》管理。总部设在北京,现设主席 1 名、副主席 4 名、纪委书记 1 名(副部级)、主席助理 2 名;证监会机关内设 21 个职能部门、1 个稽查总队、3 个中心。根据《证券法》第 14 条规定,中国证监会还设有股票发行审核委员会,委员由中国证监会专业人员和所聘请的会外有关专家担任。中国证监会在省、自治区、直辖市和计划单列市设立 36 个证券监管局,以及上海、深圳证券监管专员办事处。管理 19 个系统内单位。2013 年年底证监会工作人员 3183 人,其中会机关 797 人、派出机构 2386 人,占比分别为 25%—75%。证监会机关和派出机构人员平均年龄 35.8 岁。

六、资本市场信息

信息是资本的血液。从本质上讲,资本市场是一个信息市场,市场的运作过程就是信息的检索与处理过程,社会资金在各种信息的引导下流向市场参与各方,只有通过及帮助市场参与者得到真实、准确、完整、及时、公平的信息,市场才能形成公允的价格,市场的资源配置功能才能得以实现。所以对于投资者来说要无时无刻地关注各种信息,宏观经济、公司信息、行情信息等。及时、准确的信息有助于投资者及时把握证券期货产品的动向,做出正确的投资决策并从中获利。对于监管者来说全面、准确的公司信息及交易信息可以及时对违法违规的公司和从业人员进行调查,维护市场的"三公原则",保证资本市场的稳定运行。对于中介机构(即期货公司、证券公司、基金公司、会计师事务所、律师事务所、评估公司等)来说是真实的、完整的财务信息,对于其履行职责、完成保荐人业务或其他与股票、债券等证券期货产品上市、公司再融资等相关业务有着十分重要的意义。中国资本市场有两个重要的理念与情报检索语言的应用和发展有着重要的关系。一是上市公司信息披露制度,一是投资者保护。这两个理念是相辅相成的。上市公司信息披露是为了保护中小投资者的利益和权益。对投资者的保护主要通过信息披露来实现,有效的上市公司信息披露是保护投资者利益的关键。上市公司信息披露制度是资本市场的主要组成部分,也是资本市场的灵魂。上市公司信息披露分为发行市场和交易市场中的信息披露。发行市场信息披露的主要形式是招股说明书和上市公告书,后者的主要形式是定期报告和临时报告。定期报告有年报,要求在年度结束后 4 个月内报送。还有中报与季报,主要是对投资者做出投资决策有重大影响的信息。临时公告主要披露公司突发的重大事件。发生可能对上市公司证券及其衍生品种交易价格产生较大影响的重大事件,投资者尚未得知时,上市公司应当立即披露,说明事件的起因、目前的状态和可能产生的影响。中国资本市场目前的信息披露体系正朝着构建以投资者需求为导向的信息披露体制发展。上市公司信息披露渠道除了指定报刊(证券期货类核心报纸)就是网站,移动互联网时代又增加了微博和微信。基于投资者导向的信息披露体系必须体现四大原则:重要性、相关性、变化性和关联性。中国信息披露监管体系中的法律法规要求上市公司要切实履行作为公众公司的信息披露义务,保证信息披露内容的真实性、准确性、完整性和及时性,增强信息披露的有效性。那么情报检索语言是如何服务于资本市场信息披露以及投资者的呢?

七、资本市场检索语言

20 世纪 90 年代末,互联网 Web. 1. 0 时代,张老师在其《探索 21 世纪的情报检索语言》一文中预言道,“理想的情报检索语言应是学科聚类系统与事物聚类系统的结合,先组式语言与后组式语言的结合,体系分类法与组配分类法的结合,人工语言与自然语言的结合,号码标识与语词标识的结合,系统序列与字顺序列的结合,不变概念代码与可变概念体系的结合。这种情报检索语言应是:分类法与主题法彻底一体化的,充分发挥情报检索语言对知识进行系统组织和对自然语言进行规范控制功能的,用户可十分方便地进行标引的,概念可不断增补及概念的代表可进行更换的,用户区别不出是自然语言还是人工语言而其实是由严密的人工语言控制的”。17 年后的今天互联网即将进入 Web. 3. 0 时代,张老师的这一预言在资本市场的互联网上完全实现了。互联网及移动互联网时代的资本市场检索语言就是张老师曾经预言的检索语言,具有标准化、兼容性和一体化的特征,是人工语言与自然语言的结合体,分类语言、描述语言及代码语言的结合体。资本市场的检索语言以控制语言(人工语言)为主,包括分类表、代码语言、元素词表、关键词表、叙词表、行业标准、一系列标引规则及算法,关系及定义链接库、展示与参考关系链接库、计算链接库、元素编码规则、分类标准生成的若干技术规定(如命名空间、纬度、枚举及公式等)、XBRL 语言。资本市场的检索语言的标识以代码及语词为主,语词标识中又以关键词和简称为主。张老师在 1996 和 1997 年分别在其《情报检索语言发展的趋势》及《世纪之交中国情报语言学发展之路》中就预测了这个结果。提出了对检索语言标准化、一体化和兼容性加以研究。资本市场的检索语言有以下几个主要特点①理想的情报检索语言能够实现多途径检索,有较高的检全率和检准率;②能够对财务数据进行标引并揭示财务数据的钩稽关系,有很高的检索效率;③高度标准化。

首先,在检索途径方面,互联网时代资本市场的核心网站都提供多种检索途径,有分类的、主题的、代码的、拼音的、标题的、关键词的、时间的、地区的、人名的、地图的、简称的。但最常用的途径是股票代码或公司简称。多途径检索可以达到扩检和缩检的目的。

其次,在检索效率方面,张老师曾经讲情报检索语言的核心问题是检索效率的问题。互联网时代资本市场情报检索语言有着较高的检索效率,检全率、检准率、检索速度、检索的方便性及检索成本效益比都有一个较为令人满意的结果。例如投资者可以通过公司简称或股票代码在很短的时间内查到他所关注的上市公司信息披露的内容。可以检索这家公司的全部信息也可以检索这家公司的某一方面的信息。可以检索文字信息还可以检索出财务数据信息。可以在一瞬间展示一家公司的 3 年的财务数据供投资者进行历史比较(纵向),也可以一瞬间展示一个行业的三家公司的主要财务数据供投资者进行行业比较(横向)。这样惊人的检索效果是普通的检索语言所达不到的。在资本市场应用 XBRL 前,没有一种检索语言可以对财务数据进行标引并揭示出这些数据的钩稽关系。XBRL 使用 XML 语法及相关的 XML 技术,如 XML Schema、XLink、XPath、名称空间等阐明语义含义。XBRL 对语义含义的表达通常应用在业务报告领域。XBRL 的主要用途之一是定义和交换商业和金融信息,如财务报表,是应用于非结构化信息处理尤其是财务信息处理的先进标准和技术。基于 XBRL 标准和技术的财务报告能够降低公司编制与发布财务报告的成本,提高投资者或财务分析人员获得信息的准确性,提高信息披露的透明度。XBRL 技术框架主要由技术规范(Specification)、分类标准(Taxonomy)和实例文档(Instance Document)组成。技术规范是由 XBRL 国际组织定义的、世界各国在应用 XBRL 过程中必须遵循的基本技术规则和工作准则。目前最主要的 XBRL 技术规范是 XBRL Specification 2. 1,技术规范体系中还包括维度(Dimension)、公式(Formula)、版本(Versioning)、网页展现(Inline)等规范。分类标准指各领域在应用 XBRL 技术规范时,根据各自的会计准则或行业应用所定义的适用于本地区或本行业的数据字典,是生成实例文档的基础。分类标准由 XML 模式文件(Schema)和 XML 链接库(Linkbase)组成。模式文件定义了元素、属性和简单关系,链接库定义了计算、展示、标签和引用等扩展关系。理论上,不同应用领域,都有各自定义的分类标准,都有各自定义的分类标准,目前国际上影响比较大的分类标准包括美国证监会批准的《2012 版美国 GAAP 财务报告分类标准》、国际财务报告委员会 IFRS 几乎每年都升级的《国际会计准则分类标准》等。为进一步规范各个应用领域所制定的分类标准,XBRL 国际组织还提出了一个附加的指引《财务报告分类标准架构》(FRTA1. 0)供参考。实例文档指按照相关的分类标准生成的报告文件,例如企业的财务报表。实例文档是以 XBRL 格式存储的数据文件,一般由支持 XBRL 技术的计算机软件生成。与普通文本文档不同,实例文档的数据被 XBRL 标签所标记,可被计算机软件识别、校验和转换。XBRL 实例文档是“一张长得很难看的脸”,但投资者或检索者不用去看,检索时如张老师预测过的,“用户区别不出是自然语言还是人工语言而其实是由严密的人工语言控制的”,他其实只需要在检索框中输入证券代码或简称,其检索结果以秒计算,瞬间完成,且达到“全、准、快、便、省”这五个检索效率的标准。

最后,在检索语言的标准化方面,资本市场检索语言的标识系统都是建立在标准基础之上的。最实用的如沪深交易的证券代码标准、机构代码标准。资本市场网站普遍使用代码标识加语词标识简称作为检索的入口词。资本市场产品代码主要包括证券代码、基金代码、期货产品代码、金融期货产品代码和债券代码。因为这些代码在证券期货市场行业中具有标准性和唯一性,利用代码为标识检索证券期货产品、行情、了解相关公司的状况、进行投资决策可以使投资者获得很快的检索效率和满意的检准率。1983 年,张老师就在《论情报检索语言的研究、创制、与普及》一文中指出:“解决情报检索语言问题必须采取两种措施:一种措施是搞标准化,另一种措施是开展新语种的创制工作(XBRL 即是检索语言的新语种,它集标准化、兼容性、人工语言与自然语言的应用于一体)。”这两点资本市场做得很好。为了使投资者能够全面、准确与及时地获得上市公司信息披露的信息,早在 20 世纪 90 年代初,中国资本市场成立之初交易所、中国证监会就开始走信息标准化之路。中国资本市场上市公司信息披露最重要的标准是《上市公司信息披露电子化标准》,这也是中国金融行业最重要的国标之一,于 2005 年发布。其引言概述了这个标准的意义和应用范围。该标准的引言写道:“上市公司信息是证券市场信息的重要组成部分,是证券监管机构、投资者、市场其他参与主体获取上市公司经营情况和运作情况的重要渠道,是实施监管和投资决策的重要依据。上市公司的信息披露是证券市场的一项重要制度,在我国实行的是强制信息披露制度,它要求上市公司必须披露对上市公司股票价格可能产生重大影响的所有信息。上市公司信息披露电子化是信息披露制度与现代信息技术,尤其是计算机网络技术紧密结合的产物。随着计算机网络技术的普及,互联网成为资讯传播最高效、最便捷的方式之一,指定报刊和指定网站互为补充,为我国证券市场上市公司信息披露提供更高效和更丰富的手段。本标准是上市公司信息编制、上报、审核以及披露过程中的规范。它不仅规范了上市公司的电子公告文档,同时也规范了电子公告文档中重要信息的数据化过程,包括信息披露和信息采集合而为一的过程。本标准制定有助于实现证券业内、业间的上市公司信息的共享,推动我国上市公司信息披露和证券信息服务业规范、有序地发展。本标准的制定为建立上市公司信息披露电子化体系奠定了良好的基础。本标准是上市公司信息披露体系中的基础应用标准,旨在满足上市公司日常信息披露电子文档的生成以及各种信息需求者使用数据的需要。”中国证监会 2012 年颁布的上市公司行业分类指引也是中国股票及上市公司信息检索的重要标准。它们具有张老师对情报检索语言阐述的四项功能:对文献的情报内容及某些外表特征加以标引,对内容相同及相关的情报加以集中或揭示,对大量情报加以系统化或组织化,便于将标引用语和检索用语进行相符性比较。总之,资本市场检索语言是通过高度的标准化和 XBRL 语言的应用去服务于资本市场信息披露体系,保护投资者利益特别是中小投资者利益的。资本市场检索语言能让投资者检索出重要性、相关性、变化性、关联性、真实性、准确性、完整性和及时性的上市公司信息。

八、检索语言的应用前景

在互联网和移动互联网时代,一切的问题还是检索问题,还是检索语言的问题。只要有检索的需求,检索语言的问题就是永恒的问题。懂得检索语言的人会发现当今热门搜索门户网站无论是 Google 还是百度,其检索结果并不令人满意。离张老师 1994 年在其《检索效率及其影响因素》一文中提出的“全、准、快、便、省”这五个标准还差得很远。微博、微信的检索功能都还很弱,电商网站的崛起、搜索引擎营销方式 SEO(Search Engine Optimization 搜索引擎优化)开始流行。在智能手机普及的时代、公有云和私有云与混合云共存的时代、3D 打印时代、大数据时代、可穿戴设备落地的时代,检索语言的应用前景是广阔的。

检索语言的研究范围及应用趋势将继续朝着张老师指出的方向发展,即标准化、兼容化及一体化。检索语言将更多地与计算机语言、网络挖掘算法、网络技术、智能技术结合,跟随移动检索、智能检索的方向而发展。在技术越来越先进,网络速度越来越快的时代,张老师那些关于情报检索语言的论述、分析、预测的思想永远不会过时。情报检索语言之树长青。

参考文献:

[1] 张琪玉.张琪玉情报检索语言文集[M].北京:北京图书馆出版社(今国家图书馆出版社),1995.

[2] 赵立新.构建以投资者需求为导向的上市公司信息披露体系[M].北京:中国金融出版社,2013.

[3] 胡汝银.中国资本市场的发展与变迁[M].上海:上海人民出版社,2008.

[4] 中国证监会.资本市场 XBRL 分类标准制定[M].北京:中国财政经济出版社,2010.

[5] 中国证监会[EB/OL].[2014-07-12].http://www.csrc.gov.cn/pub/newsite/.

[6] 上海证券交易所[EB/OL].[2014-07-12].http://www.sse.com.cn/.

[7] 深圳证券交易所[EB/OL].[2014-07-12].http://www.szse.cn/.

基于张琪玉情报语言学思想的《中国金融叙词表》编制实践

李国秋(上海大学图书情报档案系)

摘　要:《中国金融叙词表》为巨灵财经资讯系统的委托项目,是在中国证券监督委员会信息中心的直接指导下编制的。该词表的主要编制目标是:用于巨灵财经资讯系统的人工标引,也适用于计算机辅助检索和辅助标引(词表的计算机化及自动标引问题可作为二期工程)。《中国金融叙词表》主要覆盖证券、期货、基金等金融领域,以及所涉及财政、税务、法律等相关词汇。本表是在张琪玉情报语言学思想指导下编制的,全表由五大部分有机构成:关键词索引、分类索引、字顺主表、参照系统以及使用说明。为体现张琪玉情报语言学思想的组配规则,《中国金融叙词表》在选词时尽量优先组配,同时在标引时也允许进行组配标引。

关键词:《中国金融叙词表》;张琪玉;情报语言学;组配

张琪玉教授,中国著名的图书馆学家,情报语言学权威,我的恩师。

自1985年拜入张老师门下,攻读情报检索语言硕士研究生,转眼已近30年了。虽然现在的主要研究方向有所改变,但张琪玉教授的情报语言学思想一直伴随着我,影响着我的学术研究。

一、我与情报检索语言的30年情缘

还得从1984年说起,那时张老师给我们上《情报检索语言》课,缜密的逻辑,严谨的用词,说是惊艳也不夸张,一种吸引就此产生。

张老师是严肃的,敬与畏的矛盾纠结于我心。当时我正是大三,面临着考研导师的选择。从研究兴趣而言,非常希望攻读情报语言学,但又害怕自己马马虎虎、大大咧咧,入不得张老师的法眼。幸得当时的几位学长帮忙,终于壮胆向张老师提出申请,得到张老师首肯,1985年如愿考上武汉大学图书情报学院(现信息管理学院)研究生,正式成为张老师的入门弟子,跟随张老师在情报语言学的道路上学习与探索。

更有缘的是,张老师因工作调动来到空军政治学院(现南京政治学院上海校区),后来我也由于工作调动的原因来到上海。并且因着张老师,我与南京政治学院上海校区有着紧密的学术交流与联系。

二、情报语言学思想助我学术成长

虽然张琪玉老师在我研究生学习的中期因为工作调动去了上海，但我还是以检索语言为自己的研究方向。在这个方向下，我完成了自己的研究生学位论文《情报检索语言中的过程研究》；在这个方向下，我开讲了自己的第一门本科生必修课程“检索语言”；在这个方向下，我在学术期刊上发表了自己的第一篇研究论文《从心理学角度看分类法》。

学术概念在不断地变化，检索语言的出现频率大大下降，专业课程里也不再有这个名称。我们因此时常生出许多的感慨，也时常扼腕叹息。因为，在我们看来，检索语言的思想有着非常严密的逻辑基础，特别是主题分析与组配理论（也包括分面理论）其实是很好的思维工具，有着很好的方法论指导作用。这种思想在目前的议题分解里仍然有着很大的指导意义。我们认为，检索语言的学习给我们的思维进行了严密训练，这给我们的学术研究打下了坚实的基础。即使在这30年里，我们的工作单位与工作性质发生过多次的转换，我们的研究方向扩展到许多其他领域，这种思维训练令我们终身受益。

回首30年，我从一个马马虎虎、大大咧咧、懵懵懂懂的学术门外汉，成长成为一个以研究为生的高校教师，我衷心地感谢情报语言学的学习与训练，感谢张老师领我踏上情报语言学的研究之路。

三、《中国金融叙词表》——我的情报语言学成绩单

即便如此，我们还是会时常进行检索语言的研究，同学之间也还经常会就情报语言学开展交流与合作。其中最值得一提的就是《中国金融叙词表》的编制实践。

（一）缘起：圆我们的情报语言学梦

2004年，李为师姐当时任职于中国证监会信息中心，她负责证监会财经数据库的建设工作。由于我曾在证券公司研究部门工作多年（当时我刚重归高校不久），时常要用各类财经数据库，有些是单位订的，有些是李为师姐提供的。为此，我们经常会就财经数据库建设中词表不好而感慨。因为我与李为师姐都有同时在证券与检索语言两个领域独特的跨界研究经历，深感当时国内这些财经数据库的词表不能很好地结合这两个领域。聊着聊着，我们一致认为，如果我们来编一部词表的话，一定会比现有的相关词表要更适合证监会信息中心的需要，为此我们萌生了自己编一部词表的想法。这既是李为师姐从工作角度出发的考虑，也是为了圆我们心中的情报语言学梦，给导师交上一份情报语言学的完美成绩单。此念想一经产生就立刻变得十分强烈，我们一刻也不愿再等待，马上开始分头行动。李为师姐开始与财经资讯公司沟通，寻找经费的支持，以及词表实验基地。我则开始设计与构思词表的架构，组织工作团队。事情进展得很顺利，巨灵财经资讯公司当时也正在为词表苦恼，于是一拍即合，同意为词表提供经费支持，以及试标引等相关支持。词表工作小组的成立也很顺利，有证券公司的研究人员、高校的金融证券教师，理论与实践，加上李为、我、吕斌这样的跨

界人员，一个知识结构合理的词表编制团队就此成立。

（二）《中国金融叙词表》概况

经过两年的辛苦工作，《中国金融叙词表》终于编制成功。《中国金融叙词表》为巨灵财经资讯系统的委托项目，是在中国证券监督委员会信息中心的直接指导下进行编制的。以下对其编制目的、适用范围、编制原则、选词范围和词汇来源、体例说明及使用说明分别进行阐述。

1.《中国金融叙词表》编制目的

《中国金融叙词表》是深圳巨灵财经资讯公司委托本词表编制小组负责组织编制。词表的主要编制目标是：用于巨灵财经资讯系统的人工标引，也适用于计算机辅助检索和辅助标引（词表的计算机化及自动标引问题可作为二期工程）。

2.《中国金融叙词表》适用范围

《中国金融叙词表》主要覆盖证券、期货、基金等金融领域，以及所涉及的财政、税务、法律等相关词汇。词表保留了巨灵财经资讯系统原有主题词表中的有关国际经济、区域经济、国民经济、货币金融、行业经济的专业词汇。《中国金融叙词表》应用范围是新闻、论文和研究报告的标引和查询，因此可用于财经资讯网站的信息资源建设、财经资讯数据库的建设，也可用于政府监管部门网站、交易所网站、财经网站、证券（期货、基金）公司网站等的网络信息组织。

《中国金融叙词表》有着广泛的应用推广前景。建议由证监会信息中心将其制定为词表标准，在全国进行推广，从而推进国内证券期货信息资源的共享。

3.《中国金融叙词表》选词范围和词汇来源

《中国金融叙词表》词汇收录范围主要为证券、期货、基金、相关法律及与上述领域相关的其他词汇。

《中国金融叙词表》主要从下列途径来选词[详见该词表附录：参考资料（词汇来源）]：

（1）从各类金融词（辞）典中选词；

（2）从经典图书和教科书中选词；

（3）从重要金融类报刊文献中选词；

（4）从证监会词表系统和巨灵资讯系统词表中选词；

（5）从相关财经网站选词；

（6）从证券、期货、基金重要法律、法规中选词。

根据证监会的要求，考虑到与系统新旧词表的良好兼容，本次新编词表将首先考虑选取证监会及巨灵原有词汇为正式叙词。

编撰小组特别注意因证券市场的最新发展而出现的一些新词汇，这些词汇主要出现在相关法律法规和市场交易规则之中。例如：股权分置改革类的词汇，直接取自中国证监会 2005 年《上市公司股权分置改革管理办法》以及上海、深圳证券交易所的相关规章；“上市公司股权分布”取自上海证券交易所 2006 年 8 月 31 日发布的《有关上市公司股权分布问题的补充通知》；“融资融券交易”“信用证券账户”“信用资金账户”“融资保证金比例”“融券保证金比例”“维持担保比例”等词汇取自深、沪交易所《融资融券交易试点实施细则》；“股东大会网络投票”是市场出现的新事物，因此对该词予以收录，取自 2006 年 9 月 8 日发布的

《上海证券交易所上市公司股东大会网络投票实施细则》;“流通股协议转让”也是根据市场情况变动而采取的新举措,该词取自2006年8月14日发布的《上市公司流通股协议转让业务办理暂行规则》。

4.《中国金融叙词表》体例说明

全表由五大部分有机构成,各部分的体例如下:

(1)关键词索引的体例说明

关键词索引也可称为入口词索引,它可以提供多条检索途径。本索引收录了全部的正式叙词和非正式叙词共8000余条,并对词源做了说明。其中,[证]表示该词来源于证监会系统;[巨]表示该词来源于巨灵系统;所有款目词全部依汉语拼音字顺排列;所有款目词都依其学科归属给予了分类号。

①非正式叙词款目的体例

如“01关税”这个词款目:

01关税[巨]Bb02
Y关税

其中,[巨]表示“01关税”这个款目词来自巨灵系统,其分类号为“Bb02”。“Y”是中文“用”的汉语拼音的首字母,它表明“01关税”这个词为非正式叙词,其对应的正式叙词为“关税”,在标引和检索时,应该用“关税”这个正式叙词,而不应该使用“01关税”。

②正式叙词款目的体例

对于“B股”这个正式词,它在关键词索引中的表现形式如下:

B股[巨][证]Ia08
D境内上市外资股

它表明,“B股”这个词来自证监会词表和巨灵词表,其学科归属是“Ia08”(股票类型),其上位类是Ia(证券概论)。“D”为中文“代”的汉语拼音首字母,它表明“B股”这个词为正式叙词,取代“境内上市外资股”。在标引和检索时,应该用“B股”这个正式叙词,而不应该使用“境内上市外资股”。

③双向参照

关键词索引对全部的用/代关系(即正式叙词与非正式叙词)采用双向参照的方式,即有“Y”参照,一定有相应的“D”参照与之呼应。如上例中:

B股[巨][证]Ia08
D境内上市外资股
境内上市外资股Ia08
YB股

(2)分类索引的体例说明

分类索引是全部正式叙词的一个学科范畴表,它是按照概念的学科知识体系进行编排的,仅收录正式叙词,非正式叙词不收录。具体说明如下:

①分类索引由大纲、简表和详表三个部分组成。《中国金融叙词表》分类索引的类目是依金融学科的分类体系来进行划分和编排的,分为12个一级类、65个二级类、245个三级类。

②分类号的编制采用英文字母与数字混合,其中一级类由大写的一个英文字母表示,

如“I”表示“证券”这个一级类；二级类由一个大写的英文字母和一个小写的英文字母表示，如“Ie”代表“上市基金”这个二级类；三级类的类号则由一个大写的英文字母加一个小写的英文字母，以及两个阿拉伯数字（双位制）来组成，如“Ie01”代表的是三级类“基金动态”。

③分类索引每一款目的构成是:类号类名。如：

I 证券

Ie 上市基金

Ie01 基金动态

Ie02 基金分析

④所有同属一个三级类下的叙词全部聚集在这个类号下，同时依汉语拼音顺序排列，如：

Id02 公司分析

财务报表分析，财务分析，高管人员，个股财务分析，管理能力分析，管理水平，规模效益，技术水平，经营分析，竞争力分析，内控制度，年报分析，人事管理，生产调度，市场占有率，中报分析

⑤类名不是正式叙词，不能用于标引和检索。

（3）字顺主表的体例说明

字顺主表是全部正式叙词的字顺排列表，仅收录正式叙词，它显示除了等同关系外的词间关系（直接等级关系和相关关系）。全部词款目（约6000余条）依汉语拼音字顺排列。

每一个正式叙词的著录格式如下：

[1] 开放式基金 Ia11[2]

[3]F 上市型开放式基金

[4]S 基金类型

[5]C 封闭式基金

其中：

1：为款目词，它是正式叙词，可作为标引检索用词；

2：为分类号，可作为检索入口到分类索引中了解该叙词的知识分类属性；

3：该叙词的下位概念，可用于缩小检索；

4：该叙词的上位概念，可用于扩大检索；

5：该叙词的相关概念，可用于扩大检索。

（4）参照系统及各种符号说明

叙词参照系统是叙词表进行词汇规范化处理的措施，它通过控制同义词和反映叙词之间的语义关系，从利用词间来明确叙词的含义及其范围。甚至可以说，叙词表的参照系统是叙词法句法的具体体现，叙词法通过参照系统来构造词汇的上下文语义环境，在这个语义环境中，叙词的含义及其所指范围才得以明晰。

参照系统具有如下主要功能：

①通过参照系统将自然语言转换为规范化的标引语言，并保证标引用语与检索用语的一致性；

②通过参照系统明确叙词的确切含义及其所指范围，帮助正确选用叙词；

③通过参照系统可以灵活地扩大或缩小检索范围，并满足人们对分类检索的需要。

叙词之间的这种语义关系是通过人为的方法制定各种语义关系符号（即参照符号）来加以表达和联系的。《中国金融叙词表》中叙词参照系统由叙词的等同关系、属分关系和相关关系组成，共有五个参照项，分别用五种符号表示，如下表所示：

表　叙词参照系统及叙词语义关系符

参照关系	参照项	符　号	作　用	形　式
等同关系	用项	Y	同义词或近义词	非正式叙词 　Y 正式叙词
	代项	D	同义词或近义词	正式叙词 　D 非正式叙词
属分关系	分项	F	狭义词	广义词 　F 狭义词
	属项	S	广义词	狭义词 　S 广义词
相关关系	参项	C	相关词	相关词 A 　C 相关词 B 相关词 B 　C 相关词 A

其中，字顺主表主要反映直接的属分关系（等同关系）和相关关系，如：

[1] 开放式基金 Ia11[2]

[3]F 上市型开放式基金

[4]S 基金类型

[5]C 封闭式基金

分类索引主要反映学科关系，它主要通过类号来显示属分关系，如：

I 证券

Ie 上市基金

Ie01 基金动态

Ie02 基金分析

关键词索引主要反映正式叙词与非正式叙词之间的用/代关系，如：

B 股[巨][证]Ia08

　D 境内上市外资股

境内上市外资股 Ia08

　Y B 股

5.《中国金融叙词表》使用说明

要熟练使用《中国金融叙词表》，须掌握《中国金融叙词表》的查找方法，这就需要了解词表的结构及各组成部分之间的联系。《中国金融叙词表》由主表、分类索引及关键词索引组成，三个组成部分之间有着紧密的联系，相互补充和完善，又不重复。款目词有正式叙词和非正式叙词之分,正式叙词方可用于标引,非正式叙词仅作为检索入口,指引查找正式叙词。主表和分类索引仅收录正式叙词,关键词索引收录全部的正式叙词和非正式叙词。

(1)字顺主表的结构

《中国金融叙词表》主表仅收录正式叙词,其中叙词款目是叙词表中主表的基本结构单元,叙词款目项有:款目叙词、汉语拼音、属分参照项、分类号。

款目叙词是叙词款目的主体,简称"款目词",它在款目中起排列和查找作用;汉语拼音是排列款目词的依据,所以每条款目词都要标出其汉语拼音,并由汉语拼音来决定这个词在词表中的位置;与款目词具有语义关系的词与参照符号一起共同构成款目词的参照项,《中国金融叙词表》的主表部分仅显示正式叙词之间的属分关系,正式叙词与非正式叙词之间的等同关系则在关键词索引中显示;款目结构中的分类号是根据学科专业分类设置的,它有助于理解款目词的词义,分类号同时也将主表与分类索引有机地联系起来。

下面以叙词"开放式基金"为例来分析叙词款目的结构:

[1] 开放式基金 Ia11[2]

[3]F 上市型开放式基金

[4]S 基金类型

[5]C 封闭式基金

其中:

1:为正式叙词,可作为标引检索用词;

2:为分类号,可作为检索入口到分类索引中了解该叙词的知识分类属性;

3:该叙词的下位概念,可用于缩小检索;

4:该叙词的上位概念,可用于扩大检索;

5:该叙词的相关概念,可用于扩大检索。

(2)汉语拼音排序的原则

《中国金融叙词表》主表中款目词的排列遵守以下原则:

①所有款目叙词全部按汉语拼音顺序排列;

②以叙词中的单字为单位拼写汉语拼音;

③拉丁字母与汉语拼音字母混排,其他文种字母一律排在汉语拼音字母 Z 之后;

④词中出现括弧、连字符等符号不影响排序;

⑤数字按单个数字的汉语拼音顺序排列。如铜 63,应拼写成 Tong liusan,然后按汉语拼音顺序来排列。

(3)分类索引的查找方法

《中国金融叙词表》的分类索引是把主表中全部正式叙词按其学科专业属性构造的一个分类体系,提供学科范围查找途径。

分类索引是按学科专业性质进行划分的学科知识体系,《中国金融叙词表》的分类索引采用三级制编列,在大类下进一步划分为若干个二级类目,然后在二级类目下再划分为若干个三级类目,最后在相应的类目下列出隶属于该类的全部叙词,叙词之间按汉语拼音字顺排列。

分类索引采用英语字母与数字混合的编码方式。一级大类用大写字母表示,二级类用小写字母表示,三级类用两位数字表示。如:

I 证券

Ie 上市基金

Ie01 基金动态

Ie02 基金分析

①类目的划分

《中国金融叙词表》分类索引的类目是依金融学科的分类体系来进行划分和编排的，分为 12 个一级类、65 个二级类、245 个三级类。

②叙词的多重归类

叙词归类的依据是叙词的学科专业属性，即按叙词的学科专业属性将其归类。原则上，一词一类，依该叙词的主要学科专业属性进行归类并给予类号。

如果该叙词具有多重学科属性，也可以同时在几个类里进行重复显示，但应遵守两个原则：一是不可超过三个类目；二是类号的唯一性。

③类名

对类目的设置以概括性为原则，一般以一个学科或一个专业问题为一个类目。有时也会根据实际情况将具有共性的多个学科或专业问题概括成一个类目。

如以一个学科或某一专业问题为类名：

C 财政税收

如以多个学科或专业问题为类名：

L 信托、租赁、典当

④类名注释

类名注释是用来明确该类目收词范围或与其他类目之间的关系。如：

包销（注：证券承销术语）

(4) 关键词索引的查找方法

关键词索引将全部的正式叙词和非正式叙词按汉语拼音顺序排列出来，并揭示正式叙词和非正式叙词的等同关系。其作用是提供一个简便的查词途径，主表的篇幅较大，查词相对较复杂。而关键词索引因为只收录词条，篇幅较小，可以很方便地确定初选词，以及该叙词在主表中的相应位置，提供到主表查词的途径。

这对那些不是很熟悉词表的使用者是一个有力的帮助，使他们不会有无措的感觉，而是可以很快地确定查词的入口，并反查主表，确定最终的标引词。

下面分别以正式叙词和非正式叙词为例来说明关键词索引的著录格式：

B 股[巨][证] Ia08

D 境内上市外资股

境内上市外资股 Ia08

Y B 股

(5) 主表与索引之间的联系

①主表与分类索引之间的联系

主表与分类索引之间由叙词的分类号及汉语拼音来加以联系。如主表中的“开放式基金”一词，其款目结构为：

开放式基金 Ia11

F 上市型开放式基金
S 基金类型
C 封闭式基金
　公募基金

所以：

“开放式基金”的汉语拼音为：kaifangshijijin

“开放式基金”的分类号为：Ia11

在上例中，要鉴别“开放式基金”所属学科及专业问题，可先查分类索引，查找方法为：利用“开放式基金”款目词的分类号 Ia11，去查找分类索引中的 I 大类的 Ia 二级类 Ia11 三级类，即可知道这个叙词所属学科专业问题。

同样，要了解分类索引中某一叙词在主表中的位置，以及其与其他叙词的语义关系，则可将该词的汉语拼音拼写出来，然后按汉语拼音顺序，在主表中查找。如上例中，如需了解“开放式基金”与其他叙词间的语义关系（等同、属分及相关关系），则可以用汉语拼音“kaifangshijijin”分别到关键词索引和字顺主表中查找，即可获得其等同关系词（本例中无）和等级关系词（上级词：基金类型；下级词：上市型开放式基金）及相关关系词（封闭式基金与公募基金）

②主表与关键词索引之间的联系

主表与关键词索引之间的联系为 D 与 Y 项，如关键词索引中的“看涨期权”一词，其著录格式为：

看涨期权 Je01
　Y 买入期权

上例表示，看涨期权这个词为非正式叙词，要了解这叙词与其他叙词的关系，则应到主表和分类索引中去查看。

③主表与各索引之间的关系图

下图为《中国金融叙词表》三个组成部分——主表、分类索引及关键词索引之间的关系图，从图中可以看到三个部分间的联系纽带，从而帮助使用者在三个表之间灵活地进行转换查词，从而确定最专指最确切的标引词。

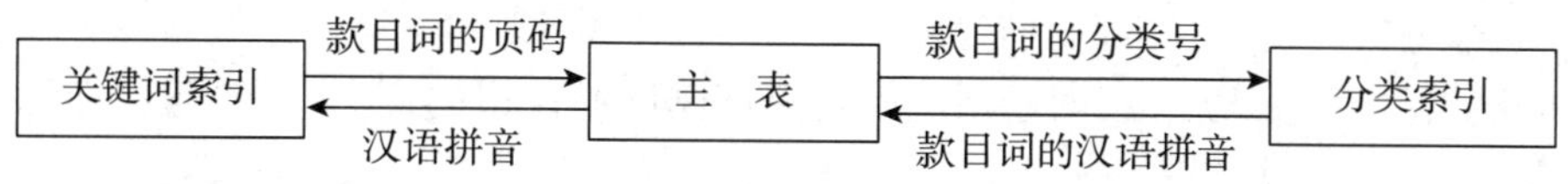

图　《中国金融叙词表》组成部分关系图

(6)查词步骤与方法

标引工作的一个重要的问题就是选择正确的正式叙词作为标引词，在选择正确的标引词时，应按如下步骤来进行：

①首先查找分类索引，根据属于或接近文献内容的学科、专业或特定研究主题，初步选取与本主题含义密切相关或相近的一些叙词。

②一时无法确定主题概念所属的学科专业，或者对这个主题很熟悉，知道该主题概念在主表中所对应的正式叙词的形式，也可直接从主表查找，方法是按主题概念的汉语拼音进行查找。

③如果既无法确定主题概念所属的学科专业,对这个主题也不是很熟悉,不知道该主题概念所对应的正式叙词的形式,还可以依自然语言的用词习惯确定多个可能的关键词,利用这些关键词的汉语拼音到关键词索引中查找,利用关键词索引中的用代关系,找到其对应的正式叙词,以及正式叙词在主表中的相应位置。

④从分类索引查找所得的叙词还不能直接确定为标引词,还必须再查阅主表。这是因为分类索引不显示叙词间的参照关系,无法判断所选词是否最专指和最恰当。

⑤直接查找主表时,也应该根据款目词的分类号反查分类索引,通过分类索引来确定主题概念在学科专业知识体系中的位置,判断是否有更专指的叙词。

⑥查词不能只限于字面,还要从概念出发,从多个角度来查词。

⑦利用有关工具书帮助明确词义。

(三)《中国金融叙词表》的组配规则

建设信息检索系统的首要工作是要把搜集到的信息进行加工处理,按一定的体系和规则进行结构化和有序化,这就是标引工作。换言之,标引工作就是给信息赋予检索标识的过程。因此可以说,标引工作是信息系统的一项重要工作,是信息系统的质量保证。既然检索的质量主要取决于标引工作的质量,因此必须对主题标引进行规范化。主题标引规范化的基本措施就是采用规范化的主题词表,通过主题词表来限定词量,规定用词规则,使用统一的用词方法。词表可以事先慎重考虑主题概念之间的各种参照关系,确定学科与专业的覆盖面,确定主题标引的表达方式。但仅有词表还是不够的,这是因为,不同标引人员在对同一文献进行标引时,仍会产生不同的标引结果,甚至同一标引人员在不同时间对同一文献的标引结果也会出现差异。这是由于标引人员对标引语言理解不同,或是由于水平不同或标引思路不同所造成的。因此就还需要有一套标引规则和一套统一的工作方法来保证标引的规范化。标引规则中要明确规定选词的方法、主题词间的组配形式、主题分析的思路以及标引内容的取舍等。统一的规则和方法可以大大减少标引误差,提高标引工作的一致性,可以保证整个检索系统的质量,从而获得较高的检全率和检准率。

《中国金融叙词表》不仅在标引时强调组配的原则,而且在选词时也尽量优先组配,能够组配表示的术语,就不选用过于专指的形式,改用简单概念的组配表示。

《中国金融叙词表》的选词标准为:

(1)从我国实际情况出发,对于不同社会经济制度所使用的词汇,要注意词的思想性和政治内容。

(2)叙词必须是在检索工作中实际有效的专业术语或概念,是金融学科范畴内经常出现的,具有文献检索意义和组配意义的最基本的名词术语。

(3)叙词是能表达文献主题和用户检索式中特定概念的词语。

(4)叙词采用我国金融范畴内使用的通用名称。外文的词语采用通用译名,必要时将原文注出以备参考。

(5)主要选择名词或名词性词组。

(6)选定的叙词具有唯一性,与相应概念要一一对应。

(7)非正式叙词在《中国金融叙词表》中与正式叙词同时列出,用于提供多途径检索。

(8)组配原则,即尽量不采用短语或复杂词组结构的叙词,而统一用叙词组配来表示复杂的主题概念。如：

外汇和汇率［巨］

Y 外汇 + 汇率

证券电子化与网上业务［证］

Y 证券电子化 + 证券电子商务

(9)其他说明。对于一些词义有可能有歧义或不易理解的词汇,本词表采用了词义解释的方法,通过括号里加注释的方式进行了词义的解释,如：

生育保险(注:财政)Cb05

括号内的注释仅起说明作用,帮助理解选词,标引(检索)时不应选用。

所以,失业保险(注:财政)Cb05 与失业保险［巨］Hi03 是两个不同的词汇,其含义根本不同,属不同的范畴(Cb05 与 Hi03),一个是国家财政范畴,一个是商业保险范畴。

四、与时俱进的张琪玉情报语言学思想

张琪玉教授虽然已 85 岁高龄了,但他仍研究不止,笔耕不辍。

张老师仍保持高度的学术敏感性,不仅对学术研究新动向、新成果有及时的把握,而且还能形成自己独到的见解,并通过研究论文表达出来。

这些新的论文、新的观点,既承载了张琪玉情报语言学思想一贯的严谨,也体现出张琪玉情报语言学思想对新问题新情况的诠释。

张老师是我永远的学习榜样。

因特网大众分类法在电子商务网站中的应用研究

邓顺国　罗　源(华南师范大学经济与管理学院)

摘　要:在信息网络环境下,信息资源、信息种类、信息形态以及传递速度的发展给信息检索带来了新的挑战。近几年,电子商务在我国的快速发展使得用户要求提高电子商务网站的实用性。文章在阐述因特网大众分类法相关理论的基础之上,分析了因特网大众分类法在电子商务网站中的应用情况,并提出了相关建议。

关键词:因特网大众分类法;电子商务网站;信息检索

一、引言

在对网络信息进行检索时,分类法问题是图书情报界学者最为关注的问题之一。因特网上流行的综合性检索工具所使用的分类法,称为"大众分类法"或"通俗分类法"[1]。由于因特网上的用户量非常大,其中绝大部分属于非专业用户,这些综合性检索工具的使用对象正是这些非专业用户,所以这类分类法是依据普通用户的需要和信息检索素养来编制的。因特网大众分类法的类目划分以普通用户的信息资源需求为主要依据;类名的设置兼顾普通用户在信息检索中的需要,一般措辞比较随便。

因特网大众分类法的分类对象主要是网站[2],由于类目迎合普通用户的习惯,所以其类名往往不反映信息资源的学科属性。因特网大众分类法除具有能分类组织知识和信息使之可供检索与浏览的功能这一任何分类法都有的本质属性外,还具有可作为达到商业目的的工具的属性,即商业性[3]。这是它所特有的,与传统分类法大不相同的本质属性。这种商业性的工具,被要求随着用户需求热点的变化而变化,新类目会随着热点信息的出现而出现,分类表的动态性很强。

针对因特网大众分类法的商业性这一本质属性,本文研究了这种分类法在目前电子商务网站中的应用情况。对网站商品信息进行合理的分类是电子商务网站信息组织的重要工作,目前大多数电子商务网站都使用了因特网大众分类法对网站商品信息进行分类和描述。

二、因特网大众分类法在电子商务网站中的应用分析

随着网络信息技术的发展,电子商务网站大量出现。电子商务网站中的信息分类没有统一的标准,客户难以在海量的商品信息中准确、快速地找到所需商品。对商品信息进行合

理的组织是电子商务网站建设过程中不可或缺的工作。现有主要的电子商务网站运用了因特网大众分类法对商品信息进行描述和分类,因特网大众分类法在电子商务网站中的应用优势明显。

1. 因特网大众分类法在类分商品中的应用

因特网大众分类法使用多重列类和重复列类,在分类体系中随处可见。此法可以消除"集中与分散"的矛盾,等于把使用体系分类法的目录中"交替参照"变为"互见",检索方便[4]。在电子商务网站中,采用多重列类和重复列类,实现起来很简单,同时方便用户从不同角度检索商品。因特网大众分类法从不同的角度对商品进行类分,把具有同种属性的商品进行聚类,并按照特定的顺序进行排列,用户可以通过其中一个或多个属性组合进行检索查询,找到自己需要的产品。

手机 - 商品筛选

品牌:	所有品牌 A B C D E F G H I J K L M N O P Q R S T U V W X Y Z
	SAMSUNG, HUAWEI, htc, Coolpad酷派, NOKIA诺基亚, lenovo联想, MEIZU, nubia努比亚, SONY make.believe, ZTE中兴, DAXIAN, Fadar锋达通, 小辣椒 xiaolajiao.com, SANMENG, LG, KENXINDA 凯欣达, TCL, YICHEER, 爱意通(aiyitong), 飞利浦(PHILIP..., ELIFE, OPPO, BIHEE, 海信(Hisense), 欧奇(ouki), 优思(Uniscope), 夏朗(NAMO), 中维恒泰(HTE), vivo, 乐目(OINOM), 金立(Gionee), Coobe, 贝尔丰(BIFER)
网络:	移动4G(TD-LTE) 联通4G(TD-LTE) 联通3G(WCDMA) 移动3G(TD-SCDMA) 电信3G(CDMA2000) 移动2G/联通2G(GSM) 电信2G(CDMA) 双卡 双模(电信+移动/联通2G) 3G全网通
价格:	5000以上 4000-4999 3000-3999 2000-2999 1500-1999 1000-1499 500-999 1-499
特点:	JDPhone计划 "0"元购机 防水 长待机 1080P全高清屏 美颜自拍 拍照神器 曲面屏 支持NFC 老人手机 儿童手机 翻盖 直板键盘
屏幕尺寸:	5.6英寸及以上 5.5-5.0英寸 4.9-4.1英寸 4.0-3.1英寸 3.0英寸及以下
系统:	安卓(Android) 微软(WindowsPhone) 苹果(IOS) 其它
机身颜色:	白色 黑色 灰色 金色 银色 红色 蓝色 粉色 黄色 绿色 橙色 紫色 其它

图 1　京东商城手机分类

如图 1 所示,京东商城从品牌、网络、价格、特点、屏幕尺寸、系统、机身颜色等几个角度对手机进行类分,这是一种典型的因特网大众分类法在电商网站中类分商品的运用。每个类分角度又包括不同的值,用户可以通过自己的爱好和习惯选择不同的检索途径和方式。例如,当用户以品牌里的"苹果"作为检索途径,则可得到 54 个检索结果;当用户希望得到更为精确的检索结果,可以通过组配查询,如可以选择品牌为"苹果"、机身颜色为"金色"时,可以得到 8 个检索结果。

2. 因特网大众分类法在描述商品信息中的应用

因特网大众分类法通过对信息资源进行多维度、结构化的组织,为用户提供了多角度描述,可以实现对信息资源的全面描述。如图 2,电子商务网站对三星 S4 的介绍,从不同的方面进行描述,用户通过这些类型的描述,整体了解了这部手机的基本信息。

3G网络：HSPA+，联通3G（WCDMA），联通2G...　　后置摄像头像素：1300万像素
网络类型：单卡双模　　操作系统：Android OS 4.2
主屏尺寸：5英寸 1920x1080像素　　RAM容量：2GB
CPU型号：三星 Exynos 5410　　ROM容量：16GB
CPU频率：1638MHz 双四核　　SIM卡类型：Micro SIM卡
电池容量：2600mAh 可拆卸式电池　　存储卡：MicroSD卡

图 2　三星 S4 介绍

3. 因特网大众分类法在分类导航体系中的应用

因特网大众分类法是为了适应因特网发展的需要而产生的，因特网上的信息资源虽然十分丰富，但是分布极为无序，使得获取网络信息资源十分困难，迫切需要一种导航体系来帮助人们获取所需信息。目前的电子商务网站都采用了商品分类导航体系，通过商品分类导航，用户可以方便地进行商品检索。这种分类导航体系采用等级列举的方式，但这种列举方式与传统分类法截然不同。

在电子商务网站分类导航体系的列类中，因特网大众分类法采用比较简明的主题分类法模式，其列类注重人们的日常生活需求，商业性较强，大众分类法并不全面平衡地列出一切信息类目；在类名方面，通常采用通俗、有吸引力的词汇，这种方式与传统文献分类法确切、科学的类名不同；同时在类目隶属和序列方面，因特网大众分类法采取突出列类方式，把大众兴趣的类目至于分类导航中的醒目位置，其级位大多高于其在逻辑上应有的地位，有时还为一些小概念设置一个大类，便于用户检索所需商品。

4. 因特网大众分类法在描述用户评论中的应用

因特网大众分类法是一种不容忽视的新型网络信息分类组织方法，与传统的分类体系不同，大众分类法是一种由众多用户参与的分布式的分类体系。它并不采用严格的分类标准，分类全部由用户直接提交，分类过程可自发形成，分类标注方便灵活。

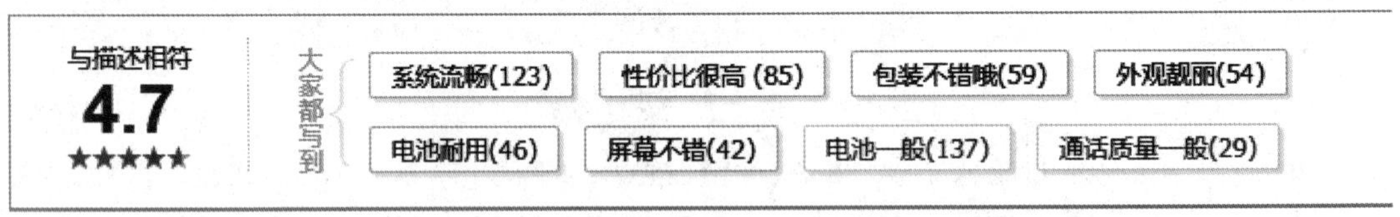

图 3　电商网站客户评论

用户评论是电商网站交互设计中的重要模块之一，用户体验的好坏将直接影响产品的销售量，乃至整个网站的访问量。对用户评论进行合理分类，可以决定用户对商品的购买倾向，同时也能够使电商网站了解商品的反馈状况，改进商品，提高服务。如图 3 所示，淘宝网对某手机产品的客户评论分类，对用户的评论进行组织分类，对手机的评论分成 8 类，用户可以通过这 8 类评论大概了解商品信息，从而选择是否购买商品。

三、对因特网大众分类法在电子商务网站中应用的建议

1. 在借鉴传统文献分类法的基础上，深入运用因特网大众分类法

商业性是因特网大众分类法的本质属性，为了体现这种商业性，因特网大众分类法在编制中采取了种种措施，同时由于这种分类法的发展历史较短、发展还不成熟，使得这种分类体系与传统文献分类法相比还十分粗糙。传统文献分类法经过长时间的发展，整个分类体系比较完善，在对文献的分类方面体现了较大优势。借鉴文献分类法的基本原理，按照它的本质属性对因特网大众分类法做某些方面的改进，让因特网大众分类法的本质属性在电子商务网站得到更充分的体现，例如可以在主页上设置若干相关一级类目，使更多热门商品类目得到突出。

2. 提高因特网大众分类法应用中类名的规范性

应该遵循确切、科学、简洁的原则来制定因特网大众分类法的类名，从而提高因特网大众分类法的规范性。宽泛无当和不能概括类目实际内容的类名，是不宜使用的，可采用“一级类→二级类→三级类”的显示方法，以此来确定类目的内涵与外延；类名的科学性要求类名使用正确不易引起误解的语词，应尽量采用自然语言，并且同一领域内网站类目名称的设置应具有相对的一致性，以减少用户使用不同网站时所产生的陌生感；同时由于因特网大众分类法是主题分类法，类名相当于一个主题词，层次较少，所以应尽量少用多字类名。以此来形成网站语言的语法规则，从而使网站用户通过类名快速方便地定位到所需商品。

3. 提高因特网大众分类法引用次序的规范

由于因特网大众分类法在网络环境下的应用很多时候表现为同级类目下多个标准的共同存在，所以引用次序的确定关系到因特网大众分类法功能的发挥。引用次序尤其是分类导航同级类目中不同分面的先后顺序应规范化，要符合用户的检索习惯。规范引用次序可以克服当前电子商务网站类目关系缺乏规律性的特点。

4. 建立因特网大众分类法类目索引

因特网大众分类法具有通俗易懂、简单明了的特点，但由于电子商务网站上的商品信息量太大，某个商品小类到底隶属于哪个上位类，某些商品在什么地方可以找到，许多用户要在此费一些时间和周折。目前因特网大众分类法都没有类目索引，这是目前这种分类法的一大局限[5]。在因特网大众分类法中加入类目索引或自然语言入口，从而提高大众分类法的质量，使这种分类法的本质属性更加充分的体现，提高电子商务网站商品信息组织能力。

虽然因特网大众分类法的分类体系与传统的文献分类法相比有很多不规范之处，显得比较粗糙，但因特网大众分类法在网络信息组织中具有传统分类法无可比拟的优势，这为电子商务网站功能进一步优化提供了可能。为了更有效地组织电商网络信息资源，当前的因特网大众分类法必须进一步完善。应在借鉴传统文献分类法长处、发挥现有大众分类法优势的基础上，着重在科学性、实用性、动态性、易用性等方面做出改进。只有这样才能进一步

发挥因特网大众分类法在电子商务网站信息检索中的优势,使电子商务网站更好地为用户服务。

参考文献:

[1] 张琪玉. 网络信息检索工具的热门类目[J]. 图书馆杂志,2002(8).
[2] 张琪玉. 情报语言漫笔(C)[J]. 图书馆理论与实践,2002(3).
[3] 张琪玉. 因特网大众分类法的本质属性[J]. 图书馆杂志,2002(11).
[4] 张琪玉. 因特网大众分类法—— 一种独创的分类法[J]. 江西图书馆学刊,2005(1).
[5] 张琪玉. 因特网大众分类法若干问题的探讨[J]. 图书馆论坛,2005(6).

论张琪玉教授开创的情报语言学在中国文件/档案领域中的应用

张正强(南京政治学院军事信息管理系)

摘　要:文章从空间视角的宏观及微观层次上,从时间视角的学科发展观方面全面深入地论述了张琪玉教授所开创的情报语言学在中国文件/档案领域中广泛应用的起源、发展及最新进展,并进而指出:张琪玉教授为情报语言学在中国文件/档案领域中广泛深入的应用做出了具有时代意义的、开创性的巨大贡献。

关键词:张琪玉;情报语言学;文件/档案领域;中国

张琪玉教授所开创的情报语言学在中国文件/档案领域中的应用十分广泛,我们可以从时空两个视角上看:从空间的视角上看,其应用主要是在两个层次上,即在中国文件/档案领域中宏观层次上与微观层次上的运用;从时间的视角上看,主要体现在情报语言学的学科发展观在中国文件/档案领域中的运用。张琪玉教授所开创的情报语言学在中国文件/档案领域中的广泛应用,成为中国文件/档案理论与实践的发展与完善的重要推动力与促进力之一。

一、情报语言学在中国文件/档案领域中宏观层次上的运用

情报语言学在中国文件/档案领域中宏观层次上的运用主要体现在三个方面:即情报语言学在文件/档案学学科体系中的应用,情报语言学的基本原理在文件/档案专业中的应用及情报语言学的标准化机制在文件/档案领域的应用。

1. 情报语言学在文件/档案学学科体系中的应用

在中国,“情报语言学”作为专指一门学科的术语,是张琪玉教授于20世纪80年代初期最先提出来的,而“情报语言学”作为一门学科的正式创立,则是以张琪玉教授于1983年正式出版的《情报检索语言》这一专著为标志,该专著于1987年又被张琪玉教授正式题名为《情报语言学》,而就在情报语言学的创立之初,张琪玉教授就以前瞻性的眼光指出:情报语言学作为一门学科也适用于文件/档案领域[1]。

1985年,在中国文件/档案领域,制定了第一项国家标准《GB/T 3792.5—1985 档案著录规则》,该标准的制定首次在中国文件/档案领域正式规定了情报检索语言——“档案分类号与档案主题词”作为必著项在文件/档案检索工具中的应用。而当时在中国文件/档案领域,其学科体系中还没“检索语言”这一门类,因此,在理论与实践上皆难以实现对文件/档案的

著录与检索的支撑。

1988 年,张琪玉教授开始了探索情报语言学在文件/档案领域中的实际运用。1989 年张琪玉教授制定了中国文件/档案领域中的第一个以情报语言学为基础的《〈档案检索〉教学大纲》,并正式应用于档案学专业的大学本科的教学。1992 年张琪玉教授主编的《档案检索》教材正式出版。张琪玉教授在该教材的前言中明确指出:“为了使档案专业教育适应我国档案事业发展的需要,加强档案检索知识的教学已显得十分必要,而《档案检索》教材的出版正是根据这种客观需要而编写的。”[2] 由此,档案检索在中国开始了应用于档案学专业的本科教学,并逐渐提升应用于档案学专业的硕士研究生教学与博士研究生教学,从而标志着以情报语言学为基础的档案检索正式进入了档案学的学科体系,开启了以情报语言学为基础的这一具有中国特色的档案检索在文件/档案专业领域中的教育。

张琪玉教授的《情报检索语言》《情报语言学》及《档案检索》一系列关于情报语言学著作的出版对文件/档案领域科学地创制及运用情报检索语言起到了极大的引领及推动作用,在文件/档案领域相继出现了一批有关情报语言学在文件/档案领域中应用的教材,如 1985 年邓绍兴教授的《档案检索》、1990 年冯惠玲教授的《档案检索的原理与方法》、1998 年洪漪老师的《档案信息组织与检索》、1999 年冯惠玲教授的《档案文献检索》等。情报语言学在中国文件/档案领域中的运用促进了档案学学科体系的发展、更新与完善,同时,也使档案学学科体系朝着更加适合信息社会与知识社会方向发展。

2. 情报语言学基本原理在文件/档案领域中的运用

在中国的传统文件/档案领域,虽然有分类,但是不具有现代情报语言学意义上的分类检索语言,更不具有主题检索语言,然而,在中国文件/档案领域自从引进了情报语言学的基本原理之后,作为专门为档案检索而用的分类检索语言与主题检索语言就于 20 世纪 80 年代末在中国出现了:1987 年首部《中国档案分类法》编制成功,随后于 1988 年首部《中国档案主题词表》正式出版。这两部专用于文件/档案的情报检索语言词典的创制,在当时国际文件/档案领域都处于领先地位,从而极大地推动了中国文件/档案领域中的情报检索语言的运用。

在文件领域,进入 20 世纪 90 年代以后,情报检索语言基本原理的应用向文件的各个领域发展。首先,1994 年国务院办公厅编制修订的《国务院机关公文主题词表》、1995 年中共中央办公厅编制的《公文主题词表》以及 1999 年的《军用公文主题词表》相继问世,此后,在文件应用的其他相关领域出现了一大批公文主题词表,如《教育部公文主题词表》《卫生部公文主题词表》《水利公文主题词表》等,从而使情报检索语言基本原理广泛地应用于文件领域,并进入蓬勃发展时期。

在档案领域,自从 20 世纪 80 年代《中国档案分类法》(第一版)编制之后,在兼容《中国档案分类法》体系的基础上,档案界又创制了适合各类档案使用的专业分类表,如《明清档案分类表》《民国档案分类表》《新民主主义革命档案分类表》以及《医药档案分类表》等,这些专业档案分类表无不是在遵循情报语言学基本原理的基础上创制的。在军队,1994 年由叶千军教授主编的《军队档案常用主题词表》问世,该主题词表全面兼容了《军用主题词表》的编制体系,成为专门适合军队档案使用的主题检索语言。由此可知,在文件/档案领域,情报检索语言基本原理的应用,对文件/档案信息资源的系统化与组织化起到了积极的推动作用,加快了文件/档案的信息化进程。

3. 情报检索语言的标准化机制在文件/档案领域中的运用

没有标准化就没有信息化。标准化是情报检索语言所固有的机制,情报检索语言应用于文件/档案领域的同时,实际上也将情报检索语言的标准化机制运用到了文件/档案领域。情报检索语言标准化的内在机制在中国文件/档案领域中的运用主要体现在两个方面:一是情报检索语言的创制方面,二是情报检索语言的标引方面。它对于发挥情报检索语言在档案检索系统中的语言保证作用与提高档案检索效率具有十分重要的意义。对于这一点,早在20世纪90年代初张琪玉教授在其主编的《档案检索》中就指出,“我们建立和发展档案事业,收集、整理、保存档案,其目的全在于利用,以发挥其凭证价值和情报价值。一个档案机构若没有适用并且高质量的档案检索系统,那么,它虽然拥有极为丰富的档案资源也不能发挥其应有的作用”[3]。同时,他高屋建瓴地指出:“因此,可以说,档案检索系统的状况是衡量一个档案机构工作水平的重要标志之一。”[4]

在情报检索语言的创制方面,关于这一点,张琪玉教授专门指出:“情报检索语言的选词、处理和显示概念关系等都要求其具有规范化、统一化和标准化。因为,情报语言学所研究的就是如何编制用于情报检索领域的‘术语词典’——分类表、词表、代码表”[5-6]。而实际上情报检索语言的概念标识即语词具有:单义性、语词的字面意义同它所表达的概念的一致性、系统性、稳定性和普遍性、简洁性、语言的正确性、借用外来语的不可取性等,这些本质上都是情报检索语言标准化内在机制的反映。由此可见,基于情报语言学在中国文件/档案领域中所创制的检索语言创制及应用,这本身就是文件/档案领域标准化实际体现。

在情报检索语言的标引方面,1994年中华人民共和国国家标准《GB/T 15418—94 档案分类标引规则》正式颁布实施,此后,1996年中华人民共和国行业标准《DA/T 17.4—1995 革命历史档案资料分类标引规则》和1999年中华人民共和国行业标准《DA/T 19—1999 档案主题标引规则》也相继颁布;而在军队领域,1997年中华人民共和国军用标准《GJB 2418.5—1995 军队机关公文主题词标引规则》和《GJB 2418.2—1995 军队档案主题词标引规则》也正式颁布实施。从而有力地推动了档案检索的现代化进程,不仅提升了文件/档案信息的检索效率,还推进了计算机及网络信息技术在档案检索中的运用,从而极大地促进了档案信息资源的开发与利用,提高了档案信息资源的共享与共管的信息化水平,也推动了文件/档案领域标准化的发展。

二、情报语言学在中国文件/档案领域中微观层次上的运用

情报语言学在中国文件/档案领域中微观层次上的运用主要有:情报语言学的语词规范化方法在文件/档案领域中的运用、情报语言学的分面方法在文件/档案领域中的运用、情报语言学的组配方法在文件/档案领域中的运用。

1. 情报语言学的语词规范化方法在文件/档案领域中的运用

情报语言学语词的规范化方法主要是指排除情报检索语言语词的“多词一义”“一词多

义”和“词义含糊”的方法。这一方法在中国文件/档案领域中的运用主要体现在两个方面：第一个方面，就是当文件/档案领域在创制适合文件/档案检索的情报检索语言时，为了达到语词能够表达文件/档案主题的概念词的要求时所采用的语词规范化这一方法，这一方法的采用已被《中国档案分类法》和《中国档案主题词表》为代表的、为适合于文件/档案检索而创制的大量情报检索语言事实所证明；第二方面，就是情报语言学的语词规范化这一方法被迁移到文件/档案领域的电子文件管理元数据的研究中，从而推动了中国电子文件/电子档案管理元数据的研究。

随着信息化社会的迅猛发展，作为当今文件/档案的重要组成部分——电子文件，越来越多地出现在社会的各个领域中，如何科学地对电子文件/电子档案进行管理、有效地保存人类记忆也就成为整个国际文件/档案界在人类社会发展过程中所面临的严峻课题，而作为电子文件/电子档案管理的命脉——电子文件/电子档案管理元数据，如何科学地对其进行研究也就成为一个严峻的挑战。

对电子文件/电子档案管理元数据的研究在国际文件/档案领域，始于 20 世纪 90 年代中期，而“电子文件/电子档案管理元数据”（Metadata for Managing Record）这一术语的定型则是在 2009 年国际标准《ISO 23081 -2 信息与文献—文件/档案管理元数据—第 2 部分：概念与实施问题》颁布之后，因此，对于电子文件/电子档案管理元数据的研究在中国文件/档案领域是一个崭新的课题。但尽管是崭新的课题，电子文件/电子档案管理元数据在许多方面都与情报检索语言有着一个共同点：就是电子文件/电子档案管理元数据的元素与情报检索语言的语词都是表达“概念的概念词”，因此，与情报检索语言语词一样，电子文件/电子档案管理元数据也需要采用语词规范的方法，这主要分为三类：一是语词的词类规范，二是语词的词形规范，三是语词的词义规范，以排除“多词一义”“一词多义”和“词义含糊”的现象。

在自然语言中，语义主要是指语词的意义，是思维理解的内容，而语词则是语言形式，语义与语词处于两个不同的层面。自然语言的语义与语词的区分可以用经典的语义三角模型来表示，其模型如图 1 所示：

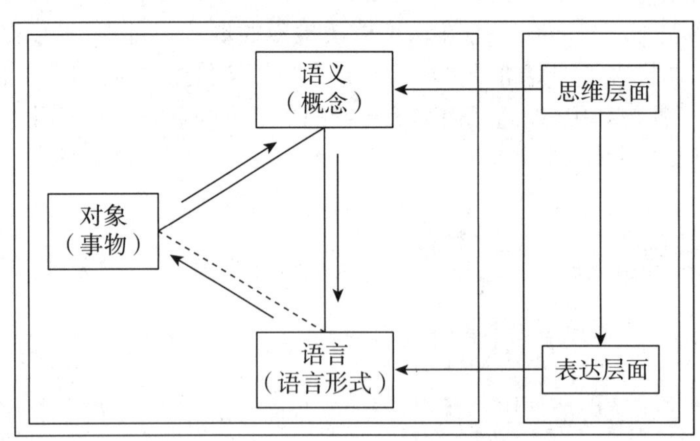

图 1　自然语言语义三角模型

从图 1 自然语言语义三角模型可以看出，作为语义主要表达的是概念，处于思维层面，而作为语词主要是语言的形式，是存在于表达层面，但不管怎样，都是人们用于说明、描述、指代事物所不可缺少的两个基本方面。

但是自然语言在语词与语义的对应上却存在着非一一对应性，即多个语词可以对应一项语义，一个语词可以对应多项语义。而电子文件/电子档案管理元数据是以计算机网络为应用环境的，因此，直接采用自然语言语词而不加以规范显然不利于“直读”与“机读”，也就很难实现在计算机网络环境下电子文件/电子档案管理元数据的互操作。为此，必须对电子文件/电子档案管理元数据进行语词规范化，使其达到语词与语义的一一对应。

电子文件/电子档案管理元数据为进行语词规范而排除“多词一义”所采用的情报语言学的具体方法主要有：对一般同义词、学名与俗称、新称与旧称、全称与简称、不同译名、汉字不同形体、汉语词不同写法以及没有必要区分的近义词进行的优选等。

电子文件/电子档案管理元数据为进行语词规范而排除“一词多义”和“词义含糊”所采用的情报语言学的具体方法主要有：对多义词的某一义项或全部义项加限定词，对在不同范围使用的词加限定词以专指某一使用范围，对词义含糊的词加注释或限定词等。

电子文件/电子档案管理元数据通过应用情报语言学的语词规范化方法，使电子文件/电子档案管理元数据由自然语言语词与语义的“多一对应”变为语词与语义的“一一对应”，其模型如图 2 所示：

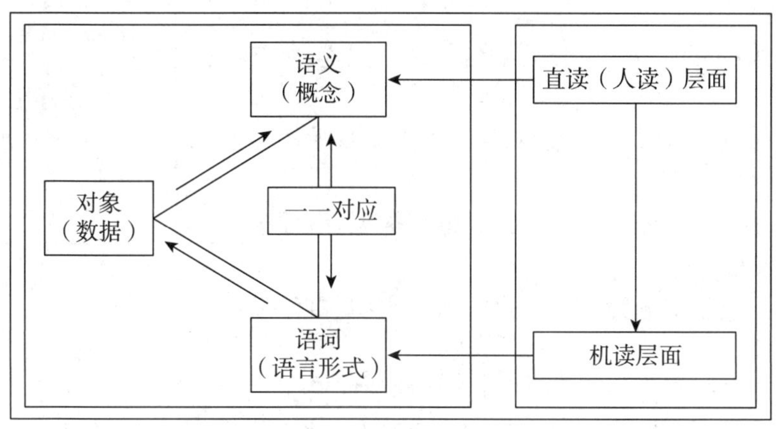

图 2　电子文件管理元数据语词与语义一一对应三角模型

从图 2 模型中可以看出，电子文件/电子档案管理元数据通过应用情报语言学的语词规范化方法，使电子文件/电子档案管理元数据由自然语言语词转变为语义与语词一一对应的概念词，从而为“直读”与“机读”创造了条件，这就十分有利于计算机网络环境下电子文件/电子档案管理元数据的互操作，因此，语词规范化方法现已成为电子文件/电子档案管理元数据领域中普遍应用的方法。

2. 情报语言学的分面方法在文件/档案领域中的运用

对于情报检索语言分面化，张琪玉教授于 20 世纪 90 年代末在《世纪之交中国情报检索语言发展之路》一文中专门指出：“专业词表的编制以采用分面化词表形式为宜，分面化可大大提高词表的性能”[7]。然而，情报语言学的分面方法不仅仅可以提高词表的性能，而且由于其多维划分的原理，将其应用于文件/档案元数据领域，还可以提高电子文件/电子档案管理元数据体系的性能，因此，这种分面方法在构建电子文件/电子档案管理元数据体系时也得到了专门的使用。如在构建电子文件/电子档案管理元数据体系时常划分为两大分面，一个是实体分面，一个是属性分面。实体分面主要包括四类：文件实体、责任者实体、业务实体、法规实体。然后除关系实体外，在每一个实体下进行细分，细分如下：

(1)对文件实体类元数据进行了细化，分出了件、案卷、全宗和全宗群；

(2)对责任人员实体类元数据进行了细化，分出了人员、单位、部门和机构；

(3)对业务实体类元数据进行了细化，分出了处置、活动、职能和社会职能；

(4)对法规实体类元数据进行了细化，分出了业务规章、政策和法规。

经过以上的细分就形成了实体分面，如图3所示。

实体分面

1.文件实体
1.1 单一文件
1.2 案卷
1.3 全宗
1.4 全宗群
2. 责任者实体
2.1 人员
2.2 单位
2.3 部门
2.4 机构
3. 业务实体
3.1 处置
3.2 活动
3.3 职能
3.4 社会职能
4. 法规实体
4.1 业务规章
4.2 政策
4.3 法规

图3 实体分面构成

属性分面主要由五组元数据构成，即描述组、使用组、计划事件组、事件历史组和关系组构成，然后再在每个组下进行细分：

(1)描述组细分为：题名、分类、提要、存贮位置、所有权、外部标识符；

(2)使用组细分为：技术环境、权限、利用、文件使用对象、语种、完整性、文件种类；

(3)计划事件组细分为：事件时间、事件类型、事件描述、事件关系、触发事件；

(4)事件历史组细分为：事件时间、事件类型、事件描述、事件关系、事件编号；

(5)关系组细分为：关系标识符、相关实体的标识符、关系类型、关系时间。

由此，经过以上的细分就形成了属性分面，然后将实体分面与属性分面放在一起进行组配，就可以具体地形成一个个元数据，如图4所示。

从实体与属性两个分面可以看出：实体分面采用的是一种划分标准，属性分面采用的是另一种划分标准，这种多维划分的分面体系与传统的一维划分的线型体系相比，其结构显得十分简洁、灵活，结构性能大大提高。这正是情报语言学中的分面方法在电子文件/电子档案管理元数据体系建构中典型应用的体现。

3. 情报语言学的组配方法在文件/档案领域中的运用

如果说情报语言学的分面方法在电子文件/电子档案管理元数据体系中的应用是属于“造词”方面的应用，那么情报语言学的组配方法在电子文件/电子档案管理元数据值的形成过程中的应用则是属于“造句”方面的应用。

关于“组配”，张琪玉教授于20世纪80年代中期在《情报检索语言语法体系初探》一文中专门阐述了其原理，所谓组配就是，“把两个或更多个语词(表达简单概念的非专指标识)组合成句子(表达复杂概念的专指标识)”，并指出组配“是情报检索语言中最基本的造句方法，几乎每一种情报检索语言都或多或少地使用组配法[8]”。

图4　实体分面与属性分面组配

电子文件/电子档案管理元数据从其构成上看，一个能表达实际对象的元数据是由元素名与元素值构成的，如在电子文件/电子档案管理元数据中通常有“文件类型”这一元数据，但它具体内容的表述就要靠值来表示，以“文件类型：会议记录”为例，如图5所示。

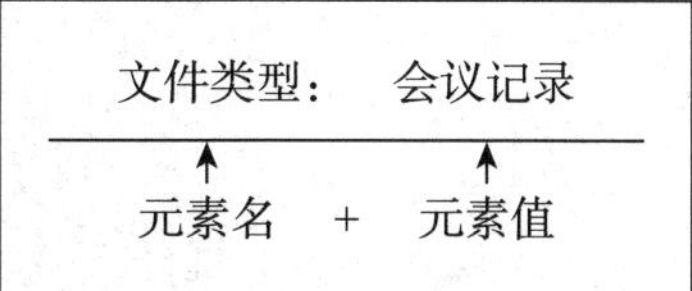

图5　元数据构成

为了使元素值在表达元素名时规范、一致、可控，在电子文件/电子档案管理元数据中通常采用附表的形式，把元素值做成元素名的附表，在实际应用时，通过元素名与元素值组配来形成一个对具体描述对象的进行描述的元数据。如以元素名“技术环境”为例，为其做一个值附表如下表1。

表1　电子文件/电子档案元数据“技术环境”值附表

标识符(分类号)	名称	定义及说明(以下定义来源均为:国家标准《GB/T 5271.1—2000 信息技术 - 词汇 - 第1部分:基本术语》)
软件环境		
BB123.181.1	应用软件	专门解决应用问题的软件或程序
BB123.181.2	系统软件	支持系统运行、与应用无关的软件。例如操作系统
BB123.181.3	支持软件	辅助其他软件的开发、维护或使用,或者提供与应用无关的一般性能的软件或程序
BB123.181.4	操作系统	控制程序执行的软件,它能提供诸如资源分配、目录调度、输入输出控制及数据管理的服务
BB123.181.5	软件包	为类属的应用或功能提供给用户的一套完整的、带文档的汇集
BB123.181.7	其他软件	—
硬件环境类型		
BB123.182.1	计算机	一种功能单元,它能进行大量的计算,包括无须人工干预的算术和逻辑运算
BB123.182.2	主计算机	计算机网络中,为终端用户提供如计算、数据库访问等服务,并可完成网络控制功能计算机
BB123.182.3	微型计算机	一种数字计算机,其处理单元由一个或多个微处理器组成,并包括存储器和输入输出设备
BB123.182.4	服务器	通过数据网络将共享服务提供给工作站的功能单元或者其他功能单元
BB123.182.5	内部存储器	处理器中所有可编址的存储空间和所有其他的用于执行指令的内存储器
BB123.182.6	处理器	由一个或多个处理及其内部存储器组成的一种功能单元
BB123.182 - 1	其他硬件	—

在具体应用时,由元素名“技术环境”与附表中所列出的元素值如“系统软件”加以组配,就构成了一个描述具体对象的元数据“技术环境:系统软件”;再如元素名“技术环境”与元素值“主计算机”组配,就形成了具体的元数据“技术环境:主计算机”,等等。这种方法运用的实质就是:把两个语词(表达简单概念的非专指标识)组合成句子(表达复杂概念的专指标识)形成一个个具体的元数据的方法。由此,我们可以看出,电子文件/电子档案管理元数据中这种方法的使用,实际上是情报语言学组配方法的又一应用。

三、情报语言学学科发展观在中国文件/档案领域中的应用

张琪玉教授在《中国情报学百科全书》所撰写的“情报语言学”[9]词条中专门指出了情报检索语言的发展方向,情报检索语言的实质是知识组织的工具,要使其建立在概念高度系

统化和得到精确描述的基础上,并使其能应用于网络环境。在文件/档案领域中,情报检索语言的应用与发展完全证实了张琪玉教授的这一学科发展的观点。例如,英国开发的专门供英国档案界网上使用的《英国档案主题词表》(*UK Archival Thesaurus*,*UKAT*)就是如此。该词表在结构上采用了"简约知识组织系统"(Simple Knowledge Organization System,SKOS)来建立其体系,成为国际文件/档案主题词表领域第一个采用简约知识组织体系编制的档案主题词表。

由国际万维网联盟制定的"简约知识组织系统"是作为网络环境下专门用于叙词表、分类表等这一类知识组织工具的本体语言标准。使用"简约知识组织系统",叙词表、分类表等这一类知识组织工具就可以机读形式来表达,并可以使叙词表、分类表等这一类知识组织工具建立在概念高度系统化和描述精确化的基础上,从而在网络环境下,既可以使叙词表、分类表等这一类知识组织工具在不同的应用程序之间进行交换,又可以在网上进行发布。

叙词表、分类表等这一类知识组织工具具有共同的特征,即它们都有"概念、语词属性、语义关联及注释",而在"简约知识组织系统"标准中,有专门用于这些特征的标识,主要有两类,一类是标识语词信息的,一类是标识概念语义链接的。所以采用"简约知识组织系统"就可以很好地控制概念与语词的对应、控制词义含糊现象,即做到排除"一词多义、多词一义及词义含糊"的现象,并可使概念在逻辑上进行关联。如以《中国档案主题词表》为例,在该词表中有"五分制"与"五小工业"两条正式词款目,"五分制"词款目显示了"用代关系","五小工业"词款目显示了"属、参"关系及款目词的"含义注释",实例如图 6 所示。

五分制
　D五级分记分法

五小工业
　(指小化肥、小水泥、小煤矿等)
　S　工业
　C　地方工业

选自《中国档案主题词表》

图 6　主题词款目实例

用"简约知识组织系统"表示"五分制"的"用代关系",就能很好地控制"多词一义",如下图 7 所示。

从图 7 用"简约知识组织系统"的语言描述可以看出:用"skos:prefLable"来表示"五分制"是一个正式词,而用"skos:altLable"来表示"五级分记分法"是一个非正式词,同时,用"skos:Concet"来表示"五分制"这个正式词与其概念相一致,是概念词,这种关系从图 7 的 RDF 图形描述上可以看得更清楚,由此可见,使用"简约知识组织系统"可以使"五分制"这个词得到很精确的描述,控制住了"多词一义"。同样,用"简约知识组织系统"也可以很好地表示"五小工业与工业、五小工业与地方工业"之间的等级与参照,由此可以很好地显示这些概念之间的属分关系与相关关系,如图 8 所示。

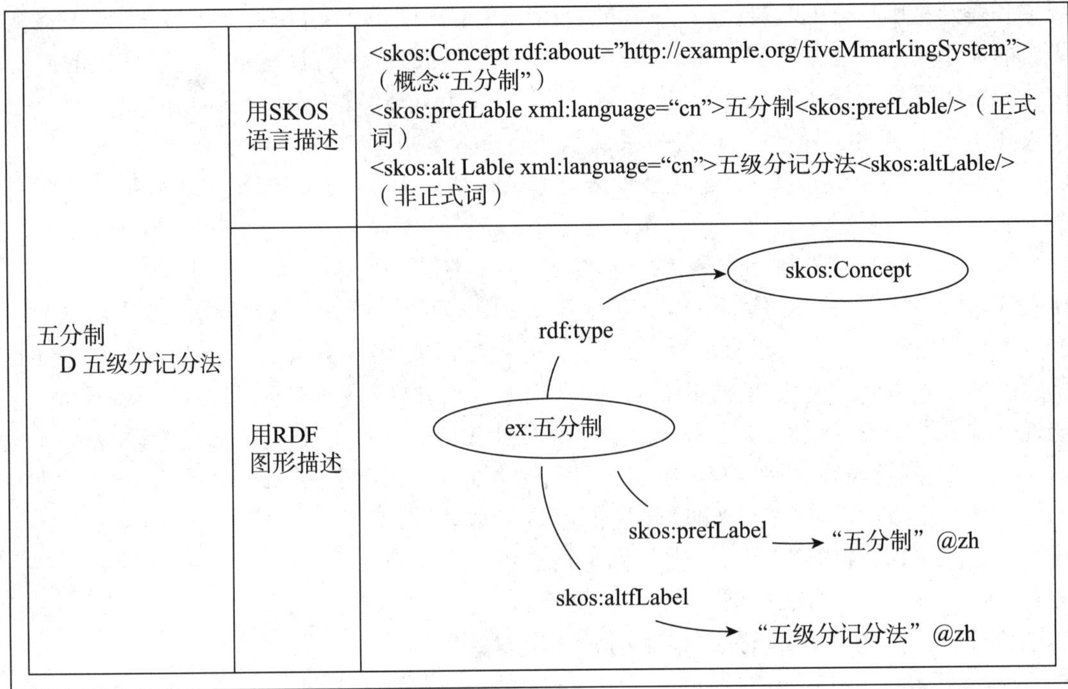

图 7 "简约知识组织系统"控制"多词一义"示例

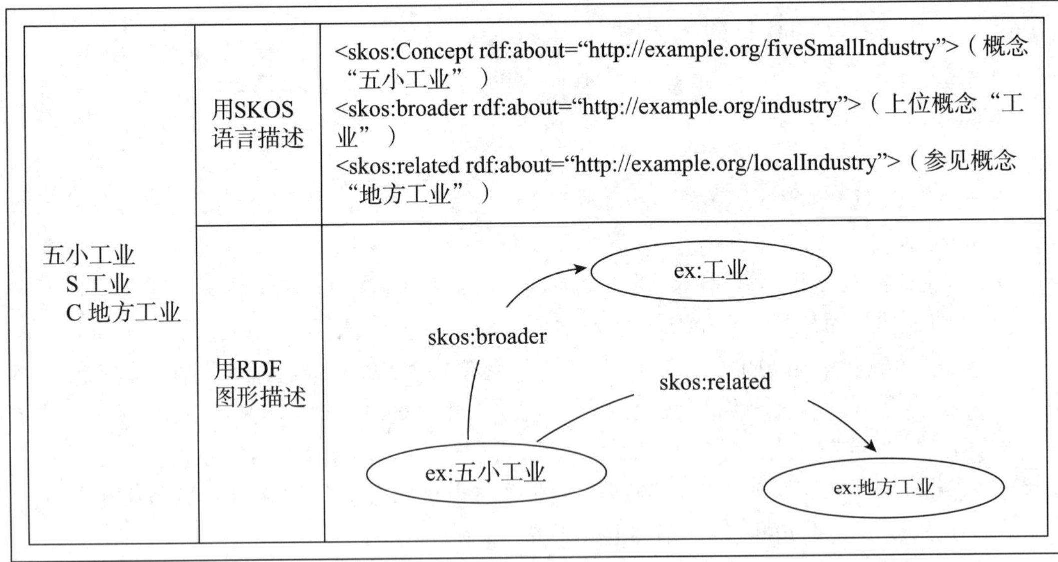

图 8 "简约知识组织系统"显示概念之间的属分关系与相关关系示例

从图 8 用"简约知识组织系统"的语言描述可以看出：用"skos：broader"来表示"五小工业"的上位概念词是"工业"，而用"skos：related"来表示"五小工业"的相关概念词是"地方工业"，这种关系从图 8 的 RDF 图形描述上可以看得更清楚，从而把"工业"与在逻辑上相关的概念"地方工业"关联起来。由此可见，使用 SKOS 可以使"五小工业"的概念关系得到很精确的描述。

用"简约知识组织系统"还可以很好地表示"五小工业"的范围注释,以排除语义含糊现象,如图9所示。

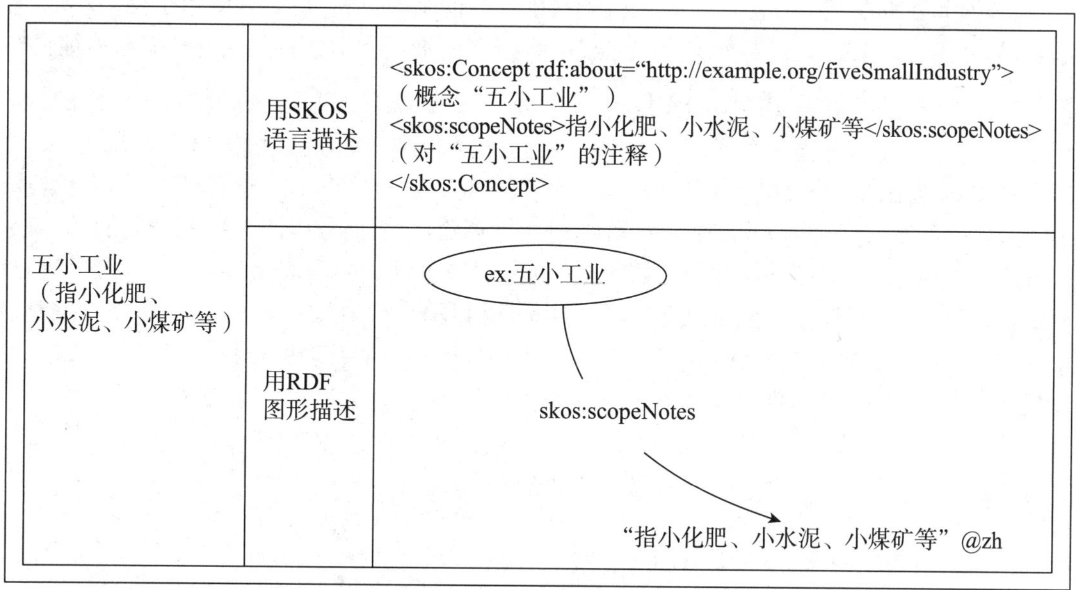

图9 "简约知识组织系统"排除语义含糊现象示例

从图9用"简约知识组织系统"的语言描述可以看出:用"skos:scopeNotes"可以很清楚地说明"五小工业"的确切含义,从而可以更精确地把握"五小工业"这一概念所包括的范围。

从上面所举的实例可以看出:采用"简约知识组织系统"来建立机读的《中国档案主题词表》既可以使其建立在概念高度系统化基础上,又可以使《中国档案主题词表》得到精确描述,这种精确的描述是传统形式的档案主题词表所不能比的,因为采用"简约知识组织系统"来描述档案主题词表,它使得词表既达到了语词与概念的统一,又达到了"直读"与"机读"的统一,如图10所示。

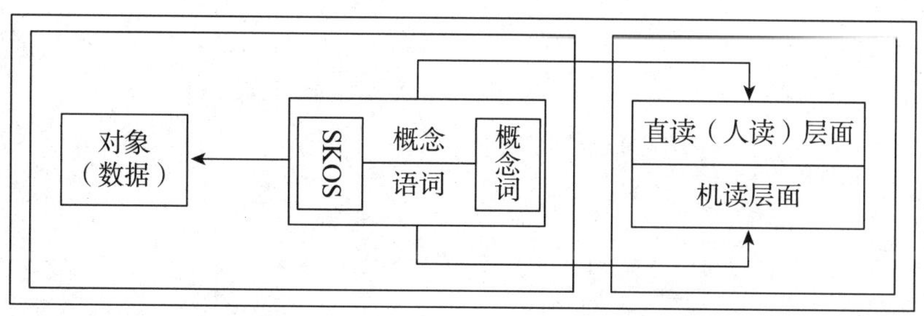

图10 "简约知识组织系统"描述档案主题词表的概念词与直读、机读统一模型

目前,国内文件/档案领域对"简约知识组织系统"应用于《中国档案主题词表》的研究已开始起步,如段荣婷副教授发表的《基于简约知识组织系统的主题词表语义网络化研究——以〈中国档案主题词表〉为例》以及《〈中国档案主题词表〉语义网络化应用研究》就是这方面的代表性研究。

由此，我们可以看出，“简约知识组织系统”在中国文件/档案领域的情报检索语言上的研究及应用这一趋势完全证实了张琪玉教授所指出的“情报检索语言的实质是知识组织的工具，要使其建立在概念高度系统化和得到精确描述的基础上，并使其能应用于网络环境”。这一学科发展的观点，我们不能不感叹张琪玉教授对情报语言学学科发展的科学预见性！

综上所述，情报语言学在中国文件/档案领域中的应用可以说是全方位的、多层次的，而且随着文件/档案信息化的发展，在不断向广度与深度推进。实际上，情报语言学在文件/档案领域中的应用，实质是作为情报语言学这一学科与文件/档案学这一学科的互相融合与渗透，体现了当今科学界学科发展的一种客观规律与必然趋势，而张琪玉教授所开创的情报语言学则遵循了这一学科发展的客观规律并预见与顺应了这一学科发展的必然趋势，通过目标定位、概念移植、理论渗透、方法引进等实现了情报语言学在文件/档案领域中的广泛应用，推动了文件/档案的理论创新与实践发展。因此，我们完全有理由这样说，张琪玉教授为情报语言学在中国文件/档案领域中广泛深入的应用做出了具有时代意义的开创性的巨大贡献！

参考文献：

[1] 张琪玉. 情报语言学[M]. 武汉：武汉大学出版社，1987.

[2-4] 张琪玉. 档案检索[M]. 北京：书目文献出版社（今国家图书馆出版社），1993.

[5] 张琪玉. 情报语言学著作目录[M]. 上海：著者自刊，2013.

[6] 张琪玉. 情报语言学的若干研究心得和收获——张琪玉学术思想自述[J]. 图书情报工作，2009(20).

[7] 张琪玉. 世纪之交中国情报检索语言发展之路[J]. 图书馆杂志，1997(增刊).

[8] 张琪玉. 情报检索语言语法体系初探[J]. 图书馆理论与实践，1986(3).

[9] 张琪玉. 情报语言学[G]//中国科学技术情报学会和中国国防科技信息学会. 中国情报学百科全书. 北京：中国大百科全书出版社，2010.

略论军队院校图书馆智慧型文献标引人员的素质与培养
——对张琪玉教授关于文献标引人员智慧论述的几点思考

李　莉(国防大学图书馆)

摘　要:本文作者通过学习张琪玉教授关于文献标引工作的有关论述,结合自己20余年来的文献标引工作实践,从分析军队院校图书馆文献标引工作及人员现状入手,就军队院校图书馆智慧型文献标引人员应具备的素质及培养途径问题提出若干思考。

关键词:军队院校图书馆;文献标引人员;素质;培养

图书馆文献标引工作是基于文献的内容特征处理与组织文献的一项重要业务工作,文献标引的质量直接影响文献的开发和利用。在21世纪"制信息权"一跃成为决定战争胜负的关键性因素的时代,在我军院校教育训练向"能打仗、打胜仗"人才培养聚焦的今天,军队院校图书馆作为军事文献资源最大的集散地,其文献标引工作的质量水平直接关系到军事文献能否有效开发和利用,能否为院校人才培养提供强有力的信息支撑。然而,就军队院校图书馆文献标引工作现状来看,其质量水平还远远不能满足当前院校人才培养对高质量文献信息的需求,其原因在于缺乏高素质的文献标引人员。早在2004年,张琪玉教授就指出:"标引人员的智慧与文献标引的质量密切相关。提高标引人员的素养很重要。"[1]因此,加快军队院校图书馆文献标引人员的培养,特别是造就一批智慧型的文献标引人员是当前一项重要而紧迫的任务。

一、军队院校图书馆文献标引工作及人员现状

近年来,军队院校图书馆建设的客观环境,军队院校体制编制的调整与改革,以及社会上各种因素的影响,对军队院校图书馆文献标引工作及人员素质提出了严峻的挑战。

1. 文献标引专业人才严重缺失

第15次全军院校工作会议后,随着军队院校体制编制的调整,军队院校图书馆人才队伍结构发生巨大变化。从之前的以文职干部为主体、职员职工为辅助、临时工作人员为补充,变为以文职干部为骨干、文职人员为主体、职员职工为辅助的现状。原本主要由军队院校或地方院校输送的图书情报专业人才大批调离岗位或转业、自主择业,文献标引工作岗位多被职员职工和招聘的文职人员取代。据统计,目前在军队院校图书馆中,非图书情报、计算机、外语专业毕业的人员比例较高,达到近一半人数。其中,图书情报专业人才更是少之又少,一定程度上限制了文献标引工作向"高、深、精、专"方向发展。

2. 业务外包对文献标引质量产生影响

近年来,由于军队院校图书馆人才队伍结构发生了极大变化,人员编制的减少,带来大多数院校图书馆文献编目工作采用外包的手段来保证图书馆基础工作的正常运转。应该看到,编目业务外包给图书馆带来了文献处理速度的加快、人力资源的节省,缓解了目前军队院校图书馆人力不足的状况。但同时也要看到,编目业务外包在一定程度上对图书馆文献标引工作产生了消极影响:一是文献标引的质量可能得不到保证,特别是很难保证外包书目数据与本馆书目数据在标引规则与标引深度上的一致性;二是图书馆文献标引人员过多依赖外包,导致专业技术水平有所下降。

3. 网络搜索引擎对文献标引工作的冲击

文献标引工作是遵循一定的标引规则和标准,对文献内部性质及其他有检索意义的特征进行分析、归纳并用检索语言进行描述,使文献获得分类或主题标识、借以组织文献检索系统,为用户查找文献资源提供便利。而网络搜索引擎服务目标是逐词索引文献全文,并通过其关键词检索提供检索服务。一定程度上,较之图书馆所采用的高度结构化、标准化的文献标引工作,读者利用搜索引擎查找文献更为快捷。因此,有人提出图书馆的文献标引工作是否还需要继续进行的问题。受此影响,军队院校图书馆的编目工作也在日趋"弱化"或"边缘化"。

4. 文献标引工作欠深化

随着数字图书馆的发展,图书馆文献类型和用户检索需求均呈多样化发展趋势,由此给图书馆文献标引工作提出了更高的要求,即必须对文献进行更深入、更详细的揭示,才能便于用户进行有效的检索和利用。目前在军队院校图书馆,文献标引还只是停留在对整本文献或单篇文献内容的描述上,很少做到对文献的目次、知识单元等内容进行深层次挖掘与揭示,而这正是用户远程利用图书馆进行文献检索识别和判断所需要的。目前,就军队院校图书馆来说,存在着文献标引欠深化的问题。

二、军队院校图书馆智慧型文献标引人员应具备的综合素质

关于文献标引工作,张琪玉教授有很多论述,他讲道,"文献标引是对文献中有用知识的挖掘和确认""是一种近乎艺术创造的处理过程""其质量主要取决于标引人员的智慧"[2]。说到"智慧"一词,在汉语词典里这样解释:"指人辨析判断发明创造的能力。"由此可知,智慧型的文献标引人员应是具有对文献知识内容进行准确的辨析判断、挖掘和确认,并能近乎艺术创造地完成文献标引的能力。其综合素质不仅包括较好的知识基础与智力技能等智力素质,也包括优良的品格与创新能力等非智力素质。

1. 较好的知识基础与智力技能

关于文献标引人员的智慧,张琪玉教授概括为 3 个方面:较好的知识功底和较宽的专业视野、正确的标引方略,以及标引方法和技巧。这是一个智慧型文献标引人员应具有的智力

素质，对于文献标引质量起着重要的作用。具体来说，包括以下几个方面：

（1）扎实的情报检索语言知识与驾驭能力

文献标引是依据文献内容和价值，运用情报检索语言，赋予文献检索标识的过程。智慧型的文献标引人员，首先要精通情报检索语言理论与技术。从分类法、主题法的编制原理到具体运用，从熟悉分类、主题标引规则到标引文献的方法和技巧，都要全面精通。同时随着科技日新月异的发展，情报检索语言的理论与方法也在发展中变化，作为文献标引人员必须要及时更新知识。目前，随着《军事信息资源分类法》（简称《军分法》GJB 5402—2005）在全军信息管理部门的颁布与实施，在军队院校图书馆中，《军分法》已成为普遍用于军事网络信息资源组织的情报检索语言工具。但从实际使用效果来看，由于许多文献标引人员没有充分掌握其编制原理、编制规则和技术特点，文献标引质量存在一定问题，如多数标引人员只是根据文献主题内容，赋予了主要分类号，凡涉及国家、地区和军兵种内容的文献，多数都没有用世界地区复分表和军兵种复分表进行组配复分，直接影响到文献检索的专指性。由此可见，培养标引人员驾驭情报检索语言的能力对于提高文献标引质量至关重要。

（2）过硬的外语知识与运用能力

当今社会，信息的交流已经全球化，军队院校图书馆为了满足开放式、拓展式教学与科研的需要，购进大量的外文文献资源已成为一种趋势。文献标引人员如果没有一定的外语水平，想要正确揭示外文文献的外部特征和内容特征是根本不可能的。而假如文献资源的特征得不到有效揭示，不仅给用户使用带来相当大的困难，而且花费了大量财力购进的外文文献得不到有效的利用，本身也是一种极大的浪费。此外，对于文献标引人员来说，学习国外先进的文献标引理论与技术，乃至套录国外编目数据，都必须在掌握外语的基础上才能实现，外语是一种必不可少的工具。

（3）熟练掌握现代化文献标引技术

信息时代，计算机已成为信息社会里人们工作和生活的基本工具，文献标引工作也因它的引入而发生了质的变化，计算机辅助标引、联机编目都已成为现实。对于智慧型文献标引人员来说，必须熟练掌握计算机操作与网络运用知识、机读数据分类标引与主题标引的方法和规则、计算机自动标引的原理与方法、联机编目、网络版信息检索语言工具使用等现代化文献标引技术。

（4）较好的军事学及相关学科专业素养

军事文献资源及相关学科文献资源是军队院校图书馆文献资源的主要特色和标引人员进行文献处理的客体。作为军队院校图书馆文献标引人员，首先必须了解与掌握与本单位用户文献需求相适应的学科专业知识。特别是对于近年来大量应聘的文职人员来说，缺乏与学校教学科研密切相关的军事学及其相关专业知识是他们的“短板”。加强军事学基础理论的学习，提高他们的军事素养，是做好军事文献标引工作的前提。实践证明，文献标引人员知识面越广，懂得的专业知识越多，对文献内容的分析才能越正确，标引的准确性才能得到充分的保证，用户的检索效率才能进一步得到提高。

2. 优良的品格与创新能力

按照张琪玉教授的观点，文献标引是一种近乎艺术创造的处理过程[3]。在这一处理过程中，不仅需要文献标引人员具有较好的知识基础与智力技能，更需要具有优良的品格、动机、信念、意志、兴趣、情绪等非智力素质。从某种意义上说，非智力素质对文献标引人员有

着重要的影响和提升作用。基于对军队院校图书馆文献标引人员总体状况的分析评估,非智力素质应包含以下几个要素:

(1)优良的军政素质

军队院校图书馆是为院校教学科研和部队教育训练提供信息服务的机构,优良的军政素质是智慧型文献标引人员做好工作的首要前提。优良的军政素质表现为:具备坚定的政治信念、良好的思想作风、高尚的职业道德和昂扬的精神状态,热爱祖国、热爱军队、热爱图书情报事业,树立甘于寂寞、无私奉献、一切为读者服务的思想。

(2)强烈的创新素质

创新素质是指智慧型文献标引人员必备的创新意识和创新能力。相对于传统文献标引工作,网络环境下的文献标引受文献载体类型复杂、新学科新知识不断涌现、学科内容之间交叉渗透、用户检索需求多元、检索语言工具技术性更强等特点影响,文献标引人员更需要具有能动式、探究式、创新式工作与学习的能力以及对标引实践中所出现问题的应变和解决能力。

(3)严谨求实的素质

严谨求实的素质,包括严谨的工作作风及学风,是智慧型文献标引人员,特别是年轻的文职人员立足岗位成才不可或缺的重要条件。文献标引的质量要求是多方面的,特别要注意文献标引要正确、适度、一致,这就要求文献标引人员必须坚持实事求是的原则,认真负责,不能只根据自己的主观臆断,而不顾及文献的实际内容和检索者的实际需要与检索习惯进行分析和标引。否则,将会造成检索者的误检,使文献标引工作失去意义。

(4)健康的身心素质

健康的身心素质是智慧型文献标引人员的内在品质,具有很强的黏合作用、催化作用、调节作用,并对人的认知和行为产生重要影响。网络环境下文献标引人员面对的是海量的、纷繁复杂的文献信息,这就需要文献标引人员必须具备心理承受、抗压、缓解的能力,保持理性平和的心态心境与正常的生理机能,始终保持坚定执着、乐观向上、沉稳自信的工作状态。

(5)良好的人际沟通素质

文献标引工作是面向用户的服务性工作,需要标引人员准确把握用户的需求特点和检索习惯,因此,智慧型的文献标引人员应有良好的与用户沟通的能力。同时,联机编目等协作活动的开展,也需要馆际之间文献标引人员建立良好的协作与交流关系,努力营造轻松、和谐、健康、向上的工作氛围。

三、军队院校图书馆智慧型文献标引人员的培养途径

智慧型文献标引人员的素质培养是一个长期的、复杂的、综合性的系统工程。从现实和长远建设发展来看,拓宽军队院校图书馆智慧型文献标引人员培养渠道,可以从以下几个方面努力:

1. 加大军队院校培养力度

南京政治学院上海校区军事信息管理系担负着全军军事信息资源管理人才培养的重任。2001年以来,该系加大教学改革的力度,形成了适应军事信息资源管理专业任职教育的培训体系,举办了多期馆长培训班、各种技术骨干培训班。近年来,又针对文职人员的大量

引进,先后举办了17期全军院校图书馆文职人员轮训班。2013年,又针对军队院校图书馆业务管理系统的更换,举办了编目人员与技术骨干培训班。同时,还面向文职人员开办了图书馆学在职研究生进修班,进一步优化了文职人员学历结构与能力素质,有的已经成为各业务口的骨干。下一步应针对目前军队院校图书馆专业人员普遍存在知识老化、知识面较窄、技能不精不专的状况,开办诸如情报检索语言、文献编目、参考咨询、信息素质教育、信息技术管理等专项业务培训班,使馆员及时了解专业领域新动态、新进展,使他们的专业知识和技能向"高、深、专、新"方向发展。

2. 走军民联合培养之路

人才培养仅靠军队院校教育是有限的,必须积极贯彻习主席提出的推动军民融合深度发展的重要思想。一是加强与地方院校合作,联合培养图书馆学专业人才,近期,国防大学与北京大学研究开展军民深度融合战略合作,为开展军地双方对口专业的互相交流与学习提供了很好的平台;二是采取"请进来、走出去"的方式,或邀请地方图书馆的专家、教授来馆讲授,或派馆员参加地方行业学会举办的专业培训班,有针对性地学习图书馆专业新理论与新技术,使馆员及时了解新动态、新进展,从而开阔视野,启迪思维;三是与地方院校或相关科研部门共同进行课题研究与项目开发,在合作中学习地方的先进技术与经验,为充分应用于军队院校图书馆建设打下良好的基础。

3. 在实践活动中磨炼

关于标引人员的培养,张琪玉教授曾指出:"标引人员犹如艺术家,需要有知识功底和掌握标引方法技巧,但更需要在文献标引实践中磨炼。"[4]现代教育理论认为,高素质人才是在掌握了一定知识基础上经过培养、训练和实践锻炼而形成的。因此,智慧型的文献标引人员培养更需要在实践活动中锻炼,如参观学习、岗位培训、社会调研、部队代职等。社会实践提供的生动、丰富的环境,有利于培养文献标引人员创造性的思维和广泛的兴趣,有利于激发他们探索的欲望和成功的动机。

4. 在终身学习中成才

英国一位图书情报学家说过,"智慧图书馆员的基本资格水平特征,一定是致力于终身学习,社会和民族的多样性,灵活性,创造力,知识渊博,豁达和参与公共生活等条件"[5]。终身学习是指社会每个成员为适应社会发展和实现个体发展的需要,贯穿于人的一生的、持续的学习过程。当今社会,现代信息技术的智能化、媒体化和网络化,为教育环境搭建了良好的平台,如远程教学等,使得人们获得自学的手段和机会越来越多。文献标引人员要善于结合自己的知识结构、专业水平的实际状况,充分利用各种途径,主动地学习,持之以恒地学习。只有抓住机遇,自我施压、自我完善,改造和发展自己的专业知识体系和能力素质,才能使自己跟得上形势,不断前进,不被时代所淘汰。

参考文献:

[1-4] 张琪玉. 文献标引是需要智慧的近乎艺术创造的处理过程[J]. 图书馆杂志,2004(3).

[5] 中国论文网. 图书馆未来发展的新模式[EB/OL]. [2014-06-10]. http://www. xzbu. com.

信息素质教育中情报检索语言知识的传播与普及
——张琪玉先生关于情报检索语言教育论述及其深远影响

王海岚(海军工程大学图书馆)

摘　要:信息素质教育的发展对情报检索语言知识的传播与普及提出了新的要求。本文在研读张琪玉先生《论情报检索语言的研究、创制与普及》等经典文献基础上,深入思考张琪玉先生关于情报检索语言教育与普及工作的思想、理念,结合自身的教育实践体会,从源起的启示、探究的方向和新径的实践三个方面,探讨了信息素质教育中情报检索语言知识传播与普及工作的新要求、新发展和新环境等。

关键词:信息素质教育;情报检索语言;检索语言教学

从运用第三版《中国图书馆图书分类法》(1990)组织管理一个近十万册的社会科学书库开始;从揣摩第一种情报检索语言"体系分类法"开始;从研读第一部经典专著《情报语言学基础》(1987)开始,不知不觉步入图书情报学领域已有25年。最值得庆幸的是从1992年开始,在张琪玉先生的循循引领和谆谆教导下,在情报语言学的领域里学习了成长、学习了研究、学习了传授,直至今日虽然没有惹人注目的成绩,但依然抱有对情报语言学初衷的热忱,强烈地感受着张琪玉先生情报语言学思想对学习、生活和工作产生的深刻影响。1995年在张琪玉先生悉心指导下,完成了《建立军队院校文献信息教育体系的理论研究和决策措施》论文毕业后,依然不断地思索着,努力实现张琪玉先生最初培养我时所坚持的情报检索语言知识进而普及教育的研究工作目标。

一、情报检索语言知识教育与普及工作源起的启示

我国的情报语言学教育开创于1980年9月,以张琪玉先生《情报语言学》专著诞生和正式为武汉大学图书馆学专业和科技情报学专业本科班开课为标志,其新鲜的知识和新颖的观点让情报检索语言教育在各类高等专业教育中雨后春笋般以各种形式迅速发展[1]。1984年2月,国家教育部和原国家教委首次下发了《关于在高等学校开设〈文献检索与利用课〉的意见》〔(84)教高字004号〕指导性文件,为全国范围内高等院校非图书情报专业的情报检索语言知识普及教育提供了良好契机和发展平台,业界人士通过充分认识其地位与作用,积极地研究、热烈地讨论、努力地探索着情报检索语言知识普及教育呈现的方方面面的问题,并不断实践。这期间,张琪玉先生在1983年发表的《论情报检索语言的研究、创制与普及》就已经深刻指出:情报检索语言是人工语言,带有人为性,如果不做有关知识的普及工作,使用是有困难的。情报检索语言知识普及工作是一个很重要的问题。文中还明确具体地从三

个层面提出相应的工作重点和要求[2]：首先要从图书馆学和情报学专业教育机构做起，专业教育机构是专业知识的主要传授者，如果不多做些基本知识教学工作，图书馆和情报机构中就更少注意去做这方面知识的普及工作了，高等学校先走一步，会推动图书馆和情报机构普及情报检索语言知识工作的开展。其次，在高等学校中，对非图书馆学专业和情报学专业的研究生和本科生，都应当通过某种方式讲授一点情报检索语言基本知识，作为图书情报知识普及工作的一部分；再次，向检索人员（读者和用户）普及情报检索语言知识的工作的开展，图书情报界的同志们还须多做点工作。

30 年后，重新研读这篇关于情报检索语言知识普及的指导性文献，探究情报检索语言知识传播与普及工作的真情实况，让我们再一次深刻地认识到：情报检索语言知识普及工作依然须大力加强[3]。

二、信息素质教育中情报检索语言知识传播与普及工作探究的方向

一种语言的创立源于该种语言的社会实践，一种语言的发展源于该种语言的广泛运用，一种语言的创立与发展更源于不断发现和不断总结的深厚、系统的理论体系。30 年来，张琪玉先生为我国图书情报专业情报语言学教育的研究、创制与发展，为承载着我国非图书情报专业情报检索语言知识的传播与普及不断创造条件、开拓指导，在热爱“情报语言”有识之士的不懈努力下，情报检索语言知识的传播与普及呈现出今日的可持续发展态势。

从 1984 年开始到 1992 年，国家教育部和原国家教委先后颁发了《关于在高等学校开设〈文献检索与利用课〉的意见》（1984）、《关于改进和发展文献课教学的几点意见》（1985）和《文献检索课基本要求》（1992）三份指导性文件，均把课程称为“文献检索与利用”，简称“文献检索”。

20 世纪 90 年代中期，文献资源数字化、网络化、系统化的迅速发展，文献检索课授课内容的重点逐步向电子数据库倾斜。为体现课程教学内容的变化，反映网络时代的发展中“信息”一词被广泛认知，原课程名称“文献检索”被“信息检索”逐步认同、取代。

2002 年 1 月 6 日，在黑龙江大学召开的“全国首届信息素质教育学术研讨会”决定将“文献检索课学术研讨会”更名为“信息素质教育学术研讨会”，标志着图书馆用户教育提升到一个新的平台。

众所周知，信息素质是指能认识到何时需要信息，什么样的信息，并科学有效地搜索、评估和使用所需信息的能力，对其评价通常参考美国大学与研究图书馆协会（ACRL）制定的高等教育信息素质标准，主要包括①能够独立决定所需信息种类和程度；②能够高效地获取所需信息；③能够根据现有的知识背景和评价标准对信息及其来源进行评价及遴选；④能够有效地利用信息达到某一特定的目的；⑤能够在信息利用过程中遵守相关的法律法规。对这 5 条标准分析发现：其中前四条标准就是信息的资源、揭示、组织与发现，其本质必然是由一种情报检索语言架构的资源检索系统，其核心必然是词法及其相互关系和句法的控制能力。以上述标准为教育目标，一直承载着我国非图书情报专业情报检索语言知识传播与普及的信息素质教育课程，其内涵与外延都发生了巨大而深刻的变化。细数近十余年课程体系与教学实践，课程内容更加广博化、课程目标更加特性化、课程教学更加专题化；细数近十余年

检索语言理论研究与发展实践,检索语言理论方法综合化、检索语言研究兼容互换化、检索语言运用网络自然化;细数近十余年信息检索网络环境与资源建设,检索系统更加多样化、数据存储更加标准化、网络传输更加便捷化。我们必须重新审视信息素质教育环境下情报检索语言知识传播与普及工作的教学重心、具体要求和总体目标。

置于课程体系中的情报检索语言知识传播与普及工作的教学重心是:检索语言运用能力的培养,核心是词汇控制能力的培养。具体要求是:科学运用词法、句法控制能力,充分利用检索工具,优化检索方式,实现有效检索,达到最佳效率。总体目标依然是张琪玉先生提出的大力加强情报检索语言知识的普及工作,使标引人员和检索人员都能正确使用这类语言,使每一种高质量的情报检索语言都能充分发挥其应有的作用,使我们所已经拥有的文献情报和文献信息在存贮、检索过程中的损失以及用于文献标引、检索的人力消耗缩减到最少的程度[4]。

三、信息素质教育中情报检索语言传播与普及工作新径的实践

"授之以鱼,不如授之以渔"的教学思想一直是信息素质教育的灵魂,引领其不断向长效与深刻的方向发展。但作为"渔"的情报检索语言在教学过程中,或蜻蜓点水,或束之高阁。由于未揭示丰富多样的检索工具和检索系统的构成原理与实质,所有检索知识的掌握仅停留固化在表面,一旦所学检索工具和检索系统发生变化和发展,其原有的知识体系崩溃,就要像学习新的检索工具和检索系统一样,重新认识新功能,而无法通过对原有结构和功能的认知去理解和融通新的生长点。

30 年来从"文献检索与利用""信息检索"到"信息素质教育",承载情报检索语言知识传播与普及工作的各类课程形成了完整的教学体系,出现了课时未增加、内容在增长、形式变多样,系统更全面、运用求科学等教育局面。我们的研究也始终围绕着检索语言知识在教材中的占有比、教学课时的增减、教学方式与手段的改进、教学理念的变化、师资队伍的提高等方面。如何在信息素质教育中跳出检索语言枯燥介绍,植入检索语言知识认知;如何运用研究情报检索语言的"结构与功能"研究方法,普及检索语言知识,培养检索语言应用能力;如何将检索语言的结构和功能传授融于信息素质教育特需环境中,贴近现代思维、贴近时代生活、贴近当代心理。这些问题都值得我们深思。

1. 调整普及工作的视角,把研究的着眼点转移到如何提高情报检索语言应用能力的培养上

张琪玉先生的《在武汉大学开创情报语言学教学和研究的回忆》一文中,有这样一段论述:我发现,分类法也好,主题法也好,其他文献内容的检索方法也好,它们都是情报检索系统的组成部分,都是在寻求更佳的检索效果中创制出来的,都是表达一系列概括文献情报内容的概念及其相互关系的概念标识系统,其职能是作为情报检索系统的语言保证,其核心问题是检索效率。所以,它们的基本原理是一致的,只是它们在表达各种概念及其相互关系时,和在解决对它们提出的那些共同要求时所采取的方法不同,才形成了不同的类型和语种[5]。这段论述向我们深入浅出地表述了情报语言学是研究情报检索中语言保证问题,是研究提高检索效率问题。

“语言保证”实质是保证标引者与检索者双方交流通道的问题，这一交流的质量保证主要取决于双方对词法、句法和语义规则的掌握理解是否正确、一致、有效。情报检索语言应用能力的培养，即是词法和句法应用能力的培养。在词法运用能力培养方面主要包括选词材料、选词方法、词类区分和词汇功能四个方面；在句法运用能力培养方面主要包括造句手段、造句方法、次序控制和句式转换四个方面。由此可见，培养情报检索语言应用能力的核心是词法与句法的控制能力问题。

“检索效率”实质是检全率、检准率、漏检率和误检率“四率”的控制能力问题。张琪玉先生在《论情报检索语言的研究、创制与普及》一文中，从 12 个方面重点阐释了属于情报检索语言本身的，与检索效率直接或间接相关的因素，其中，①它的选词或列类是否符合文献主题的实际情况和情报检索的实际需要。②它的标识（单个标识或若干标识的组合）是否能达到较高的专指度，也就是说，是否能恰切地表达文献主题概念。③是否能在它的词汇（类表、词表中的全部标识）中排除同义现象、多义现象、同形异义现象和词义含糊现象。④是否能全面地、正确地、恰如其分地显示概念之间（类目间、词间）的关系。⑤它的构成原理（用什么方式来构成概念标识，按哪些原则、方式来排列、组织概念标识和显示概念之间的关系）是否使它既能从学科、专业出发进行检索，又能从事物出发进行检索；既能较好地进行族性检索，又能较好地进行特性检索；是否能视检索过程中出现的具体情况自由地扩大、缩小或改变检索范围；是否能进行多途径检索、多因素检索和精确检索，等等，以满足多种检索要求。⑥它的语词或符号含义是否明确，语法是否严密，标识是否直观及其排列次序是否易于理解，查词、查号手段是否多样，整个语言包含概念是否丰富和完备，达到易于标引，易于检索，减少标引误差和检索误差。⑦是否具有对先进的检索方式和检索设备（特别是对电子计算机）的适应性，以及对多种检索方式和检索设备的适应性，以充分发挥先进检索方式和检索设备的优异性能。⑧是否具有对多种学科和多种类型文献的适应性，对多种图书馆和情报机构的适应性。⑨是否具有与其他情报检索语言的兼容性以及一国通用性和国际通用性……[6]这些因素虽然是从情报检索语言研究者的角度提出的思考要求，但从情报检索语言桥梁作用的互逆性来看，也是情报检索语言知识传播与普及的切入点和知识点，或者说是检全率、检准率、漏检率和误检率“四率”的控制能力培养的主要内容，即影响“四率”控制的因素和要求。教育者应该从这些方面为标引人员和检索人员建立共同遵循的思维规则与交流环境。

2. 调整普及工作的依据，把讲授的落脚点转移到如何利用情报检索语言学经典论述文献上

长期以来，情报检索语言知识占教材总体百分比成为承载非图书情报专业情报检索语言知识传播与普及的信息素质教育课程最为关注的话题。的确，教材是教学的依据、纲目，决定着教学比重。但教科书只是一个课程的核心教学资料，从广义上讲，凡是有利于学习者增长知识或发展技能的材料都可称之为教材。作为信息素质教育课程核心内容之一的情报检索语言知识占教材总量多少，不应该成为束缚情报检索语言应用能力培养的桎梏。

首先，《情报检索语言》教材，特别是《情报检索语言实用教程》教材等为情报语言学课程的推广和知识的普及创造了良好条件。

其次，在分类检索语言方面：《体系分类法的准则和惯例》《体系分类法中“集中与分散”的矛盾》《分类标记原理与方法概述》《分类语言与分类表》（《检索语言讲座》第四讲）、《事物分类与学科分类》(情报语言漫笔)等;在主题检索语言方面:《情报检索语言中语词标识的功能与局限——关于主题法性能的几点分析》《主题标引的原理与方法》《论自由标引》《主题法与词表》(《检索语言讲座》第5讲)等;在自然语言应用方面:《自然语言在情报检索中的应用》(《检索语言讲座》第9讲)、《自然语言检索中各种因素对检索效率的影响》《论后控制词表》《全文数据库、全文检索与全文标引》(情报语言漫笔)、《全文数据库检索的三种深度》(情报语言漫笔)等;在网络资源检索工具方面:《网络信息检索工具的分类体系》《分类浏览型网络信息检索工具的主要缺陷》(索引与数据库漫笔)、《搜索引擎关键词检索的误检从何而来》(情报语言学漫笔)等;在索引学方面:《论索引的两大基本类型》《索引的结构》《索引法也是一种研究方法》(情报语言漫笔)、《现代的索引就是数据库》等[7]。这些经典文献都是对情报检索语言知识精髓的深刻提炼与通识阐述,为教育者提供了深厚的理论,深入浅出、丰富的教学资料和指导。

3. 调整普及工作的方法,把对情报检索语言知识点的承载转移到如何植入检索过程工程化教学体系上

何中胜、刘晓丹在《面向计算思维的文献检索课程的教学改革探索》[8]一文中,运用“计算思维”探索的企业学习环节与文献检索课程贯穿,以实际课题驱动课程的教学实践,从某个层面部分解读了检索过程工程化教学体系。这一体系应将“检索过程”视为全程教学的枝干,即工程的主架;具体的“检索五步走”视为全程教学的枝干,即工程的框架;每一步中的具体内容就是枝叶,即工程的主体;至于情报检索语言知识就是点滴注入、系统呈现、运行全程的思维精髓。

检索过程工程化教学体系要求课程设置为专业集中实践课程,在毕业设计开始启动阶段,作为专业实践教学学习阶段的一个环节,以毕业课题来驱动教学,而这一切过程的开始必须通过运用情报语言学研究方法传授词汇语言关系,使其有思想、有兴趣、有创造力,各学科人才通过对学科总体的了解,丰富学科语词,学会语词及其相互关系的基本控制,并完成标准化工作等。

总之,情报语言知识的传播与普及,不仅仅用于揭示运用这种语言的检索工具和检索系统的结构和功能,更重要的是这种结构和功能需要掌握哪些遣词造句的思维方法,在检索过程中,通过词法、句法的有效控制,从而达到去其短,扬其长,真正实现更好的检索效率。

参考文献:

[1][5] 张琪玉. 在武汉大学开创情报语言学教学和研究的回忆[J]. 图书馆论坛,2006(6).
[2][4][6] 张琪玉. 论情报检索语言的研究、创制与普及[J]. 图书情报知识,1983(4).
[3][7] 张琪玉. 张琪玉情报语言学著作目录[M]. 上海:著者自刊,2013.
[8] 何中胜,刘晓丹. 面向计算思维的文献检索课程的教学改革探索[J]. 图书馆学研究,2014(2).

善良、宽厚，严谨、踏实

——张琪玉老师对学生的深远影响

贺广明（青岛大学商学院市场学系）

摘　要：在每个人的一生中，都会碰到关键性的老师，他对学生产生深远的影响，导致“伟人和罪人都出自老师之手”的结果，这就是教育领导力的威力。张琪玉老师就是对学生在学业、事业、人格和人生等诸方面产生积极影响的优秀老师。在大学教师的人生中，教育学生是和科学研究同等重要，甚至更为重要的领域，本文主要聚焦于张老师在教育方面的精神、理念、态度和行为。在当今中国缺乏教育家的现状下，张老师在教育上的执着投入和精心耕耘弥足珍贵，并取得与科研相得益彰的丰硕成果。张老师是学生真正的良师益友。他的善良、宽厚、严谨、踏实的教师品格作为学术薪火不可或缺的一部分，将通过他的学生代代相传。

关键词：教师品格；张琪玉；教育领导力；情报语言学；情报检索语言

从1982年作为武汉大学图书馆学专业1980级本科生跟张琪玉老师学习“情报检索语言”课程，到1987年作为张老师的硕士研究生毕业，我跟随张老师学习有整整5年时间，不论是在武汉大学梅园的新教室顶层第一次听张老师的课，还是和与我同为1984级张老师研究生的洪漪、钟慧、张钟玺同学在张老师家里上“情报语言学导论”课程，导师传道、授业、解惑的身影、场景依然历历在目。虽然自己之后的教学和研究领域转向领导学，但张老师传授给我的学术人格、研究思路、人生态度和做事准则依然深远地影响着我。领导学中有一个观点，每个人的领导力都受到与自己密切接触的老师的影响，尤其是极为优秀的老师和极为差劲的老师的影响。张老师就是一位极为优秀的老师。他不仅传授给我系统、深刻、领先、完备的专业知识，更为可贵的是，在人格和精神上为我树立了榜样。张老师不仅是我的老师，更是我人生的领导者。回想起来，张老师在以下方面对我产生了深远影响。

一、深厚的学术底蕴和领先的学术水平

苏格拉底说，职业素养和专业能力是领导者的先决条件。张老师成为我心目中肃然起敬的老师和具有感召力的领导者，首先是因为张老师作为教授和学者所具有的过硬的专业能力和领先的学术水平。记得在听张老师为本科生开设的“情报检索语言”课程时，图书馆学专业和情报学专业的学生须提前几个小时占位置，那个场景在武大也是罕见的，我有幸几次坐在第一排聆听了张老师以系统性和创造性思维对情报检索语言的讲述，使我下定决心经历最激烈的竞争，报考张老师情报检索语言方向的研究生。考取张老师的研究生之后，在

直接接受张老师教诲的过程中,更深刻感受到张老师专业知识深厚、研究水平领先。张老师发表了个人专著20部,合著的专著16部,发表论文、译文400余篇。在专业追求和造诣方面,张老师永远是我们学生的楷模,他为我们树立了定点超越的高标准。在我作为教师代表在青岛大学2010届研究生毕业典礼发言时,我引用了一句话:“我时刻都在扪心自问,我是谁?我是老师,我是苏格拉底、我是孔子,亲爱的同学们,我要感谢你们使我成为老师!”当全场热烈的掌声响起来的时候,我内心想到的是,我要感谢我的导师张老师,是他给我树立了一个标杆:做老师,就要做最优秀的老师。

二、严谨、勤奋的治学态度

作为张老师的研究生,他给我们最为宝贵的精神财富就是严谨的治学态度。不论是在给我们授课中,还是在修改我们的毕业论文的过程中,张老师都一丝不苟,精益求精。我至今很好地保存着张老师在我们研究生一年级时上“情报语言学导论”课程的听课笔记。上面记录道:“1984年9月12日,《情报语言学导论》开讲,一周半天课,上课12次,共七讲。第一讲‘如何研究情报语言学’,第二讲‘文献主题的构成因素和层次’,第三讲‘情报语言中的模糊逻辑现象及其消除方法’,第四讲‘情报检索语言的结构与功能’,第五讲‘聚类问题’,第六讲‘情报检索语言中组配的原理和方法’,第七讲‘类名和检索词的措词与注释’。”每一讲都有系统的结构、严密的逻辑、明确的概念和精准的内容。这些内容都是张老师进行科研的最新思想,属于专业领域的最前沿思想。张老师毫不保留地讲授给我们,启发我们讨论、探索。张老师讲课时专注的神情,炯炯有神的目光,循循善诱的语调,至今在我心灵深处留下深深的印记。记得张老师在授课时非常强调一个词“恰切”,他的授课语言也非常精炼、非常恰切。这为我日后“演讲与口才”课程教学中使用恰当的词树立了榜样。张老师的严谨不仅体现在治学上,还体现在做人上,每次上课都是直入主题,没有半点虚饰的东西,张老师从来不在授课时议论他人或杂事,从未抱怨,他全神贯注地讲课,我们聚精会神地听课。他谨慎做人,踏实做事的作风深深影响了我们。张老师写给我们的信,字迹工整,邮政编码精准地写在方格的正中间,简直就像印上去的一样。张老师有著作等身的丰硕研究成果,培育出对社会做出实质性贡献的一大批学生,就是因为他的专心研究和专心教学。就像著名管理专家彼得·德鲁克所言,“专心是一种勇气,敢于决定真正该做的事和先做的事”。张老师就有这种专心的勇气。

张老师传给我们的另一个精神财富是勤奋。张老师取得丰硕的科研和教育成果,唯有勤奋是背后最直接的原因。印象中,当我们接触到张老师的时候,他总是处于工作状态,勤勤恳恳,兢兢业业,给我们无形、无声的影响,这种影响就像学生问著名管理学者德鲁克“你业余时间干什么?”时,德鲁克所反问的“什么是业余时间?”一样,张老师的勤奋也在我们身上起到的潜移默化的作用。他的勤奋研究和不断学习是乐在其中,达到了忘我的境界,形成了行为习惯,变成了生活方式,实现了“积极心理学”中心流(flow)状态,类似于传统文化中的“止于至善”的状态,这是他在研究和教学领域遥遥领先的关键因素。在张老师于1995年年底寄给我的贺卡上写道:“我上半年送走最后一批研究生之后,可以说告别了讲坛,但还没有退休。”这和德鲁克先生的名言“知识工作者将永远不会退休”不谋而合。

三、对学生的高标准、严要求

张老师平时对学生和蔼可亲，平等相待，但是一进入研究和教学的状态，张老师的态度和神情就为之一变，对学生高标准、严要求。记得研究生一年级下半学期，我们上教学实践课，先是我们四位研究生和 1982 级情报学专业的本科生坐在下面听张老师讲“情报检索语言”课程，我们需要仔细观察和设计如何给本科生讲授专业课。然后张老师让我们四位研究生轮流上讲台给本科生讲课。这是我第一次讲课，尽管做了充分的准备，但面对比自己低两年的本科生，仍然紧张。语速越来越快，准备的内容像脱缰的野马失控了。这时，坐在第一排中间的张老师站了起来走上讲台，说道，“先停一下，刚才这个问题讲错了。我做一个更正”。于是，张老师开始重新讲授这个问题，我就站在张老师的身边，看着张老师讲。下面听课的同学都感到很惊讶，而对我来说时间似乎凝固了。下课后我仔细反思讲错了的原因，不能完全归咎于紧张，根本原因是自己对这个问题的实质理解有偏差，对课程的准备不够精准。30 年过去了，张老师对我严要求的这次经历给我上了终身受益的一课，备课就要一丝不苟，讲课就要精准无误。让我通过这次经历理解了超越个人关系的科学精神。在我开设“演讲与口才”课程时，我知道了“有道德的演讲”的标准：台上讲 1 分钟，台下准备 1—2 小时，这和张老师对我的严要求相契合。我铭记张老师对我的当面指教，在教学中兢兢业业，严于律己。当我因获得“全国 MBA 教指委案例一等奖”在十几所大学做主题讲座时，当我在做获得“青岛大学师德演讲比赛一等奖”的主题演讲时，张老师当年对我的严要求都起了关键作用，也成为我每次给研究生讲教学实践课时的必讲经历，对学生触动很深。

四、尊重和关爱学生

张老师在学生心目中有极高的威望和影响力，源自他对学生的尊重和关爱。刚好应验了“桃李不言，下自成蹊”的古训。记得很清楚的事是，每次在张老师家上课，师母乔老师都提前给每个学生准备好了一杯飘着清香的茶水，这种规格的待遇我现在理解了，张老师是按教育家别林斯基的理念对待我们：青年人是今天的贵宾，明天的主人翁。我们是被张老师和师母作为贵宾对待的。张老师有次亲切地说，喝茶时嘴里含一颗糖，非常香甜。研究生 3 年，每年最高兴的一天是年底在张老师家里吃饭，张老师分几批分别请不同年级的研究生在家里吃饭，乔老师精心准备一大桌丰盛的佳肴。学生们和张老师、师母谈笑风生，其乐融融。张老师对学生的尊重源自内心的善良、宽厚、包容。多年来，张老师接到学生的贺年卡，一直回寄贺年卡。当学生登门看望时，张老师和师母一定要出门等在电梯口迎接和送别。每每想到这些，我内心充满温暖和感激。我至今保存着张老师 1995 年 12 月 16 日自己制作的贺卡，一面是印有张老师照片的庆祝新年的画面，另一面写着张老师的新年祝福。按照领导学的观点，张老师的领导力源自人格感召、认同，而非等级和地位，因而这种影响是深远的，而非短暂的。张老师和乔老师用自己的行动教诲了我们。这就是身教，是当今甚微稀缺的高质量教育。

五、将师德和学术薪火在研究生团队中传承

作为老师，张老师把培养学生作为最重要的工作，坚守了老师的本分。作为研究生团队的领导者，张老师严于律己，以身作则，践行了领导力的宗旨——知行合一。在张老师培养的研究生中，大家自觉地以张老师的师德对照自己，要求自己，团结友爱，相互帮助，形成围绕张老师的很强的凝聚力。在2007年张老师与研究生的聚会中，敬酒时张老师说了一句话："有缘千里来相会。"言简意赅，说明师生缘之深。我作为1984级研究生，与同年级的洪漪、钟慧、张钟玺同学以及与1983级的师兄汪东波、邓顺国、叶千军一起上过课，得到师兄的热情帮助，尤其是汪东波师兄。对我们影响最大的是张老师的大弟子——曾蕾师姐，曾蕾师姐学术领先、教学出色、人格宽厚、严谨勤奋，她最精髓地传承了张老师的美德和学术薪火，对研究生团队起到非常重要的带动作用。记得为了准备考研复习，我找到曾蕾师姐的宿舍，曾蕾师姐将素不相识的我带到宿舍平台上，在阳光下和我谈了整整一下午，她对张老师的学术思想的本质有深刻的认知和独到的见解，记得师姐特别强调了"情报检索语言结构与功能的关系在抽象层面和具体层面的表现"。曾蕾师姐像张老师一样热忱帮助我们，引导我们。至今清楚记得在曾蕾师姐于武汉大学水院的家里吃她招待的一整碗红枣，好甜。

时光如梭，30多年过去了，今天，我也是老师，而且是学校中的老教师。我承担着承上启下的作用，要把张老师，老一辈中国知识分子的美德和学术薪火继承下来，传承下去。这是张老师交给我们的历史使命。

传承学术思想　弘扬治学精神　推动情报语言学发展
——张琪玉情报语言学思想研讨会论文综述

包冬梅(南京政治学院军事信息管理系)

摘　要:本文旨在梳理张琪玉情报语言学思想研讨会主要论文的基本论点,这些论文介绍了张琪玉教授开拓情报检索语言研究领域的意义和对情报语言学学科建设的贡献,阐述其学术思想和研究方法的深远影响,论述其广博、深透、求真、务实、创新的学术品质和研究风格,并探讨情报语言学在各行业领域中的应用,以及情报语言学未来发展的思考。

关键词:张琪玉;情报语言学;学术思想;研究综述

由南京政治学院主办、南京政治学院上海校区军事信息管理系承办的"张琪玉情报语言学思想研讨会"于2014年6月21日在上海成功举行。会议以邀请国内外情报语言学领域的专家学者、情报检索语言相关应用领域的专业人员采用以文赴会的方式征集研讨论文。会议共收到各类论文24篇,主要围绕张琪玉教授在情报语言学学科领域的突出贡献、学术思想和研究方法的深远影响、情报语言学在各行业领域中的应用实践、学术研究的风格品质、情报检索语言未来发展方向的思考等方面。

一、张琪玉开拓情报检索语言研究领域的意义和对情报语言学学科建设的贡献

情报语言学产生于20世纪70年代末的中国,在过去的30多年里,从最初作为武汉大学图书馆学、情报学的一门课程,发展成为现今图书情报学的一个分支学科和重要研究领域,而且在计算机和网络环境下不断拓展研究和应用领域,迸发出新的生机和活力。

张琪玉教授是我国情报语言学无可争议的奠基者和开拓者,在情报语言学发展的进程中,始终站在学术前列,引领和把握着情报语言学发展的方向。张琪玉教授情报语言学思想内容丰富、体系严密、风格鲜明、应用广泛、影响卓著,是20世纪我国图书馆学情报学发展史上的重要成就。

张琪玉教授的大弟子曾蕾撰文《超越时空的思想智慧和理念——有感于张琪玉教授创建情报语言学学科领域之巨大意义》,结合其多年以来在国际知识组织领域的研究和活动,跨越时空,站在国际化的平台上,通过对主要相关英文著作和英美国家及国际标准的发表时间与内容的观察,来讨论张琪玉教授开拓情报检索语言研究领域的意义和对情报语言学学科建设的贡献,指出张琪玉教授的《情报语言学基础》(1997年增订二版)一书是涵盖古今中外、跨越理论与实际、全面且综合性地阐述和展开作为一门学科的情报语言学的内容,其深

度、广度至今仍然是世界水平，张琪玉教授的思想智慧和理念是超越时空的，是走在世界前列的。

韩建新的《论张琪玉对情报语言学学科建设的贡献》一文，以国际政治经济学家科恩关于"学科成立标志"的精辟论述为出发点，从创造性地构建了系统、完善的情报语言学学科知识体系；拓展了情报语言学的研究范围，提升了情报语言学的学术辐射力；以自己的学术魅力吸引一批学者形成情报语言学学术共同体等方面，系统而充分地论证了情报语言学作为图书情报学的一门分支学科成立的依据，是对张琪玉教授为情报语言学创立和发展所做贡献从学科角度的阐述和升华。

华东师范大学范并思教授曾经做过精辟的评述："与图书馆现代化相比，检索语言研究有更多的创新意义。图书馆现代化研究是学习西方建立起来的领域，而检索语言研究却基本属于中国人自己创立的领域。在张琪玉以前，国外还没有人能在'情报检索语言'的书名下将检索语言理论的内容讲述得如此系统而精密"[1]。

张琪玉教授对情报语言学学科建设的贡献很多，最大的贡献莫过于对情报语言学知识的理论化、系统化和精密化。张琪玉教授自述："开拓情报语言学的目的，是为了使情报检索语言研究所得知识能很好积累和系统化，并使这门学科能有计划地继续发展。"

二、张琪玉学术思想的前瞻性和深远影响

情报语言学是对分类检索语言、主题检索语言和其他情报检索语言以及自然语言在情报检索中的应用问题进行统一研究，以探索它们影响检索效率的共同规律和有效的改进途径。张琪玉教授从创立情报语言学开始，以提高检索效率作为情报语言学研究的根本目的和核心问题，与时俱进不断开拓创新，针对检索环境的变化，一直动态地、前瞻性地探索情报语言学作为情报检索语言工具的有效改进和适应性发展问题，引领和拓展着情报语言学的发展方向，其学术思想具有高度的创新性和前瞻性，所产生的影响跨越时空。

曾蕾的论文《超越时空的思想智慧和理念——有感于张琪玉教授创建情报语言学学科领域之巨大意义》从英美国家知识组织领域及国际标准发展的视角，指出诸如美国国标 ANSI/NISO Z39. 19—2005、英国国标 BS 8723、国际标准组织的 ISO 25964(2011—2013)、W3C 组织推荐标准"SKOS 简单知识组织系统"等 21 世纪新型标准的特点都是在内容上以叙词表为基础展开，容纳各种语言的结构，特别是纳入分类结构和自然语言为基础的结构；与之相应的知识组织系统方面的会议论文和专著也越来越多。从时间和内容上看，这些发展都再次证明张琪玉教授的高瞻远瞩以及其深厚的知识底蕴和创新的精神。

侯汉清、薛春香的文章《论张琪玉先生超前的情报语言学思想》，选取张琪玉教授在情报检索语言的性质、情报检索语言与自然语言关系、文献标引工作自动化等影响情报语言学发展方向的几个关键问题，通过结合情报语言学的发展进程、计算机和网络环境下自然语言检索系统的发展、图书情报领域文献自动标引的实践，论述张琪玉教授超前的情报语言学思想和相关的具有前瞻性的研究成果。为我们呈现了张琪玉教授如何突破"三性原则"的怪圈，纠正情报语言学的研究方向，以及如何身体力行探索和指引图书情报界的学人在计算机化、网络化信息环境中，走出一条不同于计算机学界的信息加工、组织和检索之路。

包冬梅的论文《张琪玉学术思想在知识组织发展与应用中的彰显》选取网络信息检索、术语网络服务、数据库资源揭示与挖掘利用等目前知识组织领域的研究热点，找寻张琪玉教授在相应的自然语言检索、术语学和索引学等方面彰显其理论引领价值的学术思想和观点，并通过阐述现代知识组织在实践中的发展和应用，印证了张琪玉学术思想的前瞻性和深远影响，以示在当前崇尚知识组织技术与应用的时期，回望、巩固和融汇理论基础的重要性。

汪东波、卜书庆的论文《源于实践、指导实践的理论——从应用的视角评析张琪玉情报语言学理论》，作者以我国主流检索语言研制工作的组织、领导、方案设计、实践者的身份，从《中国图书馆图书分类法》《中国分类主题词表》的编制和发展应用的视角，分析了张琪玉情报语言学理论在近几十年来我国情报检索语言主要工具、索引工具以及标引文献主题的国家标准的编制中所发挥的至关重要的作用，具体体现为："分类法主题法一体化理论与《中国分类主题词表》的研制""分类表编制原理与《文献分类标引规则》国家标准制定""分类法编制中的双表列类技术与《中图法》法律类的编制实践""索引学理论与《〈中图法〉（第二版）索引》的编制"。文章阐述了张琪玉教授的理论对图书馆现实工作和图书馆事业发展的指导意义，高度评价了张琪玉情报语言学理论的效用和价值。

三、张琪玉情报语言学方法论和研究方法

情报语言学方法论是指关于情报语言学这一特定学科领域的研究方法的理论，是关于情报语言学研究方法的区分、应用、评价、开发及其发展和演变规律的科学思考，对于发展完善情报语言学学科理论体系和推动情报检索语言建设与应用实践具有重要价值，对于促进学科建设和科研工作者的学术研究活动也有积极的启示。

周军的论文《张琪玉情报语言学方法论思想的哲学思考》，认为"张琪玉情报语言学方法论思想是张琪玉情报语言学思想的重要组成部分，其主要内容包括关于情报语言学研究过程中认识活动的目的方向、途径、方法（含策略、手段、工具）及其操作程序等理论的科学思维结果"。并从哲学视角的高度加以分析后指出："张琪玉情报语言学方法论思想具有十分鲜明的科学性、实践性和指导性，体现出明显的特征，即①坚持以科学的实事求是精神选择研究方向和路径；②坚持辩证地观察、研究和解决情报检索语言理论研究和实践活动中的基本矛盾、重大理论和实践问题；③坚持理论联系实际的基本原则；④坚持全面、联系、系统和发展的科学观点。"

黄如花等的文章《试论张琪玉先生情报语言学研究的特点》结合张琪玉情报语言学研究的相关成果，采用文献调研、对比研究等方法，回顾张琪玉教授情报语言学从创建、发展到成熟的历程，从发展性、辩证性、系统性、前瞻性四个角度全面分析张琪玉情报语言学研究的特点。

张琪玉教授情报语言学方法论的核心是结构功能分析法。张琪玉教授自述之所以能在情报语言学研究中取得较多成果，"在很大程度上是因为找到了合适的研究方法"——"结构功能分析法"。张琪玉教授认为情报检索语言的检索效率是其功能决定的，而其功能则是由其结构决定的。所以，研究情报检索语言的性能，主要就是要分析解剖其结构。"结构功能分析法是研究情报检索语言最合适的方法"[2]。其他的方法，都可视为这一方法的派生。

情报语言学研究方法的提出不仅奠定了情报语言学研究的方法基础，也贯穿于张琪玉教授30多年来情报语言学的研究当中。

曹树金等的文章《浅析张琪玉教授情报语言学研究方法在其研究中的应用》则从情报语言学研究方法应用的角度，对张琪玉教授在《情报语言学基础》和《情报检索语言实用教程》等论著中系统构建的情报语言学研究方法体系划分为：①作为“元方法”的结构功能分析法；②作为“通用方法”的比较研究法和归纳演绎法；③作为“一般方法”的历史演进研究法、调查整理法、原理或方法移植、理想语言设计法、现用语言改进法等；④其他研究方法的数学方法、统计方法、实验方法等。并对各种方法的基本原理及张琪玉教授在研究中的实际运用进行了细致的分析和总结，探讨研究方法对于理论和实践的意义及其对图书情报学研究的启示。

四、对索引及索引事业的贡献

张琪玉教授在情报语言学领域取得巨大成就的同时，将研究延伸到索引学领域，并同样取得了丰硕的成果，极大地推动了我国当代索引学的发展。张琪玉教授将索引学视作情报语言学的重要应用，认为索引是使用情报检索语言及其原理和方法编制的一个检索系统。

郭丽芳、温国强的论文《张琪玉教授对中国索引学会和中国索引事业的贡献》，从中国索引学会秘书处成员的视角，对张琪玉教授从发起和创立中国索引学会，创办《中国索引》杂志；指导国标《GB/T 22466—2008 索引编制规则（总则）》制定，推动中国索引事业标准化进程；提出“现代的索引就是数据库”，指明中国索引学会转型与发展之路；倡导索引事业走向社会、走向大众、走向生活，推动中国索引学会网站的创建；注重微观探讨，重视各类型索引知识技术的研究与实践等六个方面全面论述了张琪玉教授自20世纪90年代以来对中国索引学会和中国索引事业所做出的贡献。

包冬梅的论文《张琪玉学术思想在知识组织发展与应用中的彰显》将“数据库资源揭示与挖掘利用”作为知识组织的一个研究热点，就张琪玉教授对传统索引的精辟论述及业界的评论和对现代索引的论述“现代的索引就是数据库”，通过对中国索引学研究趋势、数据库的发展与实践的阐述，彰显了张琪玉教授在索引学领域深邃、前瞻的思想。

五、对自然语言的研究与对理想检索语言的探索

从20世纪80年代开始，自然语言检索成为国外情报检索和自然语言处理领域的共同研究热点。张琪玉教授是国内较早关注自然语言检索的学者之一，将自然语言纳入情报语言学研究体系中，客观、辩证地分析自然语言和人工语言的关系和未来发展。随着计算机和网络环境的发展，20世纪90年代开始张琪玉教授将研究的重点转向自然语言检索，并发表了系列论文。张琪玉教授对自然语言检索的研究为自然语言检索在中国的发展和普及奠定了坚实的基础，他高屋建瓴地提出的情报检索语言的自然语言化、自然语言的情报检索语言化思想，始终引领着情报检索语言研究与实践的发展方向。

司莉、杨君正的论文《张琪玉教授对自然语言检索的研究》从5个方面较为全面地总结了张琪玉教授在自然语言检索方面的学术思想,包括提出自然语言在情报检索中的应用方式、影响自然语言检索效率的因素与对策研究、对自然语言检索应用的评价、对自然语言检索控制措施的研究以及对自然语言检索发展前途的见解等。

张琪玉教授认为,“情报检索语言的进步主要是结构模式的进步”“永远只有更佳而不会有最佳的情报检索语言结构模式”“寻找更佳结合模式是情报检索语言创新的主流。”王崇良等的论文《张琪玉理想情报检索语言结构模式思想研究》就张琪玉教授20世纪90年代末期所找到的理想情报检索语言——“学科—事物概念组配型检索语言”,从张琪玉教授创制这种理想结构模式的设计思路进行了系统梳理和总结,并进一步从张琪玉教授学术论著中进行提炼、阐述,使我们对“学科—事物概念组配型检索语言”有了更为深入的了解和认识。

六、情报语言学在多个行业、领域中的应用

情报语言学是一门对知识进行组织的实践性非常强的应用性学科,在数字化、网络化的今天,信息的规范化组织与利用成为信息行业信息交换和管理的必然要求,情报检索语言在数据处理中位于核心地位。

本次会议共收到来自多个行业、领域的专业研究人员关于情报语言学在包括文件/档案、医学信息学、证券金融、电子商务等领域应用的论文。

张正强的论文《论张琪玉教授开创的情报语言学在中国文件/档案领域中的应用》从空间视角的宏观及微观层次上,从时间视角的学科发展观方面全面深入地论述了张琪玉教授所开创的情报语言学在中国文件/档案领域中广泛应用的起源、发展及最新进展,文章从一个侧面阐述了情报语言学对档案学学科所产生的辐射作用和对档案学学科发展的影响。

洪漪的论文《情报检索语言在临床信息系统和放射医疗信息交流中的应用》通过作者在医疗信息管理领域的研究与实践工作经验,介绍了情报检索语言在医疗信息管理中的应用,特别是在临床医疗信息系统中的运用,着重介绍了国际通用的医疗信息检索语言在国外的应用情况。文章从行业实践研究的视角认为情报检索语言在医疗信息交换和管理中位于数据处理的核心地位,是医疗数据库和信息系统的语言保障,对医疗信息管理的规范化起着举足轻重的作用。

李为的论文《我和情报检索语言的故事——兼述检索语言在中国资本市场的应用》结合作者在中国证监会的工作实践,阐述了如何在资本市场实践和应用张琪玉情报检索语言学思想,并对资本市场检索语言的构成、特点、应用前景和发展方向进行了系统论述。

李国秋的论文《基于张琪玉情报语言学思想的〈中国金融叙词表〉编制实践》就覆盖证券、期货、基金等金融领域的领域叙词表《中国金融叙词表》的编制实践进行了介绍,阐述了张琪玉情报语言学思想在该表编制和标引方面的指导作用。

邓顺国、罗源的论文《因特网大众分类法在电子商务网站中的应用研究》在阐述因特网大众分类法相关理论的基础之上,分析了因特网大众分类法在电子商务网站中的应用情况,并提出在发挥现有大众分类法优势的基础上借鉴文献分类法的基本原理加以改进的措施。

张琪玉教授对情报语言学的应用研究关注到情报检索语言工具应用的标引和检索两端:文献标引和标引人员的能力素质;文献检索和检索用户教育。

李莉的《略论军队院校图书馆智慧型文献标引人员的素质与培养——对张琪玉教授关于文献标引人员智慧论述的几点思考》一文,作者通过学习张琪玉教授关于文献标引工作的有关论述,结合自己20余年来的文献标引工作实践,从分析军队院校图书馆文献标引工作及人员现状入手,就军队院校图书馆智慧型文献标引人员应具备的素质及培养途径问题提出若干思考。

王海岚的论文《信息素质教育中情报检索语言知识的传播与普及——张琪玉先生关于情报检索语言教育论述及其深远影响》是在研读张琪玉教授《关于情报语言学研究、发展、普及》等经典文献基础上,深入思考张琪玉教授关于情报检索语言普及工作的指导思想,从源起、探究和新径三个方面,探讨了信息素质教育中情报检索语言知识的传播与普及工作的教育重心、具体要求、总体目标、研究视角和检索过程工程化教学体系等。

七、张琪玉学术品质和研究风格

学术品质和研究风格造就了学术大师。张琪玉教授心无旁骛地在情报语言学这一领域内耕耘不息,在80多岁的高龄,仍然笔耕不辍。

当问及张教授如何评价自己这一生的成就时,张琪玉教授的回答竟是如此朴素:“我这辈子还是在情报语言学领域做了一些事的。”张琪玉教授总结自己的研究风格为:既深又广、求实创新(研究内容);言简意赅、严谨一贯(行文用词)。

上海图书馆吴建中馆长一直非常敬重张琪玉教授,吴馆长在《学界的楷模:张琪玉教授》一文中给予张琪玉教授“学问精深、思想前卫、为人低调谦逊”“不仅是图书馆界的榜样,也是学术界的楷模”的高度评价。

王世伟撰文《发扬张琪玉先生的三种学术精神》,归纳了张琪玉先生学术研究的三种精神,即“专一聚焦”“创新求索”“认真严谨”,并指出发扬这三种学术精神对于推进图书馆学情报学的研究和教学,乃至对于学术研究和教学工作中弘扬科学的学术精神和科学的学术方法,都是十分重要的。

曾蕾也通过细微的实例,感受到了张琪玉教授脚踏实地、结合国情、将理论直接应用于实践的研究作风的特点,对知识的执着追求和对学生的精心培养的学者风范。

八、对未来情报语言学发展方向的思考

以计算机网络技术为代表的信息技术的飞速发展,情报检索语言的外部环境演化之快远远超出了大多数人的预料。情报语言学面临着前所未有的困境,寻求解决之策和探索未来发展之路始终是研究和关注的热点问题,此次会议也有多篇文章论及了此议题。

傅亮的论文《情报语言学的环境趋势及其对策思考——对张琪玉教授情报语言学思想的再思考》认为文献信息资源、标引、检索系统、情报需求以及情报语言工具是构成情报检索

全过程的五个要素，它们各司其职，又环环相扣、紧密相连。任何环节的重大变化，都会对情报检索效率产生重大影响。文章对情报语言学的4个外围环境要素进行了系统审视和深入剖析，并对每一个要素的发展趋势做了总结，提出要在情报语言学中增加“用户使用经验信息”这样一种新微观结构，与现有的微观结构结合起来，构建新型的情报检索语言，同时提出将“用户”要素强势介入情报检索全过程，以帮助情报检索突破现有困境。这是对网络环境下理想情报检索语言探索的延续与发展。

全军军用信息检索语言编管会办公室的论文《军用信息检索语言易用性研究》对军用信息检索语言易用性研究的三个层面（词表计算机再现方式研究、多维语义信息的深层次揭示方式研究、自动化辅助标引研究）进行了论述，分析了影响军用信息检索语言易用性的因素，提出了军用信息检索语言易用性研究方向和军用信息检索语言编管工作改革创新思路，即文献智能化辅助分类研究；《军用主题词表》与《军事信息资源分类法》相互融合；建设百万条军事词汇大词库；建立检索语言分类号与主题词一体化同步标引和检索系统，为我们描绘了作为我国情报语言学研究重要分支领域的军用信息检索语言的未来发展方向。

张琪玉教授既给后学留下宝贵的学术财富，开拓了让后学继续耕耘的广阔空间，同时也为后学树立了严谨治学的榜样。张琪玉教授寄语后学：“目前，提高检索效率的梦想像‘十三的月亮’那样将圆而尚未圆，期望对此课题有兴趣的学术知音把这项研究继续推向前进，达到完全成功。”我想张琪玉学术思想研讨会的意义就在于此：传承学术思想、弘扬治学精神，推动情报语言学的发展。

参考文献：

[1] 范并思. 论图书馆学学科前沿的转移[J]. 图书馆，1993(4).

[2] 韩淑举. 学为人师，行为世范——访南京政治学院上海分院军事信息管理系教授张琪玉先生[J]. 山东图书馆学刊，2010(5).

张琪玉情报语言学思想研讨会综述

韩建新　周　军(南京政治学院军事信息管理系)

摘　要:张琪玉教授是当代著名的图书馆学家、情报学家,情报语言学的创始人与奠基者,他以强烈的有中国特色的情报语言学思想为我国图书馆学情报学的进步做出了独特的贡献,对于网络时代知识组织的发展也具有重要意义。本文介绍2014年6月在上海召开的张琪玉情报语言学思想研讨会基本情况,梳理了研讨会专家发言的基本观点。

关键词:张琪玉;情报语言学;情报检索语言;学术思想;会议综述

一、引言

张琪玉教授是当代著名的图书馆学家、情报学家,情报语言学的创始人与奠基者。1954年北京大学图书馆学系毕业后,长期从事图书馆实践与图书馆学情报学教学科研工作,著作等身、硕果累累,桃李满天下。曾因在编制《中国图书馆图书分类法》的工作中做出较大贡献,于1985年获"国家科学技术进步奖一等奖"。1987年,为了发展军队图书情报档案教育事业,张琪玉教授从武汉大学来到空军政治学院(现南京政治学院上海校区),创办图书档案系(现军事信息管理系)并任系主任[1]。

张琪玉教授几十年来潜心学术研究,其情报语言学思想具有强烈的中国特色,许多学术观点都具有鲜明的原创性,为我国图书馆学情报学的进步做出了独特的贡献,对于网络时代知识组织的发展也极具重要意义。自20世纪80年代以来,不少专家学者陆续在专业刊物上发表了一批有关张琪玉情报语言学思想的研究论文;著名的"全国情报检索语言发展方向研讨会"多次将"张琪玉情报语言学思想研究"列为研讨会分主题;"张琪玉学术思想研究"也于2013年被列为国家社科基金项目(项目编号:13BTQ049);更为难能可贵的是,张琪玉教授虽已耄耋之年,仍笔耕不辍,不断有新作发表。在这种背景下,研究张琪玉情报语言学思想更具现实性和时代意义,张琪玉情报语言学思想研讨会的召开可谓适逢其时。

二、会议基本情况

张琪玉情报语言学思想研讨会于2014年6月21日在上海举行,会期一天。此次研讨会由解放军南京政治学院主办、南京政治学院军事信息管理系承办。来自海内外的著名学者、军内外图书情报机构的领导、高等院校专家教授、张琪玉教授的学生等共计50多位来宾,以及南京政治学院领导、南京政治学院上海校区领导和军事信息管理系师生出席了会议。

研讨会分为两部分,当天上午为专家研讨环节,下午为专题报告环节。

在上午的会议上,85 岁高龄的张琪玉教授发表了讲话,简要介绍了其情报语言学的思想脉络,概括总结了几十年的研究历程,并希望年轻同志继续将情报语言学的研究推向前进。他说,情报语言学对分类检索语言、主题检索语言和其他情报检索语言以及自然语言在情报检索中的应用问题进行统一研究,以探索它们影响检索效率的共同规律和有效的改进途径,研究的根本目的和核心问题,是提高情报检索效率。检索效率的提高,将使人类知识资源得到更充分的开发利用,帮助检索者大大提高检到有针对性的文献的可能,从而促进科技进步和社会发展。如今提高检索效率的梦想像十三的月亮那样将圆而尚未圆,同志们仍须努力。

张琪玉教授讲话之后,曹树金(中山大学资讯管理学院院长)、邓顺国(华南师范大学电子商务系主任)、范并思(华东师范大学教授)、侯汉清(南京农业大学教授)、黄水清(南京农业大学信息科技学院院长)、赖茂生(北京大学教授)、李莉(国防大学图书馆副馆长)、李为(中国证监会信息中心原副主任)、马费成(武汉大学人文社科资深教授)、马卫防(全军军用信息检索语言编管会办公室副主任)、邱均平(武汉大学教授)、汪东波(国家图书馆馆长助理)、王世伟(上海社科院信息研究所所长)、杨光辉(中国索引学会常务副理事长兼秘书长)、叶继元(南京大学教授)、叶千军(上海浦东新区张江高科技园区原副总裁)、张正强(南京政治学院上海校区教授)、张钟玺(珠海国际贸易仲裁委员会仲裁委员)和赵建华(全军军用信息检索语言编管会办公室原主任)等专家学者(注:以上发言专家以姓名音序排列)纷纷畅谈感想,表达了对张琪玉教授为中国图书情报事业奉献毕生精力的崇高品格和严谨求实治学态度的景仰和尊敬,阐述了对张琪玉情报语言学思想的理解和认识。上海图书馆馆长吴建中博士因故未能到会,委托参会专家带来了书面发言稿。

在下午的专题报告部分,张琪玉教授的学生、美国肯特州立大学图书情报学院教授曾蕾博士,中国科技信息研究所信息资源中心主任曾建勋研究员,上海图书馆副馆长刘炜研究馆员分别做了《超越时空的思想智慧和理念——有感于张琪玉教授创建情报语言学学科领域之巨大意义》《网络环境下〈汉语主题词表〉的编制与展望》以及《从情报检索到可信网络——谈张琪玉教授情报语言学思想在网络时代的意义》的报告,三场学术报告精彩纷呈,反响热烈。

三、会议研讨主要观点

1. 张琪玉教授的学术生涯,是我国情报语言学发展史的生动写照

为配合此次会议的召开,南京政治学院军事信息管理系资助张琪玉教授出版了 180 万字的《张琪玉文集》(上、下卷)(国家图书馆出版社 2014 年 6 月出版)。该文集收录的均为张琪玉教授的论文,为了避免重复,没有收录《情报检索语言》这类已被收入《20 世纪中国学术名著精华目录》的名著以及其他专著教材。文集分为九大部分,分别是:情报语言学总论、分类检索语言、主题检索语言、自然语言在情报检索中的应用、网络信息检索工具、索引学、

其他、学术生涯以及著作编年目录。从这九大部分的名称,特别是著作编年目录中,我们可以发现张琪玉教授的学术研究特点和风格:既有深度又有广度;既有微观的深入透彻分析,又有宏观的抽象综合性研究。张琪玉教授自20世纪70年代末起,几乎放弃了图书情报学中所有其他领域的研究,而将全部精力专注于情报语言学的耕耘,几十年如一日。可以说,该文集既是张琪玉教授情报语言学学术思想的总结,也是情报语言学从创建到现在30多年的一个编年发展史,还是情报语言学的专业百科全书,它是我们研究情报语言学的方法论指南。

2. 张琪玉教授以提高检索效率为目标对各种检索语言进行统一研究,开创了极具中国特色的情报语言学,他的学术思想是"珞珈学派"理论的重要组成部分

张琪玉教授思想解放,最早破除禁锢,独辟蹊径,提出以提高检索效率为目标对各种检索语言进行统一研究。他于1979年编著《情报检索语言》教材,并为武汉大学1977级学生讲授情报检索语言课程,这标志着情报检索语言以及情报语言学作为图书馆学情报学共同子学科的诞生。当时国内外并没有对分类检索语言、主题检索和其他检索语言进行统一研究,探索改善检索效率的途径和方法的著作,张琪玉教授的研究开创了一个新的学科。该学科在相当长的一段时间内成为图书馆学情报学中的一个显学。

华东师范大学范并思教授20多年前为了梳理和总结当时国内图书馆学研究现状,查阅了大量资料,他发现:与图书馆现代化相比,检索语言研究有着更多的创新意义。图书馆现代化研究是学习西方建立起来的领域,而检索语言研究却基本属于中国人自己创立的领域。在张琪玉以前,国外还没有人能在《情报检索语言》的书名下将检索语言理论的内容讲述得如此系统而精密。他将这个观点写入1993年发表于《图书馆》杂志的论文《论图书馆学学科前沿的转移》[2]中。从此,这篇文章与情报语言学的发展历史结下了不解之缘。

来自武汉大学的专家指出,张琪玉教授创建的情报语言学,是图书馆学情报学中最具中国特色的分支学科,这个学科的理论体系是他在武汉大学工作期间构建并完善的。因此可以这么说,张琪玉情报语言学思想是武汉大学"珞珈学派"理论的重要组成部分。武汉大学应当好好地传承和发展情报语言学,为繁荣我国的图书情报学术研究出一份力。

有专家指出,现在学术界"言必称希腊",缺少中国的风格、中国的气派、中国的精神。张琪玉教授的情报语言学为我们树立了典范,我们应该有这样的学术自信和学术自觉,来创造中国气派、中国风格、中国语言的学术财富。

3. 张琪玉情报语言学思想穿越时空,理念超前,是一个学术富矿,值得我们不断地深入挖掘,对于网络时代的知识组织尤其具有指导意义

一般认为,情报检索语言或者情报语言学大体上经历了三起三落。第一期是20世纪50—60年代,大编分类法,分类法非常兴盛,60年代有点消沉。第二期是70—80年代,改革开放,图书馆学情报学在发展,情报检索语言随着计算机的应用也进入了一个大发展时期。90年代似乎又有点往下走。90年代中后期进入第三个高潮,这个高潮就是搜索引擎、搜索服务的兴起。它为情报语言学提供了新的发展机会、新的应用领域,也带来新的挑战。元数据发展非常快、非常热,很多领域都非常重视元数据。但是挑战紧跟着来了,自然语言标签在搜索领域的应用发展速度很快超过了受控语言。最近几年这种挑战在加大,检索语言如何适应大数据时代，为大数据的管理和应用做出贡献，是我们需要面对的现实问题。我们图情学界应该继承和发展张琪玉教授的思想，勇敢面对挑战，为新的时代做出新的贡献。

多位专家指出，张琪玉情报语言学思想穿越时空，理念超前，是一个学术富矿，在当前网络时代的知识组织发展和应用中得到了充分的彰显，反映了其先进性和前瞻性。仅以自然语言检索为例，其检索效率低下的致命弱点引发了人们对自然语言检索系统优化的探索。张琪玉教授认为对检索过程进行控制，正是情报语言学的精髓。他将“标引不控制 + 检索控制”模式定性为一种自然语言检索法，谓之“后控制”，并通过对受控语言和自然语言的比较研究，提出用后控词表来改善自然语言检索性能的思想，指出配备后控制词表是提高自然语言检索效率的有效措施。张琪玉教授在分析自然语言与人工语言未来发展方向的时候，指出自然语言检索系统并不排斥人工语言，高级的自然语言系统必然是与人工语言（或其原理）结合的。自然语言检索将广泛应用，人工语言将成为对自然语言的强有力后控制手段，依然有它的发展前途。张琪玉教授有关词汇控制的理论对我国情报语言学的发展具有深远影响。近年来，国家图书馆对《中国分类主题词表》的修订，电子化、网络化应用的改造，以及基于该表的词汇控制应用研究；中国科学技术信息研究所“汉语科技词系统的研究与开发”、《汉语主题词表—工程技术卷》的编制等项目的研制工作无不体现了网络环境下叙词表从词汇控制机制方法到叙词表的编制、管理和使用技术的变化，代表了“情报检索语言的自然语言化或自然语言的情报检索语言化”的发展方向和轨迹。

与会专家期待张琪玉教授创立的情报语言学不仅在现在，而且在将来，都有更大的应用价值和发展前景。

4. 张琪玉教授的情报语言学理论是接地气的理论，它源于其丰富的实践经验，又对实践具有强烈的指导作用

张琪玉教授创建的情报语言学在学术界是独树一帜的，既具有很高的理论性、前瞻性，也具有很强的实践性和指导性，其思想和观点是超前的、紧贴实际的。

张琪玉教授非常重视实践，在实践的基础上建立和发展理论，这样 种学术道路值得我们学习和坚持。在我们的图书情报学科里面，特别是在图书情报专业院系里面，我们这些专职教师在实践方面是比较欠缺的。而张琪玉教授有着长期在图书馆一线工作的实践经验，他的研究是源于实践但又不囿于实践，因而他的情报语言学理论是接地气的理论，对实践具有强烈的指导作用，如张琪玉教授的检索语言互换的思想能够为解决图书情报工作中的自动分类、自动标引问题提供较好的方法论指导，一些图书情报机构的探索实践亦已印证了这一点。

5. 张琪玉教授的学术思想和研究方法影响了整整一代情报语言学研究者，他的情报语言学研究方法具有方法论的价值，可以运用到许多学术研究和实际工作中

多位专家在发言中指出，张琪玉教授的学术思想和研究方法影响了整整一代情报语言学研究者，他的情报语言学研究方法具有方法论的价值，可以运用到许多学术研究和实际工作中。

张琪玉教授并非先认识方法，再按这些方法去研究，而是在研究过程中创造研究方法。他认为情报检索语言的检索效率是其功能决定的，而功能又是由其结构决定的，所以，研究

情报检索语言的性能,主要就是要分析解剖其结构。结构功能分析法是研究情报检索语言最为有效的方法。他还在此基础上总结出一整套研究情报语言学的专用方法,如历史演进研究法、比较研究法、调查整理法、归纳法和演绎法、原理或方法的移植法、理想语言设计法、现用语言改进法、数学方法和统计方法、实验方法等。这些方法多多少少都含有结构功能分析的内容,都是从结构功能分析法中衍生出来的。

张琪玉教授的研究方法不仅深深地影响了他的学生,同时也对情报语言学界的同人产生了极大的影响,不少学者充分利用自身的特长,灵活运用这些研究方法,丰富并发展了情报语言学的内容。而且当专家们拓展研究领域时,这些研究方法也是屡试不爽的利器。

6. 张琪玉教授的情报语言学思想已走出图书情报学科的专业圈子,在证券市场、电子商务等领域得到应用,我们不能满足于现状,还要进一步扩大应用范围

有专家指出,张琪玉教授开创的情报语言学已经走出图书情报学科的专业圈子,在其他领域得到应用。

与会的档案检索专家指出,情报语言学在我国文件与档案领域得到了开拓性的应用,推动了文件学与档案学的体系创新。同时,情报语言学的运用又促进了文件工作与档案工作信息化的进程,加快了中国文件与档案工作标准化的步伐,并使中国在国际文件与档案标准化领域占有了一席之地。在当今迈向知识时代的过程中,情报语言学的研究又加速了文件与档案领域中由信息组织向知识组织的转型与神话,从而大大加快了文件学与档案学的学科创新。

来自证券市场的专家惊叹张琪玉教授的预见性,指出其十几年前的预言都在今天的证券市场实现了。不管进入什么时代,检索语言的问题是永恒的问题。因为只要有检索,就有检索语言的问题。

7. 张琪玉教授为军队图书档案事业做出了重要贡献

张琪玉教授1987年正式从武汉大学调入空军政治学院(现南京政治学院上海校区),是图书档案系(现军事信息管理系)的开创者、奠基人、第一任主任。张琪玉教授到任以后,站在一个很高的起点,制订人才培养方案、拟订教学计划,包括课程建设。信息管理系从当年的图书档案系一路走来,成为军队图书情报档案人才培养的基地,为全军院校图书馆培养了一批又一批专业人才,他们成为我们院校图书馆的骨干力量,对推动全军院校图书馆建设和发展发挥着重要的作用。同时,军事信息管理系在全国同类学科中拥有一席之地,得到了全国同行的认可。这与张琪玉教授高起点办学,规范化、严格化建系是分不开的。所以,信息管理系今天的办学思想、教学改革思想依然是沿着当时张琪玉教授创建时候的思想进行的。现在信息管理系除了为全军图书档案事业服务之外,进一步拓展领域,服务部队、服务军委总部、服务军事斗争准备,获得"国家科技进步特等奖",单位和个人都获得一等奖。这些成果的取得,与张琪玉教授等老一辈专家学者奠定的这样一个办学基础是分不开的。

张琪玉教授创建的情报语言学在军事信息管理系建系时就作为一块牌子、一门优秀的学科在建设,多年来,在几代学者的共同努力下,该系为军队培养了一批情报语言学人才。

张琪玉教授非常关心军队检索语言的发展。长期以来,全军军用信息检索语言编管会办公室与军事信息管理系建立了良好的合作伙伴关系,张琪玉教授等专家学者对编管会的许多课题都提出过很好的意见和建议。张琪玉教授还曾专门在学术期刊上撰文，宣传介绍“军用主题词表辅助标引系统”和《军事信息资源分类法》，并给予高度评价。

8. 张琪玉教授勤奋创新、严谨谦虚，做人做事做学问高度统一，是学界楷模

与会的不少专家学者曾与张琪玉教授共事多年，或者有长期的交往，或者是他的学生。他们认为张琪玉教授是同事，也是老师，还是朋友。专家们认为，张琪玉教授勤奋创新、严谨谦虚，做人做事做学问高度统一，实事求是不跟风，独立思考不赶时髦。在急功近利的今天，他的学术精神更具有时代意义，值得大家学习。

张琪玉教授十分勤奋，他的勤奋出于他对图书馆事业的热爱。他的第一篇文章是写于1952 年的《当文化的花朵开遍祖国 我热爱祖国的图书馆事业》。看了令人感动，他在北京大学读书的时候，就立志要为图书馆事业而奋斗。第一他极为专注，即便年事已高，但经常在电脑前一坐十多个小时。第二他注重创新，他的学术思想很前沿，20 世纪 70 年代他调到武汉大学后，首先就成立了现代技术教研室，最早提出要将计算机技术应用到图书情报领域。他在武大成立图书馆学情报学研究所、创办《图书情报知识》杂志、创立情报语言学，充分体现了他的创新精神。第三他治学严谨。在目前的环境下，学术界缺乏对学术研究的严谨和敬畏，功利色彩比较浓重，做事浮于表面。而张琪玉教授几十年来一贯严谨踏实，一丝不苟。比如他给同事或学生写的意见，非常严谨，详细清楚。他做什么工作都亲力亲为，他的同事早年看到过他刻的钢板，一笔一画非常工整，就像打印出来的一样。第四，他虚怀若谷，张琪玉教授著作等身，受到大家的敬仰，但他仍然非常谦虚。他的这种治学精神给许多一道从事教学科研工作的同事、下属和后学起到了很好的示范作用。总之，张琪玉教授是我们学习的榜样、楷模。他的学术思想和学术精神永远值得我们学习，也并将对我国的图书情报事业产生长远的影响。

四、结束语

张琪玉情报语言学思想研讨会尽管会期只有短短的一天，但是会场气氛热烈，充满浓浓的情意。有些专家远道专程赶来参加会议；有些专家推掉其他事务，抽空赴会；有些专家无法前来赴会，但也递交了高质量的学术论文，或送来热情洋溢的书面发言稿。他们以各种方式表达了对张琪玉教授的敬仰之情，阐述了对张琪玉情报语言学思想的理解，表达了进一步拓展情报语言学的愿望。可以说，这次张琪玉情报语言学思想研讨会取得了圆满的成功，它将有助于传承老一辈学者创新求实、严谨治学的学风，推动情报语言学在网络时代的发展。

参考文献：

[1] 周爱武，周军，韩建新. 张琪玉情报语言学思想研讨会侧记[J]. 中国图书馆学报，2014(4).
[2] 范并思. 论图书馆学学科前沿的转移[J]. 图书馆，1993(4).

后　记

《张琪玉情报语言学思想研讨会论文集》一书的付梓出版，是在南京政治学院领导、南京政治学院上海校区领导的关心和指导下，在全国图书情报学教学科研单位和国内外情报语言学专家学者的大力支持与帮助下取得成功的，是集体努力的结果。

研讨会召开之前，韩建新、包冬梅和段荣婷等同志花费了大量时间和精力，联络作者、征集文稿，并赶时间编辑了《张琪玉情报语言学思想研讨会论文集》预印本。研讨会期间，我们将论文集预印本提供给与会代表交流参考，并收集了大家的建议、意见。研讨会结束后，南京政治学院军事信息管理系谈志兴主任专门组织安排周军和韩建新等同志负责公开出版的《张琪玉情报语言学思想研讨会论文集》文稿的编辑工作。

在编辑和统稿过程中，我们与论文作者逐一联系，征询其意见，同时按有关规定，将论文集全部文稿提交本学科专家审阅。各位论文作者大力配合我们的工作，对自己的论文都进行了细致、全面的修订，张正强、葛敏、严雪林和周爱武等专家教授对全部入选论文进行了认真评阅、审核。在此，我们谨表衷心敬意和谢忱。

编　者

2015 年 10 月 26 日